도서관 경영론

Library Management : Theory & Practice

이종권 · 이종엽 편저

도서관 경영론

ⓒ 이종권·이종엽, 2016

2판 1쇄 인쇄__2016년 03월 10일
2판 1쇄 발행__2016년 03월 20일

편저자__이종권·이종엽
펴낸이__홍정표
펴낸곳__글로벌콘텐츠
　　　　등록__제25100-2088-24호

공급처__(주)글로벌콘텐츠출판그룹
　　　　대표__홍정표　이사__양정섭
　　　　편집__노경민 송은주　디자인__김미미　기획·마케팅__노경민　경영지원__안선영
　　　　주소__서울특별시 강동구 천중로 196 정일빌딩 401호
　　　　전화__02) 488-3280　팩스__02) 488-3281
　　　　홈페이지__http://www.gcbook.co.kr

값 18,000원
ISBN 979-11-5852-088-5 93020

도서관 경영론

Library Management : Theory & Practice

이종권·이종엽 편저

글로벌콘텐츠

　도서관 경영론에서는 도서관을 도서관답게 만드는 경영의 이론과 실제를 연구한다. 도서관을 도서관답게 만든다는 것은 도서관의 구성 요소인 인력, 물자, 자금, 그리고 고객을 효율적으로 관리하여 도서관 이라는 조직의 사회적 목적을 효과적으로 달성하는 것을 말한다. 따라서 도서관 경영론은 일반경영학의 이론을 도서관 업무에 알맞도록 적용하는 모든 과정을 연구대상으로 한다. 특히 비영리조직이라는 도서관의 조직특성과 정보자원의 수집, 정리, 보존, 이용이라는 도서관의 업무특성을 조화롭게 융합하여 도서관의 계획, 실행, 평가, 피드백의 선순환을 지속적으로 유지함으로써 도서관의 사회적 사명과 목적을 달성할 수 있도록 활력을 불어넣는 분야인 것이다.

　그러나 수험과목으로서 도서관 경영론을 대할 경우 자칫 시험문제 풀이라는 수단적 목적에 치우쳐 도서관 경영을 공부하는 본질적 목적과 가치를 간과하기 쉬운 함정에 빠질 수 있다. 따라서 시험공부를 한다 하더라도 도서관 경영론이 추구하는 본질적 목적과 가치를 항상 염두에 두고 제반 이론과 실제를 연구해야만 시험공부의 목적도 더욱 수월하게 달성할 수 있다고 본다. 말하자면 문제 하나하나의 지엽적인 말장난에 집착하기 보다는 경영이라는 큰 틀에서 도서관경영의 사명과 목적, 그리고 세부적인 경영 이론들을 완벽하게 이해해 둔다면 시험문제에서의 함정도 쉽게 뛰어넘을 수 있을 것이다.

　본『도서관 경영론』세트는 2권으로 구성되어 있다. 제1권에서는

4년제 대학 문헌정보학과 교과목의 하나인 도서관 경영론에서 다루어지는 전체 내용을 1.도서관 경영론 개관, 2.경영관리 이론의 발전, 3.도서관의 경영환경과 역할분석, 4.도서관 관계법령과 정책, 5.도서관의 경영자원과 경영계획, 6.도서관의 조직관리, 7.도서관의 인력관리, 8.도서관의 건물과 시설관리, 9.도서관의 예산관리, 10.지휘·리더십·동기부여, 11.도서관의 지역협력과 마케팅, 12.도서관의 경영 평가 등 12개의 장으로 구분하여 기본적인 내용을 충실히 학습할 수 있도록 하였다.

　제2권에서는 공무원시험 등 각종 채용 및 승진시험에 대비할 수 있도록 제1권과 동일한 편성 체계에 따라 핵심적 내용을 정리하고 다양한 객관식 문제들을 아울러 제시하여 시험에 만전을 기할 수 있도록 하였다. 모든 임용 및 승진시험은 어떻게 보면 수험생들을 떨어뜨리기 위해 있다고 말 할 수 있다. 따라서 떨어지지 않기 위해서는 완벽에 가깝게 공부하지 않으면 안 된다. 또 그렇게 하기 위해서는 일반 경영학개론 서적들과 문제집 그리고 도서관 경영론에 관한 기본 서적들을 독파하고 각자 나름의 정리노트를 만들어 반복적으로 공부하는 것이 바람직하다. 또 각자가 기출문제들과 기존 예상 문제들을 아울러 참조하여 예상문제를 만들어 가며 자기 주도적으로 학습한다면 어떤 문제라도 함정에 섣불리 빠져들지 않을 것이며, 후일 도서관을 직접 경영하게 될 경우에도 현실적인 도움과 깨달음을 얻을 수 있을 것이다. 도서관을 사랑하는 모든 분들의 성공을 빈다.

2014년 1월
이 종 권·이 종 엽 拜

제1장 도서관 경영론 개관

1.1 경영학의 성격

경영학은 일을 잘하기 위해 공부하는 실용적 학문이다. 일을 잘하기 위해서는 체계적이고 계획적으로 활동해야 한다. 경영은 치밀한 계획과 성실한 실천, 결과의 평가와 반영으로 이어지는 선순환과정을 거듭하면서 발전을 추구한다. 이러한 체계적인 과정이 없이 무조건 일만 하는 것은 자원의 낭비와 목적의 왜곡 등이 일어나서 경영의 목적을 달성하기 어렵다.

경영의 대상은 모든 개인과 조직이다. 개인이 모여 조직이 되기 때문에 개인과 조직은 밀접한 관계를 가진다. 개인경영(인간경영)을 잘 해야 조직경영 또한 잘 할 수 있다. 학생이나 직장인이나 기업인이나 인간경영을 잘 해야만 자신들의 이상을 실현할 수 있을 것이다. 조직경영에는 정부, 기업, 대학, 학교, 도서관 등 모든 단체들이 포함된다. 따라서 국가지도자로부터 정부부처, 대학, 학교, 회사, 비영리단체, 가정주부에 이르기까지 일을 잘 하기 위해서는 경영마인드를 가져야 한다.

도서관 경영학은 일반 경영학 이론을 도서관에 적용하여 도서관에 알맞게 특화시킨 학문이다. 따라서 문헌정보학도는 일반 경영학 이론과 실제를 포괄적으로 공부하지 않으면 안 된다. 사서가 경영학의 모든 이론과 실무를 섭렵하기는 어렵지만 큰 틀에서의 경영마인드를 가지고 세계 문명의 흐름(trend)을 제때에 읽어내고 도서관의 변화와 발전을 모색해야 한다. 도서관은 경영하지 않으면 발전할 수 없다. 좋은 도서관을 구현하기 위하여 도서관 경영학을 공부하는 것이다.

1.2 경영 개념의 본질

경영은 기업경영에서 나왔기 때문에 생산, 판매, 조직, 인사, 재무, 회계 등 계속기업(going concern)으로서 요구되는 사항들을 종합적으로 관리 운영하는 모든 활동이라 생각해 왔다. 그렇다면 인간경영, 가계경영, 군대경영, 학교경영, 국가경영, 세계경영이라는 말은 어떻게 이해해야 할까? 이에 대한 해답은 경영의 순환구조로 설명된다. 즉 경영이란 무엇을 계획하고, 계획된 것을 실행하고, 그 결과를 평가하는 일련의 활동으로서 계획(plan), 실행(do), 평가(see), 피드백(feedback)이라는 활동이 서로 연결되어 지속적, 발전적으로 순환되는 구조라 할 수 있다.[1]

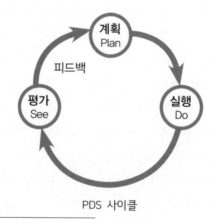

PDS 사이클

---

1) 조동성 외. 1997. 『전략평가시스템』. 아이비에스. 59~61쪽.

이처럼 경영은 순환구조를 본질로 한다. 또한 악순환이 아닌 선순환을 지향한다. 지속적인 선순환을 돌려줌으로써 경영의 대상이 지속적으로 발전할 수 있다는 것이다. 이는 극히 상식적인 것처럼 보이지만 경영 사이클의 선순환은 실제로는 매우 어렵다. 모두가 다 선순환을 한다면 성공하지 못할 사람이 없고 성공하지 못하는 도서관이 없을 것이다. 경영 사이클의 선순환을 위해서는 최고 경영자는 물론 모든 조직 구성원들이 경영자라는 생각을 바탕으로 각자 치밀하고도 체계적인 노력을 경주하되 조직이라는 오케스트라가 총체적인 하모니를 이루어낼 수 있는 성실한 노력과 지혜를 발휘해야 한다.

경영은 언제나 목적 지향적이다. 경영목적을 달성하기 위해서는 인적 자원, 물적 자원, 재화 자원을 효율적이고도 효과적으로 동원해야 한다. 이러한 자원들은 인간이 운영하기 때문에 인적 자원은 가장 중요한 요소이다. 또한 물적 자원과 재화 자원은 인적 자원인 경영자에 의해서 효율성과 효과성을 고려하여 사용된다.

▌경영의 개념[2]

- 경영은 목적성이 있다.
  경영은 분명한 목적을 설정하고 그 목적을 달성하기 위해서 일을 추진하는 것이다. 맹목적인 일은 경영이 아니다.
- 경영은 자원을 동원하여 일을 수행한다.
  경영은 무에서 유를 창조하는 것은 아니다. 일을 하기 위해서는 인력, 물질, 재화, 기술 등 자원을 활용해야 한다.
- 경영은 인간의 노력을 통하여 이루어진다.
  일은 사람이 하므로 구성원의 노력 없이는 어떤 목적도 이룰 수 없다.

---

2) George R. Terry. 1972. *Principles of Management.* Irwin(이순자. 1997. 『도서관·정보센터경영론』. 한국도서관협회. 26쪽에서 재인용. 문장을 다듬고 해설을 추가하였음).

- 경영의 성과를 위해서는 이론, 기술, 훈련이 필수적이다.

  효율적인 경영을 위해서는 경영에 관련되는 제반 이론, 작업을 위한 기술, 그리고 숙련된 노동이 필요하다.

- 경영은 인간 및 인간집단 자체가 아니라 그들의 조직적 행위 (action)이다.

  경영은 조직 구성원들의 활력 있고 협조적인 행위를 통해서 이루어진다.

- 컴퓨터 및 정보기술(IT)은 경영을 돕는 도구로서 그 자체가 경영은 아니다.

  이는 컴퓨터 맹신주의에 대한 하나의 경고라 할 수 있다. 정보통신기술은 하나의 수단이지 목적은 아니다. 도서관 경영의 목적은 컴퓨터의 보급이 아니라 컴퓨터를 도구로 하여 도서관 정보서비스의 효율성(efficiency)과 효과성(effectiveness)을 높이는 것이다.

- 경영은 자연스럽게 존재하며 그 자체가 보이거나 느껴져서는 안된다.

  이 말은 경영이라고 하여 너무 강력한 수단으로 통제하거나 호들갑스럽게 설치는 것에 대한 경고로 받아들여진다. 경영은 원리원칙에 의하되 상황에 따라 융통성을 발휘하여 신속, 정확, 친절, 공정하게 일을 처리함으로써 자연스러운 일상이 되어야 한다는 의미이다.

1.3 도서관 경영의 속성

도서관은 일종의 비영리단체이다. 그러나 도서관은 한 국가의 경계를 넘어 세계 문명과 문화 발전의 기반이라는 점에서 기업보다 막중한 사명을 띠고 있다. 기업은 아무리 글로벌 기업이라고 하더라도 자사의 이윤 극대화를 목적으로 사업을 창출하고 경영한다. 반면에 도서관은 공익, 즉 교육, 과학, 사회문화의 발전을 위하여 봉사극대화를 추구한다. 물론 기업들도 복지재단이나 문화재단을 설립하여 기업 이윤의 사회 환원을 통한 기업윤리를 실행하고 있고, 공익을 주된 목적으로 하는 사회적 기업들도 늘어나고 있어 기업도 어느 정도의 사회문화적 공익 목적을 병행하고 있다. 하지만 그들은 도서관과 같은 종합적이고 순수한 정보봉사기관의 역할을 해내지는 못한다.

한편 도서관은 원래 기업으로 출발한 것이 아니기 때문에 경영의 개념이 형성되지 못하였다. 따라서 봉사기관이면서도 경영관리에 있어서는 매우 후진적인 상태에 머물러 있었다. 따라서 도서관도 기업들의 경영 이론과 노하우를 벤치마킹하여 도서관의 목적 달성을 체계적으로 수행할 필요성이 대두되었다. 도서관에 기업경영의 사고방식을 적용하기 위해서는 비영리단체가 가지는 일반적인 속성을 먼저 파악하고 여기에 알맞은 경영관리의 지혜를 발휘할 필요가 있다. 뉴먼과 월렌더(Newman & Wallender, 1983)는 비영리단체가 지니는 경영의 속성을 다음과 같이 제시하였다.[3]

- 비영리 공익기관이 제공하는 봉사는 비가시적이고 비계측적이다. 봉사의 내용이 대부분 정성적인 활동으로 정량적 측정이 어렵다.
- 봉사의 대상이 되는 고객의 영향력이 약하다. 일반 상품의 고객과 달리 고객에 의한 봉사내용의 변화에 민감하지 않다.
- 직원들의 지나친 전문직 의식이 전체 기관의 경영을 어렵게 할 수도 있다.
- 재원을 조달하는 모체기관이 내부경영에 간섭을 한다. 비영리 공

---

3) 위의 책. 29쪽에서 재인용(문장을 다듬고 설명을 추가하였음).

익기관은 거의 대부분 모체기관이 별도로 있어 모체기관의 지시와 명령을 거부하기 어렵다.

■ 봉사의 비가시성과 전문직 의식, 그리고 모체기관의 지시 등의 원인으로 경영자가 인사관리에서 직원을 포상하거나 징계하기 어렵다.

■ 최고관리자의 개인적인 카리스마나 그 기관 특유의 설명할 수 없는 전통의 힘이 경영을 지배할 수도 있다.

1.4 도서관 경영의 대상과 분야

경영학은 그 영문 명칭인 'business administration'이 의미하는 바와 같이 기업의 경영목적 달성을 과학화하는 과정에서 형성된 실용적 학문 분야라 할 수 있다. 경영학에서는 경영학의 연구대상 및 분야를 경영전략, 계량의사결정론, 조직론, 인사관리, 노사관계론, 생산관리, 마케팅, 고객관계경영, 경영정보시스템, 회계학, 재무회계, 원가회계, 예산관리, 투자론 등으로 나누고 있다.

그러나 기업이 차지하는 사회적 역할과 비중이 현저히 높아진 현대 자본주의사회에서는 경영학은 비단 기업경영뿐 아니라 사회의 모든 부문에 걸쳐 기업경영의 마인드와 방법론을 응용하지 않으면 안 되게 되었다.

도서관은 기업은 아니지만 현대 경영학에서 논의되는 제반 문제와 기법들을 도서관에 적용해야만 도서관의 경영목적을 효과적으로 달성할 수 있다. 이를 위해서는 도서관 경영의 모태가 되는 일반 경영학의 전반적인 대상과 분야들을 먼저 포괄적으로 이해한 바탕 위에서 도서관 경영을 공부하는 것이 순서일 것이다. 경영학의 뿌리를 모르고 피상적으로만 도서관 경영을 논하는 것은 사상누각이 될 가능성이 크기 때문이다. 도서관의 경영 대상은 대체로 다음과 같이 구분할 수 있다.

▌도서관의 조직관리

경영학의 조직이론을 도서관에 응용하여 도서관의 경영 목적을 달성할 수 있는 조직설계와 조직구조, 부서의 설정 등 제반 문제를 연구한다. 도서관에서의 조직은 인적 조직과 자료 조직으로 구분될 수 있다. 여기서 말하는 조직 관리는 주로 도서관 경영의 전반적 틀을 구성하고 환경변화에 알맞게 변화, 개발해 나가는 인적 조직을 말한다.

조직(組織 organization)이란 사람과 사물이 흩어져 있는 상태를 어떤 기준에 따라 체계적으로 짜 놓은 상태를 말한다. 도서관의 조직은 도서관의 업무를 효율적이고도 효과적으로 수행하기 위하여 의도적으로 만든 구조적 틀이다. 경영 사이클인 계획, 실행, 평가를 효율적으로 수행하기 위해서 이들을 담당할 틀을 짜고, 이 구조 속에 적정 인력을 배치하여 분담된 업무를 수행하게 하여 궁극적으로 도서관의 목적을 달성하게 하는 기본적 업무구조를 대상으로 연구한다.

▌도서관의 인력관리

경영학의 인사관리 이론을 응용하여 도서관의 인사관리를 합리적으로 수행하기 위한 제반 이론과 실무를 연구한다. 인력관리는 도서관의 조직구조에 기초하여 도서관에서 일할 적정한 전문 인력의 채용, 교육훈련, 보수관리, 이동, 승진, 근무성적평가를 실시하여 반영하는 일련의 과정이다. 인력관리를 효과적으로 수행하기 위해서는 도서관마다 명문화된 인사정책이 필요하다. 인력관리의 기본원칙은 적임자의 선발과 적재적소의 배치, 신뢰성 있는 직무평가, 공정한 인사고과, 직원들의 동기부여와 인격존중, 고용안정과 신분보장 등이다.

▌도서관의 시설관리

도서관은 건물과 시설의 최적 관리가 필수적이다. 따라서 도서관은 건축계획에서부터 도서관의 목적과 기능에 적합한 건물이 되도록 설계되어야 한다. 도서관의 설립목적, 도서관의 성격, 입지조건, 시설운영 프로그램 등을 철저히 고려하고, 국내외 사례를 다각적으로 수집, 분석하여 위치와 지형에 따른 건물의 디자인, 내부와 외부의 공간체계, 이용자, 직원, 물품운반 동선 등을 초기에 합리적으로 설계하여야 한다.

이를 위해 도서관의 업무기능을 면밀히 분석하여 업무수행의 흐름이 원활하도록 해야 한다. 도서관의 업무기능은 수서, 정리, 열람, 연구, 교육, 학습, 세미나, 강의, 강연, 프로그램 제작, 안내 홍보, 고객출입관리, 경비 보안관리, 사무관리, 회의, 휴식 등으로 세분할 수 있다. 도서관의 시설관리는 물리적 공간으로서의 도서관이 그 기능을 최대한으로 발휘할 수 있도록 건축안전, 유지관리의 이론과 실제를 연구 개발하는 분야이다.

▌도서관의 장서관리

장서관리는 도서관의 핵심자원인 장서를 수집, 정리, 보존, 활용시키는 제반 이론과 실제를 연구한다. 도서관의 핵심자원은 책을 중심으로 하는 지식정보이다. 책이 없으면 도서관이 성립될 수 없다. 도서관은 어떠한 주제 분야의 지식정보를 어떻게 개발, 정리, 보존, 폐기, 보충할 것인가가 하나의 주요 업무이다. 또 하나의 주요 업무는 보유 또는 접근 가능한 지식 정보를 고객에게 제때에 제대로 이용시키는 일이다.

고객들은 지식정보를 이용하기 위하여 도서관에 온다. 따라서 도서관은 고객들의 반응을 파악하여 기존의 정보콘텐츠를 새롭게 변화시켜 나가야 한다. 한마디로 도서관은 고객에게 알맞은 정보미디어를 항상 새롭게 갖추고 고객의 의견을 반영하여 새로운 정보미디어를 끊임없이 보완함으로써 지역사회에 유용한 지식정보도서관으로 거듭 태어나야 한다. 도서관은 보존관리로서의 소극적 관리개념을 넘어 정보자원의 이용 활성화라는 적극적 경영개념으로 전환되어야 하며 장서관리론은 이를 위한 제반 이론과 실제를 연구한다.

▌도서관의 예산관리

도서관의 예산관리는 경영학의 예산관리 기법을 도서관에 적용하여 도서관의 합리적 경영을 도모하기 위한 실무 연구 분야이다. 도서관은 비영리 공익사업을 수행하는 조직으로서 영리를 추구하지 않으므로 자체적으로 재원을 조달할 능력이 없으며 정부나 지방자치단체, 대학 등 모기관으로부터 예산을 받는 구조로 되어 있다. 따라서 도서관의 재정은 도서관의 상위기관인 모기관이 의사결정을 좌우하게 되어 국가나 지방자치단체 또는 대학의 재정사정과 정책 방향에 따라 큰 영향을 받게 된다. 따라서 도서관의 예산관리는 도서관이라는 공익사업의 추진을 국가 전체적인 관점에서 이해하고 또 이해시킬 필요가 있다. 예산관리는 조직의 목적달성의 바탕이 된다는 점에서 도서관의 목적과 관련하여 일관성을 가질 수 있도록 합리적인 관리기법을 지속적으로 개발해야 한다.

▌도서관의 서비스관리

경영학의 서비스 경영 이론을 도서관에 적용하기 위한 이론과 실제를 연구한다. 21세기 사회는 정보사회이며 서비스 사회이다. 사기업분야에서 일어난 서비스 인식이 이제는 모든 영역으로 확대되었으며 도서관도 예외는 아니다. 도서관은 원래 서비스 기관이기 때문에 서비스라는 용어는 일찍이 도서관계에서 널리 사용되어 왔으나 지금까지 도서관의 서비스 인식은 서비스라는 본질적 의미를 이해하고 실천하기보다는 도서관 업무 자체가 제품을 생산하는 분야가 아니라는 업무 성질의 단순 비교적 측면이 강했던 것 같다.

도서관 서비스의 제공은 사서와 이용자 간의 인간적 관계이므로 신속, 정확, 친절이 필수적이다. 이를 실현하기 위해서는 인사하는 방법으로부터 고객을 대하는 태도, 전화 받는 태도에 이르기까지 반복적인 직원 교육훈련을 실시해야 한다. 도서관은 아직 침체되어 있다는 평가가 대부분이다. 도서관 서비스 경영론은 일반 서비스 경영론을 도서관에 도입, 적용하여 도서관을 침체의 늪에서 벗어나게 하는 서비스 경영의 이론과 실제를 다룬다.

▌도서관의 마케팅

경영학의 마케팅 이론을 도서관 경영에 응용하여 도서관의 활성화를 도모하는 이론과 기법을 연구한다. 마케팅은 문자 그대로 시장 활동이다. 시민들은 상업적이든 아니든 그들의 필요와 욕구를 충족시키기 위해 노력한다. 시민들은 각자의 필요에 따라 여러 시장을 옮겨 다니며 그들이 당면한 필요와 욕구를 충족하려 한다. 따라서 시장은 물품과 서비스의 수요 공급이 이루어지는 곳이다. 수요 공급이 활발하게 이루어지면 시장은 활성화되지만 그러하지 못하면 시장은 침체된다. 도서관은 하나의 정보시장이다. 도서관은 시민들에게 정보의 필요와 욕구를 충족시켜줄 수 있는 적극적 경영을 실현할 필요가 있다. 도서관의 마케팅은 도서관을 시민의 도서관으로 만들기 위한 마케팅의 제반 이론과 실제를 다룬다.

1. 도서관 경영의 본질과 목적을 설명하시오.

2. 비영리단체의 경영속성을 도서관과 관련지어 설명하시오.

3. 도서관 경영의 대상 및 분야를 약술하시오.

제2장 경영관리 이론의 발전

2.1 고전이론

2.1.1 테일러의 과학적 관리법

현대 경영학은 미국의 제철공장 관리자였던 프레데릭 테일러(F. W. Taylor, 1856~1915)가 일을 효율적으로 하기 위해서 시도한 실무관리연구에서 비롯되었다. 그는 생산증대를 목적으로 공장 내에서 종업원의 일을 과학적으로 관리하는 방법을 연구하였다. 작업과정에서 당시의 노동자들의 주먹구구식 노동을 방지하고 최대의 작업능률을 발휘하도록 하기 위해 시간연구와 동작연구 등 작업의 과학적 분석을 바탕으로 일을 수행할 것을 주장하였다.

테일러의 과학적 관리법은 시간연구와 동작연구를 바탕으로 근로자의 1일의 작업 표준량을 공정하게 설정하여 업무(task)를 관리(manage)하는 동시에 종업원들의 근로의욕을 제고하기 위하여 업무성과에 따라 임금을 차등 지불하는 차별적 성과급 제도를 채택하였다. 테일러는 1911년 『과학적 관리의 원리』라는 저서[1]를 통해 미국 경영학의

---

1) Taylor, F. W.. 1911. *The principle of scientific management.* Dover Publications(1998년 재발행).

원조가 되었다. 후일의 경영학자들은 그의 과학적 관리법을 '테일러 시스템'이라고 명명하였다.

미국 경영학의 석학 피터 드러커(Peter Drucker, 1909~2005) 교수는 테일러가 지식을 관리에 적용한 점을 들어 다윈(Charles Darwin, 1809~1882), 프로이트(Sigmund Freud, 1856~1939)와 함께 현대 세계를 창조한 3인으로 평가하였다. 그는 현대사회의 발전을 산업혁명, 생산성혁명, 경영혁명 등 3단계로 구분하고, "지식이 작업도구와 제조공정 및 제품에 적용되어 산업혁명을, 지식이 작업 그 자체에 적용되어 생산성혁명을, 지식이 지식에 적용되어 경영혁명을 일으켰다"고 주장하였다. 즉 테일러가 최초로 지식을 작업의 분석 연구에 적용, 과학화함으로써 생산성혁명을 주도했다는 점에서 현대세계를 창조하는 데 공헌했다는 것이다.[2][3]

과학적 관리법의 4대 원칙[4]

테일러 이전의 전통적 관리	테일러의 과학적 관리원칙
1. 주먹구구식 방법.	1. 과학적 방법으로 시간과 동작의 표준화.
2. 직원 선발과 훈련에 관리개념이 없음.	2. 종업원을 과학적으로 선발, 훈련, 개발.
3. 사용자와 근로자가 이익을 놓고 경쟁. 사용자가 근로자의 몫을 빼앗는다고 생각함.	3. 사용자와 근로자의 협동과 조화.
4. 관리자가 고유의 임무를 지니고 있다고 생각하지 않음. 즉 근로자들이 관리자의 기능을 대부분 수행함.	4. 관리자와 근로자의 작업의 분화. 즉 관리자는 계획, 선발, 훈련, 통제하고 근로자는 이를 구체적으로 수행함.

---

2) 이진규·김종진·최종인. 2006. 『경영학 개론』. 한국방송통신대학출판부. 41쪽.
3) 피터 드러커 저. 이재규 역. 1993. 『자본주의 이후의 사회』. 한국경제신문사. 64~76쪽.
4) 이진규·김종진·최종인. 앞의 책. 40쪽 〈표2-1〉 인용.

테일러 시스템은 그 후 후속 연구자들과 실무자들에 의해서 더욱 발전적으로 전개되었다. 그 대표적인 예가 미국 포드자동차 공장의 포드시스템으로서 헨리 포드(Henry Ford, 1863~1947)는 작업능률향상을 위하여 시간연구와 성과급제도에 머무르지 않고 모든 작업의 수행에 표준화(standardization), 단순화(simplification), 전문화(specialization)를 추진하였으며, 특히 컨베이어벨트시스템과 같은 생산 공정의 기계화를 통해 생산 능률을 촉진하였다.

헨리 간트(Henry. L. Gant, 1861~1919)는 1919년 작업계획과 작업 실적을 비교해 작업진도를 관리·통제하는 간트 차트라는 관리 도표를 고안하였다. 간트 차트는 한 축에 시간의 흐름을, 다른 한 축에 수행해야 할 과업들을 나타내어 시간의 흐름에 따라 작업공정의 일정계획을 손쉽게 관리하고 통제할 수 있는 일정표로서 현재까지도 많은 공·사조직에서 각종 건설공정이나 작업공정 등 일정을 관리하는 방법으로 활용되고 있다.

2.1.2 페이욜의 관리의 요소와 관리의 일반원칙

테일러와 비슷한 시기에 프랑스의 헨리 페이욜(Henry Fayol, 1841~1925)은 '관리의 5원칙' 및 '관리의 일반원칙'을 수립하였다. 미국의 테일러가 생산현장의 작업관리의 과학화에 초점을 두었다면 프랑스의 페이욜은 조직 전반의 효율적 관리에 관심을 두었다. 그는 경영활동 전체를 다음과 같이 6가지 범주로 구분하였다.[5][6]

1. 기술 활동: 생산, 제조, 가공.

---

5) 이진규·김종진·최종인. 앞의 책. 45~50쪽.
6) Fayol, H.(1916). Countrough, J. A.(1929) tra. *Industrial and General Administration*(절판).

2. 상업 활동: 구매, 판매, 교환.

3. 재무 활동: 자본의 조달과 운용.

4. 보호 활동: 재화와 종업원의 보호.

5. 회계 활동: 재산목록, 대차대조표, 원가, 통계.

6. 관리 활동: 계획, 조직, 지휘, 조정, 통제.

페이욜은 이들 가운데 여섯 번째의 계획, 조직, 지휘, 조정, 통제를 관리의 5요소라고 하였으며, 1937년 귤릭과 어윅(Luther Gulick & Lyndall Urwick)은 이를 좀 더 구체화하여 계획(planning), 조직(organizing), 인사(staffing), 지휘(directing), 조정(coordinating), 보고(reporting), 예산(budgeting)으로 구분, 'POSDCORB'로 정리하였다.[7] 페이욜은 또한 경영관리를 회사 전체의 관점에서 보고 모든 부문의 효율적 관리를 위한 관리의 일반원칙을 정립하였다. 그의 시각은 오늘날 경영학에서 다루어지는 거의 모든 부문이 망라되어 있다는 점에서 테일러와 함께 경영학의 아버지로 칭송받고 있다.

▌페이욜의 관리일반원칙

- 분업의 원칙(division of work): 모든 업무의 분업과 전문화.

- 권한과 책임(authority and responsibility): 책임은 권한의 필연적 결과.

- 규율의 준수(discipline): 정해진 약속에 대한 존중.

- 명령의 일원화(unity of command): 명령 계통의 1 대 1 관계.

---

7) POSDCORB is an acronym widely used in the field of Management and Public Administration that reflects the classic view of administrative management. Largely drawn from the work of French industrialist *Henri Fayol, it first appeared in a 1937 staff paper by Luther Gulick and Lyndall Urwick* written for the Brownlow Committee. The acronym stands for steps in the administrative process: Planning, Organizing, Staffing, Directing, Coordinating, Reporting and Budgeting(인터넷 위키디피아 백과사전).

- 지휘의 일원화(unity of direction): 1 대 1 관계보다 큰 조직 전체의 지휘통솔 측면.
- 전체의 이익을 위한 개인의 복종(subordination of individual to general interest): 전체의 이익과 개인의 이익 충돌 시 전체이익 우선.
- 보수의 공정성(remuneration): 보수의 금액과 지불방법의 공정성.
- 집중화(centralization): 권한의 집중과 분산의 정도 기준은 '최선의 전체적 이익'.
- 계층의 연쇄(scalar chain): 상하 연계 사슬의 합리적 조정, 불필요한 연쇄 제거.
- 질서의 원칙(order): 물질적 질서와 사회적 질서 모두 제자리에.
- 공정성의 원칙(equity): 상사와 부하 간 충성과 헌신의 공평성.
- 직장의 안정성(stability of tenure): 불필요한 이직은 나쁜 관리가 원인.
- 주도권의 원칙(initiative): 종업원의 계획과 실천의 주도권 보장.
- 단결의 원칙(esprit de corps): 팀워크의 중요성 강조.

2.1.3 막스 베버의 관료제

독일의 막스 베버(Max Weber, 1864~1920)는 정부조직을 연구한 사회학자로서 정부 조직의 합리적, 능률적 조직 모형으로 관료제(bureaucracy)라는 이름의 조직이론을 주창하였다. 베버는 조직 권한의 유형을 카리스마적 권한, 전통적 권한, 합리적 권한으로 구분하고, 합리적 권한에 기초한 관료제 조직이 대규모 조직의 관리에 가장 적합하다고 주장하였다.[8] 그의 관료제 모형은 다음과 같이 요약된다.[9]

---

8) Max Weber. 1947. *The Theory of Social and Economic Organization*. translated by Henderson, A. M. and Parsons, T.. Free Press.
9) 인터넷 사전검색 브리테니커백과사전. 관료제 참조.

▌관료제의 이상형(ideal type of bureaucracy)
- ■ 분업과 전문화를 통한 책임과 권한의 명확한 배분.
- ■ 문서로 된 규칙, 의사결정, 광범위한 파일(이는 업무와 의사결정의 표준화를 위해, 과거의 학습에 대한 경험의 축적을 위해, 그리고 재직자를 보호하고 대우의 동등성을 보장하기 위해 필요).
- ■ 조직의 위계질서를 위해 피라미드식 계층구조를 형성.
- ■ 조직의 재산 및 업무와 구성원 개인의 재산 및 업무는 완전히 분리.
- ■ 비개인적, 공식적 업무실행으로 족벌주의, 정실주의를 배제.
- ■ 기술적 능력에 의한 승진을 토대로 평생의 경력관리.
- ■ 관리 스태프는 생산수단의 소유자가 아님.

이처럼 막스 베버가 체계화한 관료제의 이상형에는 관료제 안에서 이루어지는 분업, 권위구조, 개별 구성원들의 지위와 역할, 구성원들의 공·사구분 등이 엄격하다. 관료제 조직은 상하관계라는 공식적 규칙에 따라 합리적으로 업무를 수행하는 조직으로서 상급자의 권위 및 지시 명령에 충성해야 한다. 관료는 전문적인 업무를 효율적으로 수행하는 데 필요한 공인된 자격이나 요건을 필요로 한다. 관료의 직무는 명예직이나 임시직이 아니라 평생직으로서 경력을 쌓고 안정성과 지속성을 가지고 정년까지 계속될 수 있다. 관료제 조직은 보통 연공서열로 승진하는 체계를 갖는다.

▌관료제의 역기능(dysfunction)
관료제의 역기능을 제기한 사람은 미국의 사회학자 로버트 머턴(Robert K. Merton, 1910~2003)으로 알려져 있다. 그는 관료적 형식주의와 비효율성을 체계적으로 강조한 사회학자로서 관료제의 역기능을 다음과 같이 지적하였다.

"합리적 규칙이 관료제를 지배하고 모든 활동을 철저히 통제해서 관료들의 행위를 미리 예측할 수 있다면 이것은 또한 관료들의 유연성이 부족해지고 수단을 목적으로 삼게 되는 경향을 설명해 주는 근거다. 규칙을 따르고 엄격하게 지킬 것을 강조하게 되면 개인은 그 규칙을 관습화하게 된다. 절차와 규칙은 단순한 수단 대신 그 자체가 목적이 된다. 따라서 일종의 '목표전도(目標轉倒)'가 생겨나고, 관료제 역할이 갖는 수단적이고 형식적인 측면이 오히려 조직의 주요목적과 목표를 성취하는 것보다 더 중요해진다."10)

이를 종합하면 관료제의 역기능은 다음과 같다.

- 엄격한 규정과 절차의 준수에서 오는 조직의 목적과 수단의 전치.
- 조직의 경직성으로 인한 환경변화에 대한 융통성 결여.
- 정해진 규정과 절차 및 상부의 명령 복종관계로 개인의 창의성 제약(bottom-up 부재).
- 조직의 비개인적 속성으로 인한 기계적 조직으로 개인의 인간성 무시.
- 모든 일을 문서로 처리하는 지나친 문서주의로 인한 번문욕례(繁文縟禮), 책임회피, 무사안일.

공식 조직의 이상적 모형인 관료제는 비인간성, 경직성, 권위주의로 인해 많은 비판을 받아왔다. 우리 사회에서도 '관료'나 '관료주의'는 부정적인 것으로 인식되고 있다. 그러나 관료제는 오늘날에도 정부 조직, 민간 조직을 불문하고 경영 및 행정의 질서를 유지하는 기본적 조직제

---

10) 인터넷 사전검색 브리테니커 백과사전. 「관료제의 역기능」에서 인용.

도로 존속하면서 사회 안정과 질서를 유지하는 기본 틀이 되고 있다.

2.2 인간관계론

인간관계론은 엘톤 메이요(Elton Mayo, 1880~1949), 뢰스리스버거(F. J. Roethlisberger, 1898~1974) 등 미국 하버드대학 연구팀이 호손공장에서 "조명이 작업에 미치는 영향"이라는 실험 연구를 기반으로 구축한 경영 이론이다. 이른바 호손실험은 10여 년간 2차례에 걸쳐 실시되었는데 제1차 실험은 1924~1926년에 실시된 조명 실험이었고, 제2차 실험은 1927~1932년에 이루어진 계전기조립시험이었다. 이러한 실험의 결과로 연구팀이 얻은 결과는 다음과 같이 요약된다.11)

- 기업 조직은 기술적 경제적 시스템일 뿐 아니라 사회적 시스템이다.
- 개인은 경제적 요인만이 아니라 사회 심리적 요인에 의해 동기가 부여된다.
- 공식 조직 속의 비공식 조직이 작업자의 태도와 성과를 결정하는 중요 요인이다.
- 전통적 조직관에 의한 리더십보다 민주적 리더십이 중요하다.
- 종업원의 만족도 증가가 조직의 효과성을 높인다.
- 계층 간의 의사소통이 중요하며 이를 위해 참여적 분위기가 조성되어야 한다.

호손공장 실험은 경영학적 사고방식에 다음과 같은 변화를 일으키게 하였다.

---

11) 이진규·김종진·최종인. 앞의 책. 51쪽.

- 조직 내에서 인간에 대한 관심을 기울이는 계기가 되었다. 즉 종업원들의 감정, 태도, 욕구, 사회적 관계 등이 경영의 효율성과 생산성을 증대시키는 요인이 된다.
- 종업원들 사이에서 자연스럽게 형성되는 비공식 조직이 생산성에 중요한 영향을 미친다. 따라서 조직은 비공식 조직을 이해하고 활용할 필요가 있다.
- 호손실험은 조직경영에서 인간관계가 생산성 향상에 매우 중요하다는 것을 증명하는 것이다. 조직 내의 인간관계에서 형성되는 팀워크가 물리적 환경조건의 개선 못지않게 경영의 효과성 제고에 유용하다.

인간관계론은 호손실험에 참여했던 뢰스리스버거에 의해서 사회체계이론으로 발전하였다.[12] 그는 『경영관리와 모럴』이라는 저서에서 "근로자는 감정을 가지는 사회적 동물이며, 인간 문제는 인간적 해결이 필요하다"고 주장하였다. 그는 경영 조직은 하나의 사회체계이므로 조직의 서로 다른 부분들 사이에 상호 의존적 관계가 있다고 보았다. 즉 경영 조직은 크게 기술적 조직과 인간적 조직으로 구분되며, 인간적 조직은 다시 공식 조직과 비공식 조직으로 구분되는데 이들 각각의 세부 조직을 지배하는 논리가 근본적으로 다르다고 보았다. 따라서 경영은 이들 다른 논리를 가진 부분들을 조화시키는 상호 의존적 사회체계라는 해석을 내렸다.[13]

---

12) Reothlisberger, F. J.. 1941. *Management and Morale*. Harvard University Press.
13) 이진규·김종진·최종인. 앞의 책. 52~53쪽.

경영 조직의 구분

기술적 조직	기술적 조직	비용의 논리
인간적 조직	공식 조직	능률의 논리
	비공식 조직	감정의 논리

2.3 통합균형이론

2.3.1 바나드의 통합균형이론

능률의 논리로 인간을 기계시하는 과학적 관리론의 비인간적 측면을 비판하여 등장한 이론이 인간관계론이라면 통합균형이론은 인간적 요소를 지나치게 강조한 인간관계론의 한계를 비판하고 과학적 관리론과 인간관계론 간의 통합과 균형을 강조한 이론이다. 벨 회사의 사장이었던 바나드(C. J. Barnard, 1886~1961)는 1936년 조직경영의 직무를 분석한 『경영자의 기능』이라는 책을 출간하였는데, 이 책은 조직을 대외적, 전체적, 동태적 시각에서 통합적으로 다루었다.

바나드의 이론은 과학적 관리론에 입각한 조직이 인간성을 경시한 조직(organization without people)이라면 인간관계론에 입각한 조직은 공식 조직을 경시한 조직(people without organization)이라는 점을 간파하고 이 두 가지 치우친 입장을 동태적으로 통합하는 이론을 제시했다는 점에서 당시 경제학의 '케인즈 혁명'에 비유,14) '바나드 혁명'이라고 불릴 정도로 경영학계에 큰 반향을 불러일으켰다고 한다.15) 바나드

---

14) 케인즈 혁명: 만성적 실업의 원인에 대한 케인즈의 혁신적 경제이론. 케인즈는 『고용··이자 및 화폐에 관한 일반이론(The General Theory of Employment, Interest and Money)』(1935~1936)이라는 저서에서 정부가 주도하는 완전고용정책에 기초하여 경제침체에 대한 치유책을 펼 것을 주창했다.

의 통합균형이론은 다음과 같이 요약된다.

- 과학적 관리론과 인간관계론의 균형 추구.
- 조직을 시스템으로 파악, 큰 시스템과 하위시스템으로 구성.
- 인간과 조직의 관계에서 구성원의 의사결정 권한은 한계가 있음.
- 조직의 목적달성 정도를 효과성(effectiveness), 개인의 동기 만족도를 효율성(efficiency)이라 구분하고, 조직의 목적과 개인의 동기는 서로 대립 또는 통합될 수 있다고 봄.

바나드는 협동시스템으로서의 공식 조직은 조직의 공통의 목적이 전제되어야 하고, 조직 구성원들의 공헌의욕이 있어야 하며, 이는 구성원들이 조직의 공통의 목적을 이해하고 수용할 수 있는 의사소통을 통해서 이루어질 수 있다고 보았다.

2.3.2 사이몬의 의사결정론

사이몬(H. A. Simon, 1916~2001)은 바나드의 이론을 더욱 발전적으로 전개하였다. 사이몬은 1945년 『관리행동(administration behavio)』이라는 저서에서 조직 내의 전문화, 커뮤니케이션, 의사결정에 중점을 둔 경영관리이론을 전개하였다.[16] 사이몬은 바나드의 시스템적 조직이론을 계승하여 조직의 균형을 강조하고, 조직의 성립 및 존속의 중심에는 언제나 의사결정론이 존재하고 있다는 것을 강조하였다.

사이몬은 인간의 의사결정은 '제한된 합리성'에서 이루어진다고 보고, 경제학에서 가정하는 이른바 '객관적 초합리적 의사결정' 가설은

---

15) 이진규·김종진·최종인. 앞의 책. 55쪽.
16) Simon H. A.. 1945. *Administration Behavior: The new science of Management Decision*(1960).

현실적으로는 불가능하다고 보았다. 그는 첫째, 객관적 의사결정 가설은 목적달성을 위해 가능한 모든 안을 고려해야 하나 이는 현실적으로는 불가능하여 일부의 대안밖에 내지 못하며, 둘째, 모든 대안에서 발생될 모든 결과를 알 수 있어야 하지만 이 역시 인간의 의식은 항상 단편적이고 불완전하기 때문에 불가능하며, 셋째, 모든 대안을 비교 평가하여 가장 좋은 대안을 선택한다고 하지만 이 역시 모든 대안을 완전한 형태로 비교 평가할 수 없다는 점에서 한계가 있다고 보았다. 사이몬은 제한된 합리성 밖에 달성할 수 없는 인간을 '관리인 (administrative man)', 객관적 합리성을 달성할 수 있는 인간을 '경제인 (economic man)'으로 구분하고 '경제인'은 현실적으로는 불가능하다고 보았다.

1. 과학적 관리법의 4대 원칙을 설명하시오.

2. 귤릭과 어윅의 POSDCORB를 설명하시오.

3. 막스 베버의 관료제 이상형의 주요 골자를 설명하시오.

4. 관료제의 역기능을 구체적으로 설명하시오.

5. 호손공장 실험 결과 도출된 인간관계론의 발전 계보를 요약 설명하시오.

6. 바나드의 통합균형이론이란 무엇인지 약술하시오.

7. 사이몬의 의사결정론을 요약 설명하시오.

제3장 도서관의 경영환경과 역할 분석

도서관은 사회적 존재다. 사회적 존재란 도서관이 사회의 모든 부문으로부터 영향을 받는다는 것을 의미한다. 환경은 우리의 주변을 둘러싸고 있는 자연적, 물질적, 사회적, 기술적 상황이라고 말할 수 있다. 생물이 생태환경에 따라 다른 모습으로 살아가듯이 인간도 환경에 따라 다른 문화를 형성한다. 생물은 주로 자연환경의 영향을 받으며 살고 있으나 인간은 자연환경은 물론 사회적, 기술적 환경의 영향을 받으면서 새로운 환경을 창출하며 살아간다.

경영환경이란 조직이 존속·발전하는데 영향을 미치는 내적·외적 요인들 및 그 요인들 간의 관계를 말한다. 그리고 조직은 그 조직이 직면하는 환경적 요인들을 체계적으로 분석하고 대처해 나가야만 그 역할을 다할 수 있고, 사회적 존재 가치를 발휘할 수 있다. 따라서 모든 조직은 경영환경 분석을 바탕으로 전략계획을 수립한다. 조직에서 흔히 활용되는 SWOT분석은 조직이 당면한 대내·외적 환경을 분석하는 손쉬운 도구라 할 수 있다. SWOT분석이란 어떤 조직이 처해 있는 환경을 조직 내부의 강점(strength)과 약점(weakness), 조직 외부의 기회(opportunity)요인과 위협(threaten)요인 등 4가지 각도에서 종합적으로 분석하여 조직의 강한 점과 기회요인을 최대한 살리고, 조직의 약점과 외부의 위협요인을 최소화하는 방향으로 전략을 수립, 추진한다.

도서관의 환경요인들은 대체로 이용자(고객), 감독기관, 관련단체,

물품공급자, 다른 도서관 및 유사기관 단체 등 보다 직접적이고 가까운 환경요인과 정치, 경제, 사회문화, 국제관계 등 보다 간접적이고 거시적인 환경요인으로 구분할 수 있다. 직접적인 환경요인을 과업환경요인(task environment) 또는 미시환경요인(micro environment)이라 하고, 간접적인 환경요인을 거시환경요인(macro environment)이라고 부른다.

3.1 과업환경요인(task environment)

3.1.1 고객(customer)

도서관의 가장 중요한 업무는 고객의 정보요구를 충족하는 일이다. 이를 위해서는 먼저 고객 그룹의 특징과 정보이용행태를 파악해야 한다. 도서관의 종류에 따라 고객의 도서관 이용 특성이 다르기 때문에 고객 집단의 특성 및 요구의 파악은 도서관 경영의 방향을 결정하는 데 필수요건이 된다. 국립도서관, 공공도서관, 대학도서관, 학교도서관, 전문도서관 등 각기 목적과 기능들은 그 도서관 고객 집단의 특성으로부터 도출되고 정의되어야 한다.

3.1.2 정부 및 감독기관

도서관에 관련한 법규를 제정하고 도서관을 감독하는 국가기관은 도서관 경영의 직접적인 환경요인이다. 도서관은 그 성격상 독립된 기관이 아니라 항상 모기관에 종속되기 때문에 모기관의 정책결정은 도서관 경영에 절대적인 영향을 미친다. 예를 들어 국립중앙도서관은 문화체육관광부에, 국회도서관은 국회사무처에, 법원도서관은 대법원에, 대학도서관은 해당 대학에, 지역의 공공도서관은 지방자치단체 또는 지역 교육청에 부속되므로 이들 모기관들의 법률적, 행정적, 재정적 정책결정은 그 하부기관인 도서관에 절대적인 영향을 준다. 이들 모기관이 도서관에 대하여 긍정적이면 도서관 경영은 활성화될 수 있지만 그렇지 않은 경우에는 도서관이 위축되기 쉽다. 모기관 경영자의 인사이동에 따라 도서관에 대하여 우호적인 사람이 책임을 맡는 경우와 비우호적인 사람이 책임을 맡는 경우 도서관 경영 활성화여부는 판이하게 달라진다.

3.1.3 관련단체(압력단체) 및 연구기관

문헌정보학 및 도서관 관련 단체와 연구기관들은 도서관 경영에 대한 긍정적이고 우호적인 환경요인이다. 이들은 도서관의 사회적 중요성을 인식, 연구하고 연구와 교육을 통해서 전문가를 양성·배출하며, 불합리한 제도의 개선을 지속적으로 추진함으로써 도서관과 도서관인의 권익향상을 추구한다. 한국도서관협회와 그 산하단체, 도서관연구소, 문헌정보학회, 도서관정보학회, 정보관리학회, 한국비블리아학회, 한국서지학회, 한국기록관리학회 등 학자들과 실무자들의 단체는 도서관의 발전을 위한 연구와 정책결정에 영향을 미친다.

3.1.4 물품 공급자

도서관 건물 시설의 건축 및 유지관리와 개선에 필요한 각종 물품의 생산자 및 공급자도 도서관 경영에 영향을 미친다. 도서관의 건축을 위해서는 건물의 설계와 시공에 참여하는 건축업체가 영향을 미친다. 건축업체들의 기술수준이나 경험은 도서관의 보존 공학적 측면과 이용 환경의 편리성, 쾌적한 도서관의 건축에 관련된다. 또한 자료의 보존과 이용에 따르는 각종 미디어, 사무기기, 컴퓨터, 출판, 인쇄,

복사와 관련되는 업체들도 자료의 유지 관리 및 이용에 영향을 준다. 특히 업체의 선택이 경쟁 입찰로 이루어지는 공공기관에서는 최저낙찰가로 공급자가 선정되기 때문에 물품의 고품질을 보장할 수 없는 어려움이 있다.

3.1.5 다른 도서관 및 유사기관

다른 도서관이나 박물관, 기록관 등은 도서관의 또 다른 환경요인이라 할 수 있다. 다른 도서관에서 이루어지고 있는 경영관리 현상들을 벤치마킹할 수 있고, 박물관이나 기록관의 경영현상도 도서관에서 참고할 수 있다. 또한 도서관 간 상호협력 및 정보교류 네트워크를 형성할 수 있다. 다른 도서관이나 기록관 등도 도서관 경영의 참조사례들을 제공할 수 있다. 특히 도서관, 기록관, 박물관은 각기 그 소장자료의 성격만 다를 뿐 경영의 원리는 동일하게 적용할 수 있을 것이다. 기업체 도서관이나 연구소 도서관들은 자료실과 기록관을 동시에 경영함으로써 정보자료의 관리 및 이용에 상승효과를 높일 수 있다.

3.2 거시환경요인(macro environment)

3.2.1 정치적 환경

인간은 '정치적 동물(political animal)'이라는 말과 같이 우리는 언제 어디서나 정치의 영향을 받고 살아간다. 요즘 정치에 무관심한 사람들이 많지만 그런 사람들도 한 나라의 국민일 수밖에 없으며, 국민인 이상 정치의 영향을 벗어날 수 없다. 동양에서의 정치는 중국의 고대로 거슬러 올라간다. 공자(孔子)는 정치가 무엇인지를 묻는 제자 계강

자(季康子)의 질문에 "정자정야(政者正也)"라 답했다고 한다.[1) 즉, '정치는 나라를 바르게 하는 것'이다. 서양의 정치는 고대 그리스의 '폴리스'[2)에서 행해진 직접민주주의로부터 중세의 절대왕정과 봉건주의, 계몽주의를 거쳐 19세기 이후 민주정치로 발전하였다. 정치는 국민이 하는 것이다. 서양이나 동양이나 이제 민주주의는 정치에 있어 가장 고귀한 보편적 가치가 되었다.[3)

민주주의(democracy)의 특징은 '데모(demo)'에 있다. '데모'[4)란 민중을 의미하는 것이므로 민주주의는 '국민이 지배하는 정체'를 뜻한다. 정치는 위정자들의 거창한 권력행위만이 아니라 민중의 생활 그 자체가 곧 정치라는 의미에서 '생활정치'라는 말도 등장하였다. 공자의 가르침대로라면 생활정치는 '생활을 스스로 바르게 하는 것'이다. 우리 헌법은 제1조에서 "①대한민국은 민주공화국이다. ②대한민국의 주권은 국민에게 있고, 모든 권력은 국민으로부터 나온다."라고 규정하여 대한민국이 자유민주주의 정체임을 천명하고 있다.

반면 독재정치하에서는 모든 것이 권력자의 체제유지 및 국가시책의 선전도구로 이용된다. 국민의 정보이용의 자유와 알권리가 극도로 제한되므로 민중은 지식과 정보를 쉽게 접하지 못한다. 독재국가에서는 도서관은 독재자의 체제유지를 위한 성역(聖域)에 지나지 않는다. 북한은 '인민대학습당'이라는 국가적 도서관을 가지고 있으나 그 속의 자료들은 거의 모두 그들의 체제유지를 위한 선전 자료로 가득 차 있다고 한다.

---

1) 論語 顔淵篇. "季康子 問政於孔子 孔子對曰 政者正也, 子帥以正, 孰敢不正."
2) 정치(policy)의 어원은 직접민주정치를 행했던 그리스의 도시국가 Polis에서 유래한다.
3) 공산주의국가인 북한도 자기들의 국명을 "조선민주주의인민공화국"이라고 쓰는 걸 보면 민주주의가 인류의 보편적 가치라는 것은 누구나 인정하는 가치라고 할 수 있다.
4) 데모는 많은 사람들이 거리에 나와서 집단적으로 입장을 표현하는 '시위행위'로 인식되고 있지만 본래는 '민중'을 의미한다.

도서관은 정치의 산물이다. 정치는 도서관에 위협과 기회를 준다. 정치가 도서관을 육성하면 도서관은 활성화된다. 정치가 도서관을 폄하하면 도서관은 침체된다. 위정자가 도서관을 민주주의 기반으로 보면 도서관은 민주주의의 보루가 된다. 위정자가 도서관을 선전의 도구로 이용하면 도서관은 본질에서 왜곡되어 위정자의 꼭두각시가 된다.

3.2.2 경제적 환경

경제의 국어사전적 의미는 '경세제민(經世濟民)', 즉 세상을 다스리고 백성을 구제한다는 유교국가의 통치사상에서 비롯된다. 동양의 경제사상은 정치사상과 결부되어 국민경제적 성격으로 형성되어 왔다고 볼 수 있다. 현대경제학에서는 경제를 생산, 분배, 소비의 순환으로 이어지는 부(富)의 사회적 재생산 과정이라고 본다. 인간생활에는 언제나 의, 식, 주 등 물질이 필요하다. 이러한 물질은 물과 공기처럼 노력이나 대가를 지불하지 않고도 자유롭게 사용할 수 있는 '자유재'와 금은보석, 식료품, 의복, 컴퓨터 등 노력이나 돈을 지불해야만 사용할 수 있는 '경제재'로 구분된다. 이들 가운데 경제활동의 대상이 되는 것은 경제재이다.

사람은 생산수단과 노동력을 이용하여 자연에서 경제재를 얻고, 이를 가공하여 생산과 소비를 함으로써 물질적 생활을 유지해왔다. 경제란 이 모든 생산과 소비의 순환 과정 및 이에 관련된 행동과 질서체계를 의미한다. 경제는 보통 개별경제, 국민경제, 국제경제로 구분되고 있다. 개별경제는 개인, 가계, 회사처럼 개별주체의 생산과 소비 활동을 다루는 미시경제부문이며, 국민경제는 한 나라의 생산과 소비의 총량, 즉 국부(國富)를 다루는 거시경제부문이다. 또 국제경제는 국가 간의 무역에 의해 이루어지는 무역수지부문으로서 개별 경제주체들의 수출입은 미시경제부문, 이를 국가적 차원에서 다루면 거시경제부문에 포함된다.

경제적 환경에서 공공기관의 경영과 관련하여 가장 중요한 것은 국민경제의 실제 상황이라 할 수 있다. 국민경제의 지표는 국민총생산GNP, 국내총생산GDP, 1인당 국민소득 등으로 나타낸다. 국민경제가 어렵게 되면 도서관과 같은 문화기관의 예산 배분은 우선순위에서 밀려나게 된다. 도서관은 일반적으로 시급을 요하는 부문이 아닌 것으로 인식되고 있기 때문이다. 따라서 국가 경제가 어려운 상황에서는 도서관을 포함한 문화기관들은 예산편성에서 우선 삭감 대상이 되기 쉽다. 도서관의 경영자는 경제문외한인 경우가 많다. 그러나 세상 돌아가는 상황을 잘 읽어내고 도서관의 경제적 효과나 영향 등을 사회과학적으로 분석하여 도서관 위에서 군림하는 공직자들에게 도서관의 장기적 국민경제효과를 합리적으로 설득하는 노력을 기울여 나가야 한다.

3.2.3 사회문화적 환경

사회(society)의 어원은 라틴어 'societas'에서 온 것으로 '동맹, 결합'의 의미를 지닌다. 동양에서의 사회(社會)는 "社: 토지의 신을 제사한 곳, 會: 모인다"의 뜻을 가지므로 '토지의 신을 제사 지내기 위해 모이는 곳'이라는 뜻이다(社稷: 제사 모시던 곳, 千年社稷, 社稷洞).

어원이 어떠하든 사회는 주로 인간사회를 말한다. 인간들이 모여 사는 곳이 사회다. 가족, 학교, 직장에는 사람들이 모인다. 가족은 가족사회, 학교는 학교사회, 직장은 직장사회(공직사회), 회사(會社를 바꿔 쓰면 社會가 된다), 국가사회(한국사회) 등 모두 사회다. 사회는 사람들 사이의 관계를 말한다. 가족관계, 조손(祖孫)관계, 사제(師弟)관계, 교우(校友)관계, 동료관계, 상하관계, 국제관계 등 모두 관계로 연결된다. 사회생활은 인간관계의 생활이다.

사회는 역사, 규모, 성격, 종류, 지역에 따라 다양하다. 가족사회라도 대가족, 핵가족, 결손가족, 다문화가족이 있는가 하면, 학교사회라도 초, 중, 고, 대학사회가 있다. 같은 학교라도 본교와 분교가 다르다. 정부는 중앙부처, 지방부서가 다르고, 회사도 모회사, 자회사, 본사, 지사가 다르다. 그 다름의 요인은 주로 구성원의 수, 인종, 성별(성비), 연령, 능력, 업무의 성격, 지역 등에 따라 다양하다.

사회는 변화한다. 변화의 가장 큰 요인은 인구(人口)와 기술이다. 인구 증가 또는 감소, 인구밀도, 인구의 이동(도시화, 도시집중), 인종의 교류, 다문화, 인구의 고령화(고령화 사회, 고령사회, 초고령사회) 등이 사회변화의 요인이다.

기술발전은 특히 정보기술에 와서 획기적인 사회변화를 일으키고 있다. 컴퓨니케이션 사회, 디지털 사회, 네트워크 사회, SNS(social network service) 사회가 되었다. 오늘의 인간은 '디지털 네이티브(digital native)', '본 디지털(born digital)' 인간으로 변하고 있다.

도서관은 언제나 사회적 존재로서 사회적 영향을 받는다. 학교사회에서는 학교도서관, 대학사회에서는 대학도서관, 지역사회에서는 공공도서관, 고령사회에서는 실버도서관, 다문화사회에서는 다문화도서관, 디지털 사회에서는 디지털 도서관, 웹사회에서는 SNS서비스를 해야 하는 등 사회와 호흡을 같이해야 한다. 도서관은 사회변화를 제때에 제대로 간파하여 변화에 적절히 대응해 나가야 한다. 도서관은 언제나 사회와 운명을 같이하는 존재이다.

3.2.4 기술적 환경

"인간은 도구를 사용하는 동물이다."는 말이 있다. 인간의 역사는 도구개발의 역사라 할 수 있다. 구석기, 신석기, 청동기, 철기, 그리고 그 이후의 도구의 개발은 인간 생활의 모든 부문에서 헤아릴 수 없을 정도로 많은 발전을 이룩하였다. 농업기술, 산업기술, 토목기술, 교통기술, 항공우주기술, 나노기술, 생명공학기술, 정보통신기술에 이르기까지 과학과 기술의 발전은 인간의 물질적인 삶뿐만 아니라 정신적인 삶에도 끊임없는 변혁을 일으키고 있다.

책과 도서관에 관련해서는 미디어기술, 인쇄기술 및 전자기록기술이 비약적으로 발전하면서 인간의 문명과 문화를 새롭게 변화시켜왔으며 오늘에 와서는 디지털 기록 및 기억기술로 말미암아 전 세계를 실시간으로 소통할 수 있는 정보기술 환경을 구현해 나가고 있다. 전통적 도서관은 전자적 자동화를 넘어서 이제 하이브리드 도서관, 나아가 디지털 도서관으로 하루가 다르게 변모하고 있으며, 인터넷 웹사이트는 물론 SNS나 스마트폰까지도 도서관의 서비스 영역으로 도입되는 시점에 와 있다. 도서관도 이러한 기술사회, 특히 정보기술사회에 적응하고 대비할 수 있는 경영능력과 정보서비스를 갖추지 않으면 안 되게 되었다.

3.2.5 국제적 환경

산업혁명 이후 선진 여러 나라들은 정치적·종교적 이데올로기의 이해관계에 얽힌 대립과 반목으로 크고 작은 전쟁과 냉전을 거듭하여 왔다. 강대국들의 약소국에 대한 식민지배와 두 차례에 걸친 세계대전은 모두 강대국들이 그들의 지배력과 경제적 자원을 확보하기 위한 비인도적 싸움이었다. 1950년의 한국전쟁과 1962년의 베트남 전쟁, 이스라엘과 팔레스타인의 전쟁, 영국과 아르헨티나 전쟁, 2001년 뉴욕의 9.11 테러로 촉발된 이라크 전쟁 등 세계사는 전쟁으로 점철되어 왔다. 21세기에 깊숙이 진입한 2013년 오늘에도 이러한 크고 작은 전쟁은 끊임없이 지속되고 있다. 소위 '자스민 혁명'으로 불리는 아프리카 북부 국가들의 내란, 북한의 핵폭탄 위협, 중국의 산업발전에 따른 팍스 시니카(Pax Sinica)[5]의 조짐 등 세계정세는 오늘에도 여전히 위협과 기회요인이 공존하고 있다.

또한 정보기술과 교통통신의 발전은 국가 간의 교류와 협력을 촉진해 왔다. 1945년 국제연합(UN) 창설 이후 세계는 불완전하게나마 정치, 경제, 문화 등 여러 면에서 교류와 협력을 추진해 오고 있다. 유엔은 안전보장이사회, 경제사회이사회 및 각 부문의 전문기구를 두고 국제적 분쟁 해소와 협력 및 세계의 복지와 평화를 도모하고 있다.

3.3 지역사회 역할 분석

3.3.1 도서관의 지역사회

우리는 누구나 지역사회(community)에 속해 있다. '지역'이라는 단어 때문에 서울은 지역이 아닌 것으로 착각하기 쉽지만 서울도 '서울지역'이므로 역시 지역사회다. 더 세분하면 각 구청별로 강북지역, 강남지역, 성동지역, 송파지역 등 모두 지역사회이다. 전국적으로는 강원지역, 충북지역, 충남지역, 대전지역, 광주지역, 부산지역, 울산지역 등 범위가 크든 작든 모두 지역사회다.

도서관은 그 종류를 불문하고 크고 작은 지역사회에 속해 있으며, 그가 속해 있는 지역사회에 정보서비스를 제공하기 위해 존재한다. 따라서 도서관은 해당 지역사회의 모든 특성과 요구를 파악, 분석하여 맞춤 서비스를 제공해야 한다. 이를 위해 도서관은 계획 단계에서 지역사회에 대한 환경적 특성을 다각적으로 조사 분석할 필요가 있다.

---

5) 팍스 시니카(pax sinica): 경제대국이 된 중국이 자신의 뜻대로 세계질서를 개편하여 중국이 주도하는 시대가 된다는 뜻. 팍스(pax)는 라틴어로 평화, 시니카(sinica)는 중국이라는 뜻.

조사 대상으로서는 해당지역의 역사, 유형·무형문화재, 지리적 특징, 인구분포, 취락구조, 교육수준, 경제여건 및 특산품, 교육기관, 평생교육기관, 복지기관, 공공기관 등 모든 요소가 포함되며 이들에 대한 기초조사 및 변동 상황을 매년 파악해야 한다. 도서관은 이러한 기초자료를 바탕으로 마케팅 전략을 수립하고 장서, 인력, 예산, 프로그램, 서비스 등 최적 도서관 서비스를 제공해야 한다.

지역의 역사와 지리적 특성을 조사하기 위해 가장 유용한 정보는 그 지역의 행정기관에서 발행한 도·시·군·읍지 및 향토사와 민속자료들이다. 예를 들면 〈忠淸南道誌〉, 〈忠州市誌〉, 〈端陽郡誌〉 등 전국의 각 지방행정기관은 해당지역의 역사, 지리, 인물 등을 자세히 기록, 전수하기 위하여 도·시·군·읍지를 편찬하고 있다. 또한 향토사 자료는 그 지역의 문화원, 박물관, 역사학자, 민속학자들이 연구, 발행한 자료들로서 해당지역의 역사, 지리, 문화에 대한 정보를 제공한다. 인구통계와 교육통계, 산업통계 등은 통계청이나 지방자치단체, 교육청등 담당 행정기관을 통하여 확보할 수 있다. 또 기존의 자료를 활용할수 없는 도서관에 대한 요구 및 잠재적 요구조사는 도서관이 자체적으로 조사를 실시하고 통계를 작성하여 계획에 반영해야 한다.

3.3.2 지역사회 역할 분석 모델

지역사회 조사를 위한 체계적인 분석평가 모델로는 미국의 공공도서관들에서 활용하고 있는 CAMEO(community analysis methods and evaluative options) 모델이 있다. 이 모델은 '주위 둘러보기(looking around)'를 기반으로 하는데 이는 주위 들러보기를 위한 계획수립, 정보의 수집, 정보의 조직과 해석, 결과의 보고 등의 과정으로 이루어진다.6) 미국 공공도

---

6) 정동열. 2007. 『도서관경영론』. 한국도서관협회. 83~90쪽.

서관을 위한 *The CAMEO Handbook*[7]은 그 머리말에서 지역사회분석의 중요성을 다음과 같이 기술하고 있다.

▌CAMEO 모델의 개요

Community analysis is the foundation of responsible library decisions both short and long term. To build facilities, collections, services, and programs which are responsive to the needs and expectations of the community, librarians must understand not only the community but also their own libraries. This handbook guides those involved with public libraries in selecting and using basic tools to look at libraries and their communities and to use the results for enriched planning.

지역사회분석은 도서관의 장단기 의사결정의 기초이다. 지역사회의 요구와 기대에 알맞은 시설, 장서, 서비스, 프로그램을 설계하기 위해서는 사서들이 지역사회 뿐 아니라 자신들이 근무하는 도서관을 파악하지 않으면 안 된다. 이 핸드북은 공공도서관들이 도서관과 지역사회를 파악하는 기본적인 도구의 선택과 이용에 관한 문제와 그 결과를 도서관의 계획에 충분히 활용하는 방법들을 안내하고 있다.

Chapter 1   Introduction
Chapter 2   Planning for Library Excellence

---

7) Community Analysis Methods and Evaluative Options: The CAMEO Handbook, Prepared by The Consulting Librarians Group Sandra M. Cooper, Nancy Bolt, Keith Curry Lance, Lawrence Webster in cooperation with MGT of America, Inc for the Library of Virginia. This publication was supported in part by Library Services and Construction Act.

Chapter 3　Looking-Around

Chapter 4　Role Setting for Looking-Around

Chapter 5　Looking-Around-Outside-the-Library

Chapter 6　Looking-Around-Inside-the-Library

Chapter 7　The Survey as a Tool for Looking-Around

Chapter 8　Organizing, Analyzing, and Communicating the Results

Chapter 9　Using the Results in Planning

Chapter 10 Resources

Chapter 11 Worksheets

Chapter 12 A Case Study from Appomattox Regional Library System

한편 미국 공공도서관협회(PLA)의 공공도서관 주위 둘러보기를 위한 도서관의 역할 형태는 다음과 같이 8가지로 구분된다.

1. 지역사회 활동센터 Community Activities Center
2. 지역사회 정보센터 Community Information Center
3. 공식교육 지원센터 Formal Education Support Center
4. 독학학습센터 Independent Learning Center
5. 인기자료도서관 Popular Materials Library
6. 유아학습도서관 Preschools' Door to Learning
7. 참고도서관 Reference Library
8. 연구센터 Research Center

또 다른 지역분석평가모델로는 CIPP(context, Input, process, product)모델이 있다.8) 이 모델은 1966년 미국의 스터플빔(Daniel Stufflebeam)과 구바(Egon Guba)가 프로그램, 프로젝트, 인력관리, 제품관리 교육, 등의 체계적인 분석 평가를 위해 개발한 것으로 정부기관 및 단체, 프로그램 및 프로젝트 관계자, 국제관계자, 교육행정가, 군관계자 등 광범위한 부문에서 내부적, 외부적 조직평가 및 계획에 널리 응용되고 있다. CIPP는 맥락(상황)평가(context evaluation), 투입평가(input evaluation), 과정평가(process evaluation), 산출평가(product evaluation)로 구성된다. 이 모형의 특징은 평가활동과 의사결정 사이의 순환관계로서 평가자와 의사결정자는 밀접한 관계를 유지하며 프로그램을 관리, 개선해 나간다는 데 있다. 스터플빔은 의사결정 상황에 따라 의사결정 유형이 달라진다고 주장하고 의사결정 상황은 전면적 개혁상황, 현상유지상황, 점진적 개혁상황, 혁신적 변화상황으로 구분하였다. 의사결정 유형은 계획적 의사결정, 구조적 의사결정, 수행적 의사결정, 재순환 의사결정의 4가지로 구분하고 있다. 이에 따라 평가도 계획적 의사결정에 필요한 정보를 제공하는 맥락평가(상황평가), 구조적 의사결정에 필요한 정보를 제공하는 투입평가, 수행적 의사결정에 필요한 정보를 제공하는 과정평가, 재순환 의사결정에 필요한 정보를 제공하는 산출평가로 나누어진다.

이러한 모델은 1980년 더글러스 스와직(Douglas Zweizig)에 의해 도서관 평가연구에 응용되었다.9) 이 모델의 장점은 지역 분석과 관련되는 많은 정보를 수집하여 지역연구를 수행함으로써 도서관 서비스를 효과적으로 계획, 제공할 수 있다는 것이다. 그러나 주의할 점은 지역의 상황은 항상 변화되기 때문에 모든 계획이 그러하듯 정적인 계획으

---

8) 정동열. 앞의 책. 90~92쪽.
9) 정동열. 위의 책. 90쪽.

로만 머물러서는 안 되며 변화하는 상황을 지속적으로 조사 평가하여 반영해야 한다는 것이다.

3.4 지역사회 평가를 위한 커뮤니케이션

3.4.1 지역 기관들과의 소통

지역에는 수많은 기관 단체들이 존재한다. 도서관이 지역사회의 모든 시민계층에게 적절한 정보서비스를 제때에 제대로 제공하기 위해서는 지역에 산재하고 있는 각종 정부기관, 단체, 공·사기업 및 시민단체 등과 유대 및 협력관계를 지속적으로 유지해야 한다. 지역사회에서의 도서관의 위상은 대체로 지역의 중요기관이라기보다는 보조적 기관으로 인식되는 경향이 있기 때문에 다른 여러 단체들의 협력이 없으면 도서관의 기능과 역할을 제대로 수행하기 어렵다.

다른 기관들은 도서관의 사회적 기능과 목적을 잘 인식하지 못하는 경우가 대부분이다. 특히 우리나라 공공기관의 장들과 직원들의 도서관에 대한 인식은 대부분 막연하고 미미하다. 도서관을 책이나 보고 소일하는 한가한 곳으로 보는 시각이 많으며, 도서관장 자리는 한직(閑職)으로서 퇴직 무렵에 잠시 쉬는 자리로 여겨 의욕 없는 공무원을 보직하는 경우가 많다. 또한 사서직(司書職)의 전문성을 폄하하여 사서는 아무나 할 수 있고, 도서관은 편해서 좋은 직장으로 인식하는 경우가 많다.10)

---

10) 도서관법 제30조에는 "공립 공공도서관의 관장은 사서직으로 임명한다"라고 규정되어 있으나 인사권을 가진 자치단체의 장들은 이를 무시하고 있다. 지역의 기관장들과 공무원들은 도서관장과 사서직에 대한 전문성을 인정하려 하지 않고, 감독기관은 전문직 도서관장의 업무개선 건의나 제안을 쉽게 무시하는 경향이 있다.

이렇게 된 근본 원인은 다른 기관 단체들의 문제라기보다는 도서관이 지역의 기관 단체와 소통하지 않고, 도서관을 올바로 마케팅 하지 못한데 기인한다고 본다. 도서관의 서비스가 다른 기관들보다 앞서고 있다면, 도서관직원들의 근무태도,[11] 도서관직원들의 업무 결과물들이 다른 행정기관에 비하여 우수하다고 느낀다면, 그리고 도서관 직원들이 지역사회에 대하여 도서관의 사회적 영향을 지속적으로 마케팅 한다면 도서관에 대한 인식은 달라질 것이다.

이런 점에서 도서관은 관장뿐 아니라 전 직원이 나서서 그 지역사회에 산재하는 기관 단체들과 소통과 협력의 통로를 만들어 나가야 한다. 행정기관, 의회, 유치원, 초·중·고등학교 및 각종 학교, 대학, 복지기관, 고아원, 영아원, 박물관, 문화원 등을 방문하거나, 이벤트에 초청하고, 프로그램 및 서비스 정보를 교류하고, 지역의 기관장회의에 참석하는 등 활발한 소통활동을 지속적으로 전개해야 한다. 이러한 모든 활동은 지역사회에서의 도서관의 존재와 유용성을 올바로 알릴뿐 아니라 도서관의 위상과 권익을 신장시킴으로써 궁극적으로 도서관의 사명, 목적, 역할을 원활히 수행할 수 있는 바람직한 도서관 경영환경을 조성하게 될 것이다.

3.4.2 지역 시민들과의 소통

도서관 이용자들은 모두 시민이다. 시민들은 각자 자신들의 여건에 따라 도서관을 이용하는 목적과 빈도가 다르다. 도서관을 이용하고 싶어도 거리 및 시간제약 또는 생업으로 인해 도서관을 이용할 수 없는 시민들도 있고, 도서관을 지척에 두고도 도서관의 유용성을 잘 몰

---

11) 직원들이 대출데스크는 비워둔 채 집단으로 모여 케이크와 커피를 마시며 큰소리로 깔깔대고 잡담하는 모습을 흔히 볼 수 있는데 이는 도서관의 외부인들에게 곱게 비쳐질리 없다.

라서 이용하지 않는 사람들도 많이 있다. 도서관에서는 도서관을 지속적으로 이용하는 사람들을 '고객'이라 하고, 여건이나 사정상 도서관을 이용하지 못하는 사람들 또는 도서관을 잘 몰라서 이용하지 않는 사람들을 '잠재고객'이라 지칭한다.

도서관은 현재의 고객에게는 도서관을 지속적으로 이용할 수 있도록 보다 새로운 서비스를 제공하고, 잠재고객들에게는 도서관의 유용성을 홍보하여 시민들을 도서관으로 끌어들여야 한다. 따라서 도서관은 현재의 고객 및 잠재고객에게 여러 가지 경로를 통해 친밀한 소통의 길을 마련해야 한다. 이러한 소통의 통로 개발은 마케팅 믹스에서 말하는 프로모션(promotion)전략으로서 도서관 경영자는 고객과의 진실한 의사소통의 방법들을 경영계획에 반드시 반영해야한다.

시민과의 의사소통방법은 우선 자원봉사자를 통한 방법이 있다. 자원봉사자는 도서관에 우호적인 '도서관의 친구들'로서 이들에게 맞춤 도서관 서비스를 제공함은 물론 이들을 통하여 도서관의 프로그램이나 서비스를 그들의 지인들에게 전달할 수 있다. 둘째, 도서관에 찾아오는 고객들에게 직원들이 먼저 다가가서 그들의 필요와 요구를 파악하고 해결하여 줌으로써 현재의 고객들과 소통함은 물론 그들의 입을 통해 지역사회 잠재 고객들에게 도서관의 유용성을 전파할 수 있다. 셋째, 도서관에서 발행하는 소식지, 홍보물을 통하여 지역주민과 소통할 수 있다. 이때 주의할 점은 홍보물이 한낱 광고전단지처럼 버려지지 않도록 알찬 내용으로 제작하여 대상 고객별로 전달해야 한다는 것이다. 넷째, 이메일이나 휴대폰 문자로 소통할 수 있다. 이 경우는 고객의 이메일 주소나 휴대폰 번호를 알고 있을 때만 가능하며 도서관의 회원에 한해 소통할 수 있는 제한점이 있다. 다섯째, 도서관의 홈페이지 및 블로그를 통하여 시민과 소통할 수 있다. 이 경우는 홈페이지나 블로그의 콘텐츠를 충실히 구성하고 수시로 갱신하여 최신의 상태를 유지하여야 하며 고객의 소리를 들을 수 있는 열린 통로를 반드시 개설해 놓아야 한다.

3.5 유네스코 선언에 나타난 도서관의 역할

공공도서관은 '시민사회의 꽃'이라고 말할 수 있다. 인류가 문명생활을 시작한 이후 문맹의 퇴치는 인류사회의 최대의 과제였다. 그러나 근대 시민사회의 성립 이전에는 종교적 세속적 특권 지배층만이 문화의 혜택을 누려왔으며, 대다수의 시민들은 배움의 기회가 제한된 채 문맹에서 벗어나지 못하고 노예적 생활을 면하기 어려웠다.

그러나 19세기 서구 근대 시민사회의 성립과 더불어 도서관도 시민을 위한 사회문화적 도구로서 변모되기 시작하였다. 다시 말하면 공공도서관은 민주주의 실현과 발전을 위한 하나의 사회적 장치로서 출발하게 된 것이다. 정보와 사상은 인간의 기본적 욕구로서 모든 시민에게 정보와 사상에 접할 수 있는 평등한 기회를 부여하여야 한다는 것이 근대 공공도서관의 발생근거이다.

▌유네스코가 규정한 공공도서관의 기능과 역할

공공도서관 사상은 20세기에 들어와서 전 세계적으로 전파되었다. 세계적인 공공도서관 선언은 1949년 국제연합 교육문화 전문기구인 유네스코에 의해 최초로 채택되었고, 1972년과 1994년 두 차례의 개정을 거쳐 오늘에 이르고 있다. 유네스코의 공공도서관 선언에서는 '공공도서관 봉사는 연령, 인종, 성별, 종교, 국적, 언어 또는 사회적 신분에 관계없이 모든 사람들에게 평등하게 제공한다.'는 원칙이 확립되었다. 그리고 이를 실현하기 위해 '공공도서관은 무료로 운영되어야 하며 지역사회의 요구에 맞는 목표와 우선순위 및 봉사내용을 분명히 하고 효과적으로 전문화된 기준에 의해 운영되어야 함'을 규

정하였다. 유네스코가 제시하는 공공도서관의 임무는 다음과 같다.[12]

- 어린이의 독서습관의 형성과 증진.
- 정규교육에 대한 지원과 자주적 교육의 지원.
- 개인의 창조적 발전을 위한 기회 제공.
- 청소년의 상상력과 창조성 자극.
- 전통문화의 인식, 예술, 과학의 업적이나 혁신에 대한 인식 촉진.
- 모든 공연예술의 문화적 표현과 접촉.
- 다른 문화 간의 교류 및 다양한 문화 공존.
- 구전에 의한 전승의 지원.
- 시민에 대한 지역정보 제공.
- 지역의 기업, 협회 및 관련단체에 대한 정보 제공.
- 정보개발 촉진과 컴퓨터 이용 능력제고.
- 모든 연령층의 준 문맹퇴치 활동 계획 지원.

3.6 공공도서관의 사회적 역할

시민과 도서관과의 관계에서 공공도서관의 궁극적인 사명과 목적
은 도서관의 자료와 각종 서비스를 통하여 시민들에게 풍부한 인간
생활 및 자아실현의 기회를 제공함으로써 지역사회의 발전을 촉구하
고, 국가와 민족의 번영에 기여하는 것이다. 문헌정보학의 많은 문헌
들은 공공도서관의 기능과 역할을 학자에 따라 다양한 표현으로 설
명하여 왔다. 그러나 표현만 다를 뿐 내용이 부분적으로 중복되거나

---

12) Koomtz C. & Gubbin B. 편. 장혜란 역. 2011. 『IFLA 공공도서관 가이드라인』. 서울: 한국도서관협회. 154~155쪽 참조.

분류만 달리하여 소개하고 있다. 따라서 여기에서는 이들 내용들을 종합하여 현대 공공도서관의 기능을 지역사회 정보센터로서의 기능, 지역사회 교육지원센터로서의 기능, 지역사회 연구지원 센터로서의 기능, 지역사회 역사의 전승 및 보존기능, 지역사회 문화 활동 센터로서의 기능 등 5가지로 분류하였다.

▌지역사회 정보센터

공공도서관은 지역사회에 대한 다양한 정보 봉사를 수행한다. 지역 주민을 위한 대중자료 및 인기자료 센터로서의 역할과 참고봉사 및 리퍼럴(referral) 봉사, 인터넷 정보 봉사를 종합적으로 수행하여 전국 및 세계 정보 네트워크의 지역 거점이 된다. 공공도서관은 지식정보자료를 축적하는 동시에 유효적절한 정보봉사를 통해 시민에게 다가가는 시민의 정보센터이다. 지식정보사회에서는 수많은 지식과 정보가 인쇄 형태의 종이미디어는 물론 디지털미디어로 전달되기 때문에 과거의 수집·보존 위주에서 접근의 개념으로 그 범위가 대폭 확대되고 있다.

시민들은 일상생활과 관련된 정보, 즉 직업, 취업, 육아, 주택, 건강, 노인문제, 복지, 교육, 교통 등 모든 정보를 한 곳에서 체계적으로 이용할 수 있기를 기대한다. 따라서 현대 공공도서관은 유관기관과의 협조를 통해 시민의 정보요구에 효과적으로 대비하지 않으면 안 된다. 또한 공공도서관은 지역사회의 중소기업 및 산업체의 특성을 잘 파악하고 그들을 위한 기업정보센터로서의 역할도 수행해야 한다.

▌지역사회 교육지원센터

취학 전 어린이의 독서습관 형성과 초·중·고등학교 학생들의 독서 교육 및 광범위한 교육 참고자료를 제공하며, 지역 내의 학생들의 공교육을 돕고 학교도서관을 지원한다. 또한, 스스로 자기발전을 추구하는 모든 시민들에게 평생 교육을 위한 다양한 교육정보와 학습 자료를 제공한다. 지식정보사회에서는 지식과 정보의 생성과 소멸이 빠르게 진행되므로 계속적인 재교육과 학습이 필요하다. 따라서 공공도서관은 시민의 평생교육을 위한 지역사회의 교육센터로서의 기능을 다해야 한다.

교육은 인간사회가 본래부터 가지고 있는 기본 기능으로서 사회가 있는 곳에는 교육이 존재하여 왔다. 따라서 교육은 학교에서만 이루어지는 것이 아니라 가정과 사회 어디에서나 진행되며, 평생을 통해 지속된다. 평생교육은 그 대상에 따라 청소년교육, 농어민교육, 노동자교육, 부녀자교육, 노인교육, 직업교육 등으로 다양하게 구분할 수 있다. 평생교육은 가정, 학교, 사회단체, 기업, 박물관, 도서관 등 모든 사회 문화적 기관들이 연계하여 실행하는 것이 바람직하다. 특히 공공도서관은 다양한 교육 자료와 프로그램의 개발 및 보급을 통해 지역주민을 평생교육의 장으로 안내하는 중개자의 역할을 수행한다.

▌지역사회 연구지원 센터

특별한 지식분야를 탐구하는 연구자들을 위한 연구자료를 제공하고 연구가 활성화 될 수 있는 풍토를 조성한다. 특히 대학원생과 연구원들을 위해 대학도서관이나 전문도서관이 수행하지 못하는 지역의 특수 연구자료들을 제공한다.

공공도서관은 지역에 밀착된 도서관으로서 지역의 전통 문화의 특성을 충분히 파악하고 반영해야 한다. 지역의 역사, 문화유산(유형, 무형), 풍습, 언어, 민담, 행정 등에 대한 자료를 수집하고 소장해야 한다. 이는 지역 공공도서관만이 가지는 지역 정보거점으로서의 고유 기능이라 할 수 있다. 연구자들이 어떤 지역을 연구하고자 할 경우 그 지역 공공도서관이 수집, 보존하고 있는 유용한 자료를 제공함으로써 지역연구의 지름길을 제공할 수 있다.

▎지역사회 역사의 계승 보존

지역사회의 역사자료나 민속자료 등 향토자료를 발굴 보존하고 주민들이 이용하게 하여 지역의 역사와 문화를 계승, 보존한다. 역사자료 보존은 개인적으로는 불가능하다. 지역의 역사가나 소장가들이 보유하고 있는 자료들은 결국 자손에게 물려 줄 수밖에 없으나 후손의 역사의식과 보존의식이 없을 경우 전승되기 어렵다. 이를 도서관이 체계적으로 수집하여 보존하고 후대의 연구자들에게 제공하는 기능을 수행해야 한다.

한국도서관기준은 "공공도서관은 당해 지역에서 발간 또는 제작되는 향토자료 및 행정자료를 반드시 수집하고, 이를 기반으로 지역사회의 향토자료와 지식문화유산을 발굴·복원하고 계승·발전시키는 구심체로서의 역할을 수행하여야 한다."라고 하여 지역사회의 역사 계승과 보존을 공공도서관의 의무로 규정하고 있다.13) 공공도서관은 지역의 중심적 문화기관으로서 향토자료를 수집·보존, 전승할 책임이 있는 것이다

▎지역사회 문화 활동 센터

지역주민들의 문화에 대한 관심을 촉발하고 문화 활동을 적극적으로 지원함으로써 지역주민의 삶의 질 향상에 기여한다. 특히 주민들이 여가시간을 건전한 문화 활동으로 전환할 수 있도록 일상적인 문화프로그램들을 개발 또는 도입하여 시행함으로써 사회문화 발전에 긍정적인 영향을 끼칠 수 있다. 문화란 '한 사회 혹은 사회집단을 특징짓는 독특한 정신적·물리적·지적·감정적 모습의 전체적 합성물'로 정의된다. 이에는 예술과 문학뿐 아니라 생활양식, 가치 체계, 전통, 믿음도 포함하고 있다. 문화는 인간과 인간, 인간과 환경 간의 상호교류, 즉

---

13) 한국도서관협회. 2013. 『한국도서관기준』. 서울: 한국도서관협회. 34쪽.

소통을 통하여 발전한다. 공공도서관은 문화 소통의 공간으로서 시민들에게 세계 각국의 문화를 전달하며, 자기 고장의 문화를 다른 곳에 전파하는 역할을 수행한다. 공공도서관은 그 지역의 다양한 문화시설과 연계하여 문화적 자료를 조사하고 정리, 조직, 보존, 이용시킴으로써 시민들에게 질 높은 삶을 영위할 수 있는 기회를 제공해야 한다.

1. 도서관의 과업환경요인을 설명하시오.

2. 도서관의 거시환경요인을 설명하시오.

3. CAMEO 모델과 CIPP모델을 요약 설명하시오..

4. 미국 공공도서관협회(PLA)의 도서관 역할 형태 8가지를 들고 설명 하시오.

5. 지역사회 조사를 위한 커뮤니케이션 방법과 중요성을 논하시오.

6. 공공도서관의 사회적 역할을 요약 설명하시오.

제4장 도서관 관련 법령과 정책

4.1 도서관의 법적 기반

민주사회의 통치원리는 법치주의(法治主義)이다. 따라서 모든 사회제도는 법제도라 할 수 있다. 법으로 정해지지 않는 제도도 있을 수 있으나 이는 일종의 관습이며 이 역시 관습법으로 인정된다. 법은 계층구조를 형성하며 위에 있는 법을 상위법, 아래에 있는 법을 하위법이라고 구분한다. 예를 들면 헌법은 도서관법의 상위법이며, 도서관법시행령은 도서관법의 하위법이다.

국가정책의 결과는 크게는 헌법, 법률, 명령, 조례, 규칙 등으로, 작게는 내부운영규정이나 지침으로 나타난다. 세부 정책들은 법령이라는 큰 틀의 범위 내에서 정해진다. 정책은 법질서를 실행하는 것이므로 법치주의의 실천이다. 그러나 정책수행을 통해서 불합리한 법을 개선할 수 있으므로 정책은 법보다 큰 '정치'라고 말할 수 있다.

도서관의 효과적 경영을 위해서는 국가의 올바른 도서관정책이 뒷받침되어야 한다. 도서관정책은 도서관에 관한 정치와 행정의 산물이며 도서관정책방향을 어떻게 설정하고 추진하느냐에 따라 도서관의 미래가 결정된다. 정책은 아주 큰 분야에서부터 작은 분야에 이르기까지 도서관 경영에 큰 영향을 미친다. 도서관과 관련한 우리나라 최상위 법은 헌법이다. 헌법에서는 도서관에 대하여 직접적으로 언급하지는 않고 있으나 교육과 문화의 대원칙을 정한 것은 도서관에도 적용되는 것이다. 대한민국헌법 제31조는 모든 국민은 능력에 따라 균등하게 교육을 받을 권리, 그 보호하는 자녀에게 적어도 초등교육과 법률이 정하는 교육을 받게 할 의무, 국가가 평생교육을 진흥할 의무 등을 규정하고, 학교교육 및 평생교육을 포함한 교육제도와 그 운영, 교육재정 및 교원의 지위에 관한 기본적인 사항은 법률로 정하도록 하고 있다.[1] 우리나라의 도서관에 관한 법규는 도서관법, 도서관법 시행령, 도서관법 시행규칙 그리고 각 지방자치단체의 조례 및 규칙 등으로 구체화되어 있다.

4.1.1 우리나라 도서관법의 변천

우리나라의 도서관법은 도서관계가 1955년부터 그 필요성을 인식하고 법령제정을 위해 노력하였으나 성사되지 못하다가 군사정부시절 국회 역할을 담당했던 '국가재건최고회의'에 상정되어 1963년 10월 28일 법률 제1424호로 제정 공포되었다. 그러나 1960년대에는 6.25전쟁의 후유증과 이로 인한 정치적 혼란으로 국가질서의 확립과 경제개발이 시급한 상황이어서 도서관은 정부에서도 민간에서도 관심의 대상이 되지 못하였다. 따라서 법률은 있으되 실효성이 거의 없

---

1) 대한민국 헌법 제31조.
   ① 모든 국민은 능력에 따라 균등하게 교육을 받을 권리를 가진다.
   ② 모든 국민은 그 보호하는 자녀에게 적어도 초등교육과 법률이 정하는 교육을 받게 할 의무를 진다.
   ③ 의무교육은 무상으로 한다.
   ④ 교육의 자주성·전문성·정치적 중립성 및 대학의 자율성은 법률이 정하는 바에 의하여 보장된다.
   ⑤ 국가는 평생교육을 진흥하여야 한다.
   ⑥ 학교교육 및 평생교육을 포함한 교육제도와 그 운영, 교육재정 및 교원의 지위에 관한 기본적인 사항은 법률로 정한다.

는 사문화(死文化) 상태가 오랫동안 지속되어 도서관의 발전은 전혀 기대할 수 없는 암울한 세월이 이어졌다. 도서관법은 제정 후 23년만인 1987년 11월 28일에야 국내외 도서관계의 변화된 현실을 반영하여 개정되었고, 1991년에는 '도서관진흥법'으로, 1994년에는 '도서관 및 독서진흥법'으로 개정되면서 도서관 및 독서진흥에 대한 기본적인 구조를 유지하게 되었다. 이 법은 도서관시설이 현저하게 부족한 현실을 감안하여 국가적 차원에서 도서관의 설치 및 독서의 진흥을 위한 대책을 강구함으로써 국민일반에게 독서기회를 확대 제공하려는 것이었다.2)

2006년 10월 4일에는 도서관 및 독서진흥법에서 독서진흥에 대한 내용을 제외하고 도서관법으로 개정함으로써 이 법이 도서관에 관한 기본법임을 명확히 하였고, 독서진흥관련 부문은 2006년 12월 28일 독서문화진흥법을 별도로 제정하였다. 개정된 도서관법은 도서관정보정책위원회 설치와 도서관발전종합계획 등의 수립, 지역대표도서관의 설립, 지식정보격차의 해소를 위한 도서관의 책무, 국립장애인도서관 지원센터의 설립·운영에 대한 부분을 주요골자로 하였다.

또한 도서관법은 도서관자료의 범위를 오프라인 인쇄매체에서 '온라인자료까지로 확대', 국가차원의 보존가치가 높은 '온라인 자료의 수집', 장애인용 자료 제작을 위한 '디지털파일의 납본', '작은도서관의 개념 정립 및 제도화', 도서관에서 '장애인, 노인, 기초생활수급권자, 농산어촌 주민 등 지식정보 취약계층이 온라인자료를 이용할 때에 지급하는 저작권보상금의 보조' 등을 주요내용으로 담고 있다.

2011년 3월에는 도서관법 일부가 개정, 공포되었으며 이에 따라 국·공립 도서관에서는 자발적 기부금품을 절차에 구애받지 않고 접수할 수 있게 되었다. 또한 국가 및 지방자치단체 장이 공공도서관의

---

2) 한국도서관협회. 1998. 『한국도서관법령집』. 1~6쪽.

조성·운영에 필요하다고 인정하는 경우 사립 공공도서관에 국·공유 재산을 무상으로 사용, 대부할 수 있는 근거를 신설했고, 도서관정책의 주요사항을 수립·심의·조정하는 기능을 가지고 있는 도서관정보정책위원회의 구성 절차를 개정하였다.3) 2012년 2월에는 작은도서관진흥법이 제정되어 2012년 8월 18일부터 시행되었다. 이 법은 도서관법 제2조에 규정된 작은 도서관의 진흥을 위해 필요한 세부적이고 구체적인 사항들을 규정하고 있다. 현행 도서관법상 도서관의 종류는 공공도서관, 대학도서관, 학교도서관, 전문도서관으로 대별되며 공공도서관에 작은도서관, 장애인도서관, 병원도서관, 병영도서관, 교도소도서관을 포함하고 있다.

2007년 12월에는 학교도서관 진흥법이 제정되어 2008년 6월 15일부터 시행되었다. 이 법은 학교교육의 기본 시설인 학교도서관의 설립·운영·지원 등에 관한 사항을 규정함으로써 학교도서관의 진흥을 통하여 공교육을 내실화하고 지역사회의 평생교육 발달에 이바지함을 목적으로 하고 있다.

법률은 법률시행을 위한 구체적 사항을 규정하는 시행령 및 시행규칙을 두는 것이 일반적이다.

도서관법 시행령은 도서관법에서 정한 세부사항을 시행하기 위하여 대통령령으로 제정한 명령이다. 도서관법의 변천에 따라서 도서관법시행령도 그때마다 개정되어 왔다. 도서관법 시행규칙은 도서관법 시행령을 실현하는 각종 서식 등에 관한 내용이 주를 이루고 있다.

한편 학교도서관 진흥법과 작은도서관 진흥법은 각각 학교도서관 진흥법 시행령과 작은도서관 진흥법 시행령이 있으나 시행규칙은 제정되지 않았다.

국회도서관법은 1963년 11월에 제정되어 1963년 12월 17일부터 시

---

3) 한국도서관협회. 2013. 『2012 한국도서관연감』. 39~40쪽.

행된 이래 2013년까지 15차례의 개정을 거쳐 오늘에 이르고 있다. 이 법은 국회도서관의 조직과 직무 기타 필요한 사항을 규정하는 것을 목적으로 하는 국회도서관에만 한정된 특별법적 성격을 지닌다고 할 수 있다. 국회도서관법은 시행령과 시행규칙을 두지 않았다.

저작권법은 1957년 1월 28일 제정, 공포되어 공포와 동시에 시행되었으며 2013년 현재 23차례 개정되었다. 저작권법은 저작권자의 권리와 이에 인접하는 권리를 보호하고 저작물의 공정한 이용을 도모하여 문화산업발전에 이바지함을 목적으로 제정된 '문화기본법'이다. 도서관은 지적저작물을 다루는 곳이므로 저작권법과 관련된 서비스의 허용 및 제한 규정을 지켜야 할 의무가 있다. 저작권법 31조는 도서관 등에서의 복제 등을 상세히 규정하고 있다.

저작권법 31조(도서관 등에서의 복제 등)

① 「도서관법」에 따른 도서관과 도서·문서·기록 그 밖의 자료(이하 "도서 등"이라 한다)를 공중의 이용에 제공하는 시설 중 대통령령이 정하는 시설(당해시설의 장을 포함한다. 이하 "도서관 등"이라 한다)은 다음 각 호의 어느 하나에 해당하는 경우에는 그 도서관 등에 보관된 도서 등(제1호의 경우에는 제3항의 규정에 따라 당해 도서관 등이 복제·전송받은 도서 등을 포함한다)을 사용하여 저작물을 복제할 수 있다. 다만, 제1호 및 제3호의 경우에는 디지털 형태로 복제할 수 없다.

1. 조사·연구를 목적으로 하는 이용자의 요구에 따라 공표된 도서 등의 일부분의 복제물을 1인 1부에 한하여 제공하는 경우
2. 도서 등의 자체보존을 위하여 필요한 경우

3. 다른 도서관 등의 요구에 따라 절판 그 밖에 이에 준하는 사유로 구하기 어려운 도서 등의 복제물을 보존용으로 제공하는 경우

② 도서관 등은 컴퓨터를 이용하여 이용자가 그 도서관 등의 안에서 열람할 수 있도록 보관된 도서 등을 복제하거나 전송할 수 있다. 이 경우 동시에 열람할 수 있는 이용자의 수는 그 도서관 등에서 보관하고 있거나 저작권 그 밖에 이 법에 따라 보호되는 권리를 가진 자로부터 이용허락을 받은 그 도서 등의 부수를 초과할 수 없다. 〈개정 2009.4.22〉

③ 도서관 등은 컴퓨터를 이용하여 이용자가 다른 도서관 등의 안에서 열람할 수 있도록 보관된 도서 등을 복제하거나 전송할 수 있다. 다만, 그 전부 또는 일부가 판매용으로 발행된 도서 등은 그 발행일로부터 5년이 경과하지 아니한 경우에는 그러하지 아니하다. 〈개정 2009.4.22〉

④ 도서관 등은 제1항제2호의 규정에 따른 도서 등의 복제 및 제2항과 제3항의 규정에 따른 도서 등의 복제의 경우에 그 도서 등이 디지털 형태로 판매되고 있는 때에는 그 도서 등을 디지털 형태로 복제할 수 없다.

⑤ 도서관 등은 제1항제1호의 규정에 따라 디지털 형태의 도서 등을 복제하는 경우 및 제3항의 규정에 따라 도서 등을 다른 도서관 등의 안에서 열람할 수 있도록 복제하거나 전송하는 경우에는 문화체육관광부장관이 정하여 고시하는 기준에 의한 보상금을 당해저작재산권자에게 지급하여야 한다. 다만, 국가, 지방자치단체 또는 「고등교육법」 제2조의 규정에 따른 학교를 저작재

산권자로 하는 도서 등(그 전부 또는 일부가 판매용으로 발행된 도서 등을 제외한다)의 경우에는 그러하지 아니하다. 〈개정 2008.2.29〉

⑥ 제25조제5항 내지 제9항의 규정은 제5항의 보상금의 지급 등에 관하여 준용한다.

⑦ 제1항 내지 제3항의 규정에 따라 도서 등을 디지털 형태로 복제하거나 전송하는 경우에 도서관 등은 저작권 그 밖에 이 법에 따라 보호되는 권리의 침해를 방지하기 위하여 복제방지조치 등 대통령령이 정하는 필요한 조치를 하여야 한다.

⑧ 「도서관법」 제20조의2에 따라 국립중앙도서관이 온라인 자료의 보존을 위하여 수집하는 경우에는 해당 자료를 복제할 수 있다. 〈신설 2009.3.25〉

법제도면에서 우리나라 도서관 관련법은 시대에 맞게 정비되어왔다. 그러나 아직도 우리나라의 도서관 관련법령은 법집행의 강제성이 약하고 도서관 관련법령에 대한 사회적 인식도 부족하여 법령으로서의 기능과 역할을 다하지 못하고 있다. 도서관법이 계속 개정되고는 있으나 도서관 경영의 현실에서는 도서관법의 정신과 취지를 제대로 살리지 못하고 있다. 예를 들어 도서관법 제30조에 "공립 공공도서관의 관장은 사서직으로 임명한다."는 규정이 있음에도 불구하고 아직도 수많은 도서관에서는 이 조항을 이행하지 않고 있다. 또, 도서관 내부의 운영규정이나 장서개발정책 등 세부적인 업무방향과 절차에 대해서도 도서관들이 별로 신경을 쓰지 않아 법과 현실이 괴리되고 있다.

4.2 도서관의 정책 기반

4.2.1 정책의 개념

▌정치(政治 politics)와 정책(政策 policy)

정책(policy)의 어원은 도시국가 Polis로서 어원을 통해서도 정치의 산물임을 알 수 있다. 정치는 단체, 국가, 국제사회를 올바르게 질서 지우는 행위라고 할 수 있다. 백과사전에서 '정치'라는 용어를 찾아보면 다음과 같다.

"정치라는 용어는 국가의 제도와 행정뿐만 아니라 각 민족국가들 간의 권력투쟁이나 국가 내에 존재하는 여러 집단에서의 의사결정 등 국제정치와 시민사회 내에서의 정치영역에서도 자주 사용된다. 이와 같이 정치라는 용어를 폭넓게 사용할 수 있는 핵심적 이유는 모든 집단과 사회에는 그 구성원 전체를 구속하는 통일적 결정을 만들어 내는 기능이 존재하기 때문이며, '정치' 또는 '정치적'이라는 용어는 그러한 기능이나 그것에 따르는 다양한 현상을 표현할 때 사용된다."

정책이라는 용어는 백과사전에는 없으며 국어사전에서 보면 "정책 (政策): 정치적 목적을 실현하기 위한 방책"이라고 설명되어 있다. 정책학개론서에서는 "정책이라는 용어는 기업에서도 흔히 쓰이는데, 분명하게 구분한다면 공공정책(public policy)에 한정하는 것"이라고 하고, 정책에 대한 여러 학자들의 정의를 다음과 같이 소개하고 있다.[4]

- 목적가치와 실행을 투사한 계획(Harold Lasswell).
- 정부기관에 의하여 결정된 미래의 행동지침(Y. Dror).
- 전체사회를 위한 가치의 권위적 배분(David Easton).

---

4) 남기범. 2009. 『현대정책학개론』. 조명문화사. 41~43쪽.

- 어떠한 문제 또는 관심사를 다루기 위해 행위자 및 행위자 집단이 추구하는 행동노선(James E. Anderson).
- 정책은 행동화하기 위한 하나의 지침(Higginson).
- 정부가 하기로 혹은 하지 않기로 결정하는 모든 것(Thomas R. Dye).

이상을 종합해 볼 때 "정책이란 국가기관이 어떤 공공적 사회문제에 대하여 미래의 행동방침을 정하는 전략과 방책"으로 이해되며, 따라서 도서관정책은 국가기관의 의사결정 가운데서 도서관에 관한 국민의 통일적 의사결정을 만들어내는 전략과 방책이라고 정의할 수 있을 것이다. 도서관정책은 근본적으로는 우리사회가 도서관을 필요로 하는가에서 부터 시작해서 어떤 서비스를 하는 도서관이 필요한가, 그러기 위해서는 어떤 종류의 도서관을 어디에 얼마나 설립해야하며 각각의 도서관의 경영주체와 객체 그리고 수혜자는 누구인가 등에 대한 세부적인 전략과 방책을 만들어 나가는 것을 '도서관정책'이라고 말할 수 있다. 이와 같은 정치와 정책의 개념 정의에 기초하여 정책의 특징을 들어보면 다음과 같다.5)

▌정책(policy)의 특성
- 정책은 그 주체가 사적 집단이 아닌 공적 기관이다. 즉, 권한을 가진 공적 기관에 의해서 행하여진다. 공적 기관에 의해 권한을 위임받은 집단도 포함되는 경우가 있으나 최종적으로는 공적 기관에 귀속된다.
- 정책을 통해서 성취되어야 할 목표는 문제 해결과 공익의 달성이다. 정책은 최종적으로는 공익을 위해 존재하는 것이므로 정책의 윤리가 매우 중요하다.

---

5) 김용원 저. 황면 역. 2004. 『도서관정보정책』. 한국도서관협회. 2~5쪽.

- 정책은 주로 정치적 행정적 과정을 거쳐 이루어지므로 복잡하고 동태적인 성격을 가진다.
- 정책은 당위성을 바탕으로 의도적으로 목적을 달성하려는 성격도 겸비한다. 따라서 정책의 과정뿐 아니라 정책의 내용도 중요한 요소이다.
- 정책은 일반적으로 미래지향적이므로 단기적인 행동계획보다는 장기적인 지침을 지향한다.

4.2.2 정책의 분류

정책의 분류는 분류기준에 따라 여러 각도에서 나누어볼 수 있다. 예를 들어 국가 행정을 부처별로 분류하여 경제정책, 금융정책, 실업정책, 교육정책, 문화정책, 과학기술정책, 농업정책, 축산정책, 교통정책 등 정부부처의 업무중심으로 분류할 수 있다. 또한 정책의 목적과 기능을 중심으로 추출정책, 규제정책, 분배정책, 상징정책 등으로 분류하기도 한다. 여기서는 기능을 중심으로 한 정책 분류의 예를 소개한다.

- 추출정책
국가 목적을 달성하기 위하여 정부가 민간에게서 인적, 물적 자원을 추출하는 것과 관련된 정책으로 병역, 조세, 공공사업을 위한 토지 수용 등을 예로 들 수 있다. 추출정책은 병역법, 세법, 토지수용법 등 법규의 제정과 개정을 통하여 그 정당성을 확보한다.
- 규제정책
정부가 특정한 개인이나 집단에게 권한의 행사를 못하게 하여 반사적으로 다른 사람들을 보호하려는 것으로서 개인 또는 집단 행동에 대한 통제와 규제를 가하는 정책이다(남기범, 48쪽). 형벌, 의무, 면허 등과 같이 개인과 집단에 대한 행동을 규제한다.

■ 분배정책

교육, 보건, 의료, 사회복지 등 재화와 용역은 물론 사회적 공통의 가치를 분배하기 위한 정책이다. 사회간접자본(SOC)의 구축, 농어업장려금의 지원, 교육기관 보조금 지원 등이 대표적인 예이다(남기범, 47쪽).

■ 상징정책

국가와 국민의 컨센서스를 확보하기 위한 정책으로 국기게양, 국경일 제정, 애국지사의 영웅화 등과 관련되는 정책이다.

위의 분류기준에 따르면 도서관정책은 부처 업무 면에서는 교육정책이자 문화정책이며, 기능적으로는 사회적 공통의 가치를 공유하기 위한 일종의 분배정책이라고 말할 수 있다.

4.2.3 정책의 기능

정책은 사회문제를 국가가 의도적, 적극적, 합법적으로 해결하는 기능을 수행한다. 이들을 세부적으로 나누어 보면 다음과 같다.

■ 정책은 문제 해결을 위한 노력의 산물이다. 노력의 주체는 정치가와 행정가들이며 도서관 분야에서는 도서관에 관심을 갖는 정치인들과 공무원들이다.
■ 정책은 일관성 있는 행동지침을 제시한다. 정책은 일관성 있게 추진되는 것이 중요하다. 정권이 바뀌거나 담당 공무원이 바뀌더라도 일관된 역사적 흐름을 유지해야 한다.
■ 정책은 변화와 변동을 수반한다. 정책은 환경의 산물이다. 따라서 환경이 변화하면 정책은 변화하지 않을 수 없다.
■ 정책은 사회를 재편성하는 기능을 가진다. 정책의 목적은 사회를

바람직한 방향으로 지속적으로 재편성하는 기능을 가진다.
- 정책은 처방적인 기능을 가진다. 정책은 불확실한 미래를 바람직한 미래로 나아가게 하는 미래 처방적인 기능을 수행한다.
- 정책은 사회의 안정화 기능을 가진다. 정책은 사회의 제반 이익을 조정하고 통합하는 기능을 수행한다.

▍정책 환경

정책은 환경의 영향을 받지 않을 수 없다. 정책 환경에는 자연환경을 비롯하여 정치적, 경제적, 사회적 환경의 영향을 받는다. 자연환경은 기후, 지형, 천연자원 등이 있으며 정치적 환경은 국가의 법체계, 선거제도, 정당, 정치이념, 입법부, 행정부, 사법부, 국제정세 등이 있다. 경제적 환경은 개인소득, 부의 분배, 산업구조, 경기변동, 기술수준 등이 있으며 사회문화적 환경으로는 인구변화, 교육기관, 매스미디어, 이익집단, 종교, 전통문화 등이 정책결정에 영향을 미친다.

4.3 우리나라 도서관정책

우리나라의 도서관정책은 정부수립 이후 책임 있는 주무부서가 없어 50여 년 동안 표류되어 왔다. 명목상 도서관법이 제정된 1963년 이후에도 행정부 내에 도서 정책을 적극적으로 수립·시행할 수 있는 역량 있는 부서가 없이 다른 부서에서 도서관정책업무를 겸하여 담당하는 수준이었다. 도서관정책 담당부서가 중앙부처의 과 수준으로 운영된 것은 1991년 12월부터 1994년 12월까지 3년간에 불과하며 이마저 1995년부터 2007년까지는 또 다시 다른 부서에 예속되거나 문화관광부의 산하기관인 국립중앙도서관으로 위양되었다.

그러나 2007년 개정 도서관법에 의해 대통령 소속의 '도서관정보정책위원회'를 두고 문화체육관광부 내에 '도서관정보정책기획단'을 설치하면서 도서관정책부서가 대통령 소속으로 격상되어 체계를 잡게 되었다. 2007년 4월 5일 '도서관법' 전면개정과 함께 문화체육관광부의 조직을 일부개편(「문화체육관광부와 그 소속기관 직제」 개정, 2007년 5월 2일 대통령령 제20042호)하고 국립중앙도서관의 도서관정책과를 폐지하는 한편, 5월 22일 문화체육관광부 소속의 도서관정보정책기획단을, 6월 12일에는 대통령소속의 도서관정보정책위원회를 신설하고 도서관정책의 체계적인 수립·추진 및 주요사항의 부처 간 조정과 통합에 기반을 둔 다양한 정책 추진체계의 기틀을 마련하였다.

2008년 3월에는 국립중앙도서관으로부터 공공도서관 건립지원 업무를 이관 받아 도서관정보정책기획단의 도서관정책 지원 기능을 강화하였다. 2009년에는 「문화체육관광부와 그 소속기관 직제 시행규칙」 개정(문화체육관광부령 제22호, 2008.12.31)에 따라 1월 1일자로 정책기획과·정책조정과·제도개선팀을 도서관정책과·도서관진흥과로 개편함과 동시에 국립중앙도서관의 작은도서관진흥팀을 폐지하여 그 업무를 도서관진흥과로 이관하였으며, 다시 「문화체육관광부와 그 소속기관 직제 시행규칙」 개정(문화체육관광부령 제32호, 2009.5.4)에 따라 도서관진흥과를 도서관진흥팀으로 개편하였다. 2010년에는 「문화체육관광부와 그 소속기관 직제」를 개정(대통령령 제22246호, 2010.6.30)하여 그간 미디어정책국에서 관장해오던 독서문화진흥 업무를 도서관정보정책기획단으로 이관하여 기존 도서관 업무와 함께 독서문화진흥 업무를 연계하여 사업역량을 확장할 수 있는 계기를 마련하였다.

한편 도서관정책에 혼선을 빚게 된 중요한 요인은 1990년 문화공보부가 도서관업무를 맡게 되면서 기존의 문교부 산하 공공도서관들을 문화체육관광부에서 인수받지 못하고 문교부에 잔류시킴으로서 국가 공공도서관정책의 이원화를 초래하게 되었다는 점이다. 그 결과 대통령 소속의 도서관정보정책위원회가 활동을 전개하고 있는 현재까지도 전국의 공공도서관들은 교육부 산하의 공공도서관과 문화체육관광부 산하의 지자체 공공도서관으로 이원화되어 국가도서관정책의 일관된 추진에 장애요인이 되고 있다. 이는 어느 조직이든 정부의 소속부처가 다르면 조직, 인력, 예산 면에서 지휘감독 체계가 달라 부처이기주의를 면할 수 없기 때문이다. 따라서 도서관정책부서의 일원화는 현재 도서관정보정책위원회가 시급히 해결해야 할 과제로 남아 있다.

▌ 도서관정보정책위원회

2007년 4월 6일 발효된 도서관법에 따라 2007년 6월 12일 대통령 소속의 도서관정보정책위원회가 발족되었다. 그러나 2008년 2월 대통령 인수위원회의 위원회조직 통폐합방침으로 폐지의 위기를 맞았다. 이에 당시 도서관법 개정에 앞장섰던 국회의원과 한국문헌정보학회를 비롯한 학회와 교수들의 호소, 그리고 한국도서관협회와 단체들의 탄원과 호소로 겨우 존속되어 2013년 현재 임기 2년의 위원회가 3번 종료되고 2014년 1월 현재 제4기 위원회가 활동을 진행 중이다.

▌ 도서관정책부서의 변화

연 월 일	도서관정책부서	비 고
1955. 2.17	문교부 문화국 사회교육과	1968년 문화공보부 신설
1963.12.16	문교부 문화체육국 사회교육과	1990년 문화부 신설
1978. 3.14	문교부 사회국제교육국 사회체육과	1991년 도서관주무부
1981.11. 2	문교부 사회직업교육국 사회교육과	서 문교부에서
1986. 8.25	문교부 사회국제교육국 사회교육제도과	문화부로 이동
1991. 4. 8	문화부 어문출판국 도서출판과	1991년 국립중앙도서
1991.12.17	문화부 어문출판국 도서관정책과	관이 문교부에
1994. 5. 4	문화체육부 생활문화국 도서관정책과	서 문화부로 소
1994.12.23	문화부체육 문화정책국 도서관박물관과	속 변경
2004.11.11	문화관광부 국립중앙도서관	1993년 문화체육부 신설

2007. 6.12	대통령소속 도서관정보정책위원회 발족	1998년 문화관광부 신설
2007. 5. 2	문화관광부 도서관정보정책기획단 신설 　정책기획과, 정책조정과, 제도개선팀	
2009. 5. 4	문화체육관광부 도서관정보정책기획단 　도서관정책과, 도서관진흥팀	
2013. 11	문화체육관광부 도서관박물관정책기획단 　도서관정책과, 도서관진흥과	

■ 도서관 정보정책위원회 구성

　도서관정보정책위원회는 위원장 1인과 부위원장 1인을 포함한 30인 이내의 위원으로 구성되며 위원의 임기는 2년이다. 당연직 위원으로는 문화체육관광부장관, 기획재정부장관, 교육부장관, 법무부장관, 국방부장관, 안전행정부장관, 미래창조과학부장관, 보건복지부장관, 여성가족부장관, 국토해양부장관이며, 위촉직 위원은 문헌정보학계, 도서관계, 출판, 저작권, 건축계, 언론계 인사로 되어 있다. 위원장은 대통령이 위원 중에서 위촉하고, 부위원장은 문화체육관광부장관이 된다. 도서관정보정책위원회 주요기능은 국가의 도서관정책을 수립, 심의, 조정하는 것이다. 위원회의 기능은 도서관법 제12조에 명시되어 있다.

　한편 2007년에 신설된 도서관정보정책기획단은 도서관정책과 관련한 실질적인 업무를 수행하는 기구로 문화체육관광부의 조직이다. 기획단의 조직은 단장아래 정책기획팀, 정책조정팀, 제도개선팀으로 구성되었으나 2009년에 도서관정책과, 도서관진흥팀으로 축소되었으며 2013년 11월 또다시 문화체육관광부 직제를 개편하면서 도서관정보정책기획단은 도서관박물관정책기획단으로 변경되고, 과단위로는 도서관정책과와 도서관진흥과로 개편되었다.

1. 우리나라 도서관 관련법의 법명을 나열하고 각각의 법 제정 목적을 설명하시오.

2. 정책과 정치의 공통점과 차이점을 논하시오.

3. 정책 기능을 중심으로 정책을 분류하고 각각의 특징을 예를 들어 설명하시오.

4. 정책의 사회문제 해결 기능을 설명하시오.

5. 현행 우리나라 도서관정책부서의 조직 구조를 설명하시오.

제5장 도서관의 자원과 경영계획

도서관 경영은 무에서 유를 창조하는 것이 아니라 자원을 활용하여 도서관의 사명과 목적을 효율적이고 효과적으로 달성하는 지속적 순환과정이라 할 수 있다. 도서관의 경영계획은 도서관의 가용 자원을 효율적, 효과적으로 조달하고 활용하여 도서관의 미래에 대한 장단기 발전방향과 실천방안을 설계하고 개선해 나가는 미래지향적 활동이다. 로버트 스튜어트(Robert D. Stueart)와 바바라 모란(Barbara B. Moran)은 도서관 경영자가 관리해야 할 도서관의 자원을 다음과 같이 4가지로 구분하였다.[1]

5.1 도서관의 경영자원

▌인력자원: 사서, 행정직, 전산직, 기술직(전산직, 보존전문가), 기능직

도서관에는 규모에 따라 사서뿐만 아니라 행정직, 전산직, 보존전문가 같은 기술직, 기능직 등 다양한 직원들이 근무한다. 이들이 가지고 있는 지식과 기술, 그리고 경험과 교육수준은 다양하지만 모두 도서관의 기능 수행에 필수적 인력이므로 이들을 적재적소에 배치하는

---

1) 한국도서관협회. 2009. 『도서관 편람』. 229쪽에서 발췌 정리함.

것이 중요하다.

▌재정자원: 도서관도 경영을 위해서는 자금이 필수적으로 소요되며 이를
위해 예산 확보, 기금모금 등을 통한 재정자원 확보가 필수적이다.
　영리기업 및 단체들의 재원은 주로 물품과 용역을 구매하는 고객
으로부터 나오지만 도서관은 비영리기관이므로 대체로 정부, 지방자
치단체, 소속기관 등으로부터 나오는 예산, 지원금, 보조금과 기부금
등으로 재정을 운영한다.

▌물질자원: 소모품, 비품, 시설, 설비 / 하이브리드 도서관(디지털+아날로그)
　도서관이 사용하는 여러 가지 소모품과 비품, 시설, 설비, 건물 등
을 말한다. 인터넷의 발달과 보급으로 가상공간의 디지털 도서관이
존재하지만 장소로서의 도서관은 건재하고 있으며 현재는 이 두 가
지 기능을 상호 보완적으로 제공하는 하이브리드 도서관이 보편화되
고 있다.

▌정보자원: 도서관의 기능 수행과 관련해서 생산, 접수하고 관리하는 문서
와 통계를 비롯한 각종 기록정보(도서관의 장서가 아니라는 점에 주의)
　정보자원이란 도서관이 수집하여 제공하는 장서가 아니라 도서관
의 기능 수행과 관련하여 생산, 접수하고 관리하는 문서와 통계를 비
롯한 각종 기록정보를 말한다. 지식경영의 등장 이후에는 유형의 기
록정보뿐 아니라 직원들의 업무경험이나 노하우 같은 '암묵지'도 중
요한 경영정보로 인식되면서 이를 데이터베이스화하고 네트워크를
통해 공유할 수 있도록 하는 지식경영이 강조되고 있다.

5.2 도서관의 자원과 지식경영

지식경영(knowledge management)이란 한 조직의 유용한 모든 지식자원을 파악, 분석, 축적하고 모든 조직 구성원이 손쉽게 접근 활용할 수 있도록 구성한 지식중심 경영을 의미한다. 지식경영은 다음과 같은 사회변화를 반영하여 등장한 이론이다.

- 정보와 지식의 기하급수적 증가로 지식 정보사회 출현.
- 정보사회에서의 경쟁우위 확보를 위한 지식과 정보력 신장 필수.
- 조직 구성원들의 지식과 경험 및 창의성, 아이디어 창출 필요.

▌지식의 양면성과 순환성

지식경영(knowledge management)이란 조직 구성원들의 지식을 경영에 활용하는 경영이다. 지식경영 이론의 주창자인 일본의 노나카(Nonaka)는 지식분류체계를 명시적 지식과 암묵적 지식으로 구분하고 이 두 가지 성격의 지식은 서로 확대 순환의 관계를 갖는다고 하였다. 명시적 지식이란 공식적으로 표출되어 문서화된 지식으로서 일상적으로 검색하면 다 나올 수 있는 지식을 의미하며, 암묵적 지식이란 개인의 내면에 존재하는 잠재적 지식으로 아직 공식화되지 않은 아이디어들을 의미한다. 지식경영은 조직 구성원 개인들의 암묵적 지식을 명시적 지식으로 끌어내어 조직의 지식경영시스템에 통합하고 구성원 모두가 시기적절하게 이를 활용함으로써 경영의 시너지를 높일 수 있도록 하는 지식을 활용한 경영기법을 말한다. 사실 인간의 능력발전 과정을 살펴보면 교육의 과정을 통해 공식화된 지식을 배우고 이를 바탕으로 창조적인 아이디어를 보태어 새로운 지식을 창출하는 과정이라 할 수 있다. 이러한 개인들의 능력발전 과정을 조직경영에 도입할 때 지식경영이 되며, 이때 조직은 학습조직(learning organization)으로 변화된다. 따라서 조직 구성원들의 암묵적 지식을 명시적 지식으로 끌어내고 명시적 지식을 학습함에 따라 새로운 암묵적 지식을 형성하는 선순환의 과정을 돌리는 것이 지식경영의 기본개념이라 하겠다.[2]

- 형식지(形式知 explicit knowledge)
  객관적으로 측정할 수 있고 관찰할 수 있는 지식.
  예) 규정, 절차, 문서, 회계서류, 도서관의 장서.
- 암묵지(暗黙知 tacit knowledge)
  개인의 독특한 노하우와 주관적 경험으로 구성되어 있어 표현하기 어려운 지식.
  예) 감성적, 주관적, 직관적 노하우, 고객감동, 새로운 조직문화 등.
- 암묵지에서 암묵지로의 전환(사회화: socialization)
  특정 개인 혹은 집단이 경험을 공유함으로써 숙련된 기능이나 노하우를 다른 사람에게 전수하는 것. 즉 체험, 관찰, 모방을 통하여 맨투맨 전수.
- 암묵지에서 형식지로의 전환(외재화: externalization)
  암묵지가 언어적 상징적 표현수단을 통하여 형식지로 변환되는 과정, 즉 개인의 노하우가 매뉴얼화, 언어화, 규정화되는 것. 경영철학이 언어로 표현되는 것.
- 형식지에서 형식지로의 전환(종합화: combination)
  각 개인이나 조직이 형식지를 분류하여 추가 결합하는 종합과정으로 문서, 설계도, 책 등으로 가공 조합하여 편집하는 것.
- 형식지에서 암묵지로의 전환(내재화: internalization)
  공유된 형식지를 자신의 구체적인 체험을 통하여 고유의 지식이나 기술(스킬)로 체계화하는 것. 실험이나 경험, 시뮬레이션 등.

---

2) 유영만. 1999. 『지식경영과 지식관리시스템』. 한언. 50~56쪽.

5.3 도서관의 계획

계획은 경영과정의 출발점으로써 미래에 대한 설계이다. 미래의 설계는 경험자의 영감과 추측에 의해서 이루어지는 것이 아니라 과학적 분석을 통해서 이루어져야 한다. 조직이 처해 있는 대내·외적 환경 속에서 조직의 사명과 존재 목적, 기능과 역할을 실현하기 위해 필요한 여러 가지 방안을 개발하고 최적 대안을 선택하는 것이다.

▋계획의 과정
- 도서관의 사명과 존재 의미에 맞는 목적을 설정한다.
- 그 목적 달성을 위한 방안들을 고안하고, 최적 대안을 선택한다.
- 선택된 방안을 실현할 수 있도록 인적, 물적 자원을 조달한다.
- 실행의 과정에서 제때에 제대로 진행되는지를 점검하고 조정한다.
- 일정한 기간별로 계획의 성과를 평가하고 차기 및 장기계획에 반영한다.

5.3.1 도서관의 사명, 목적, 목표

▋사명(mission)
역사적으로 볼 때 도서관은 인류문명의 기반이요, 중심이었다. 문명은 문자기록으로부터 시작되었다는 사실은 '문명(文明)'이라는 단어 속에 그대로 녹아있다. '문자(文)를 통해서 밝아진(明)'세상을 의미하기 때문이다. 문자는 미디어라는 기록 매체와 만남으로서, 그리고 기록의 효율적 수단인 인쇄술과 만남으로서 인류 문명이 더욱 밝아지게 되었다. 동·서양의 도서관의 역사를 조망해 볼 때 문자가 발달한 곳에 미디어가 발달하고, 필사(筆寫)와 인쇄술이 발달했던 것이다. 그리고 문자를 기록한 미디어, 즉 문헌(文獻 literature)을 보존하고, 유통하고, 전승한 도서관이라는 더 '큰' 미디어가 발생한 것이다. 도서관은 문명 탄생의 직후부터 여러 가지 형태와 명칭으로 명멸(明滅)을 거듭하면서 동시대의 문명을 모아 세계 각처로 공급하는 지식의 거점 역할을 수행해 왔다,

인류문명에 대한 도서관의 기능과 역할은 21세기에 와서 위기와 기회를 동시에 맞게 되었다. 18, 19세기 서구 계몽주의와 민주주의의 발달, 그리고 산업혁명으로 인한 기술혁신과 교통통신의 발달은 인류사회에 큰 변혁을 몰고 왔다. 20세기 말부터는 컴퓨터와 인터넷, 그리고 휴대폰(cell phone)의 급속한 발전과 스마트폰(smart phone)의 보급으로 우리의 생활은 언제 어디서나 전 세계의 정보망과 실시간으로 연결되는 정보 커뮤니케이션 환경 속으로 진입하게 되었다. 우리나라에 컴퓨터와 인터넷이 없는 가정은 이제 거의 없으며, 남녀노소 누구나 휴대폰이나 스마트폰이 없는 사람도 거의 없게 되었다.

이러한 정보문명시대에 이르러 도서관의 사명은 더욱 막중하게 되었다. 도서관의 사명은 역사의 보존과 전승을 위한 사명, 정보문명의 창달을 위한 사명, 교육문화의 창달을 위한 사명, 국가발전과 문명 발전을 위한 사명 등 생각할수록 원대하다. 도서관의 정책담당자들 및 경영자들은 이러한 사명이 폄하, 희석되지 않도록 모든 경영자원을 효율적으로 동원하여 도서관의 사명과 목적을 100% 달성하려는 노력을 기울여야 한다.

▌목적(goal)

경영자가 업무 진행과정의 효과성을 파악하기 위해서는 계획의 목적과 목표를 설정해야 한다. 목적과 목표를 확립함으로써 경영자와 시민들은 도서관의 지향점을 분명하게 인식하고 프로그램의 성과를 측정할 수 있게 된다. 또한 시민들에게 보다 효과적으로 도서관 서비스를 제공할 수 있다. 목적은 향후 3~5년간 도서관이 지향하는 미래

의 바람직한 조건을 기술하는 광범위하고 장기적인 비전이라 할 수 있다. 목적은 목표보다 장기적으로 설정되므로 목적이 적절한지 여부는 정기적으로 재검토되어야 한다. 목적은 도서관의 사명에서 도출되며 많은 도서관에서는 5년 내지 10년간 변함없이 지속된다.

▌목표(objectives)

목표는 보통 1년 또는 2년간 단기적으로 설정되며, 기말에 가면 그 달성 여부를 측정할 수 있다. 목표는 일정기간에 달성해야 하는 단기적 성과를 표현한 것이다. 목표는 조직의 목적으로부터 도출된다. 각각의 목표는 도서관의 목적으로 연결되어야 하며 목적과 논리적인 흐름을 유지해야 한다. 또 목표를 통하여 도서관의 목적 성취여부를 가름할 수 있어야 한다. 목적과 목표의 설정, 달성, 평가는 연속적인 과정이다. 목표는 측정할 수 있고, 실행 가능하며, 시간 제한적이며 동적인 활동을 나타내는 것으로 목적보다 세부적이다. 우선순위는 중요성과 긴급성에 따라 결정되는 목적과 목표에 관련된 선후관계의 순서로서 어떤 활동에 주어진 한정된 자원의 활용 순서를 나타낸다.

▌활동(activities)

기관의 일상적인 업무를 수행하는 각각의 작업들로 업무 목표와 직접적으로 연관되며, 단기적이고 반복적이며 측정 가능한 일들이다. 조직의 업무일지는 이러한 일상적 활동들을 기록한 것이다.

▌목적의 계층구조: 사명〉 목적〉 목표〉 활동〉 정책

사명
조직의 목적, 목표설정의
지침이 되는 개념 또는 원칙

목적
조직이 달성하려는 결과를
추상적으로 표현한 것

목표
목적을 측정가능하고 가시적인 형태의
행동으로 표현한 것

활동
목표를 달성하기 위한 구체적인 행동

정책
전략, 절차, 규정, 지침 등을 포괄하는 개념

※비전: 경영 조직체가 추구해야 할 가장 이상적인 미래의 방향으로서 조
직의 사명을 시의에 맞게 슬로건으로 표현한 것이라 할 수 있다.

5.3.2 도서관의 기본원칙과 철학

▌랑가나단의 도서관학 5법칙3)

인도의 도서관학 석학 랑가나단은 1931년에 도서관학 5법칙을 발
표하였다. 도서관학 5법칙은 도서관의 기본 원칙을 천명한 것으로 도
서관의 활용성, 평등성, 공공성, 공익성, 발전성을 강조하고 있다. 랑
가나단의 도서관학 5법칙을 요약하면 다음과 같다.

제1법칙 "도서는 이용하기 위해서 있는 것이다"(Books are for use).

---

3) S. R. 랑가나단 저. 최석두 역. 2005.『도서관학 5법칙』. 한국도서관협회. 27쪽.

이 법칙의 정당성을 의심하는 사람은 아무도 없을 것이다. 그러나 현실적으로는 이야기가 다르다. 도서관 당국은 이 제1법칙을 좀처럼 염두에 두지 않는다(랑가나단 저. 최석두 역. 27쪽).

제2법칙 "누구에게나 그의 도서를"(Every person his or her books).[4]
책이 교육의 도구라면 "누구에게나 그의 도서를"이라는 법칙은 "누구에게나 교육을"이라는 생각을 전제로 한다. 여기에 근본적인 문제가 있다. "누구라도 교육받을 자격이 있는가?"라는 질문에 대한 답을 역사적으로 보면 현실 속에서는 제2법칙 역시 도서관 당국의 마음에는 거의 없었다는 것을 알 수 있다(랑가나단 저. 최석두 역. 87쪽).

제3법칙 "모든 책은 독자에게로"(Every books its readers).[5]
제3법칙을 만족시키기 위해서 도서관이 채택하고 있는 방법은 개가제이다. 개가란 자신의 서재와 같이 자유롭게 장서를 보거나 조사할 기회를 의미한다. 개가제 도서관의 이용자는 마음대로 돌아다니며 아무 도서나 손댈 수 있다. (…중략…) 보다 중요한 것은 이용자가 도서를 발견하는 빈도가 높아진다는 것이다. "이 책이 여기에 있을 줄이야"하고 기분 좋게 놀라 외치는 이용자가 없는 날은 하루도 없는 것이다(랑가나단 저. 최석두 역. 268~269쪽).

제4법칙 "이용자의 시간을 절약하라"(Save the time of readers).
이 법칙은 이용자 중심의 사고방식에서 나온 것이다. 이용자가 도서관을 이용할 때 자료의 검색에서부터 대출과 반납, 그리고

---

4) 일반적으로는 'Books are for all: or Every reader his book'로 알려져 있음.
5) 위의 번역판에는 "Every books its readers가 "모든 도서에게 그의 독자를"로 번역되어 있다.

내부와 외부의 이용에 있어 이용자에게 가장 편리하고 신속한 서비스가 되도록 해야 한다는 의미이다. 예를 들면, 목록의 시스템이나 대출 및 반납 절차가 찾기 쉽고 간편해야 하며 서가의 배열도 이용자가 알기 쉽게 안내되어야 하는 것이다(랑가나단 저. 최석두 역. 298쪽).

제5법칙 "**도서관은 성장하는 유기체이다**"(A library is a growing organization).

성장하는 유기체만이 살아남을 것이라는 것은 일반적으로 인정되고 있는 생물학상의 사실이다. 성장을 멈춘 유기체는 생기를 잃고 소멸한다. 제5법칙은 시설로서의 도서관이 성장하는 유기체의 속성을 모두 가지고 있다는 사실에 주의를 환기시킨다. 성장하는 유기체는 새로운 물질은 취하고 헌 물질은 버리며 크기를 바꾸고 새로운 모양이 된다(랑가나단 저. 최석두 역. 336쪽). 도서관도 이와 같다.

랑가나단의 도서관학 5법칙은 매우 간단하고 상식적이어서 이런 상식이 과연 법칙인가 의심이 가기도 한다. 그러나 그의 법칙 하나하나를 곰곰 생각해 보면 오늘의 도서관들도 이러한 기준을 별로 충족하지 못하고 있다는 사실에 놀라게 된다. 진리는 간단한 것인지 모른다. 그러나 그 실천은 매우 어렵다는 것을 랑가나단의 '도서관학 5법칙'을 통해서 다시 한 번 깨닫게 된다. 랑가나단의 도서관학 5법칙은 주창한지 80여 년이 지났지만 오늘에 있어서도 그 생명력을 발휘하고 있다.

▌도서관의 새로운 5법칙
시대는 변화하고 있다. 도서관도 시대의 변화에 보조를 맞추어 나가야 한다. 랑가나단의 도서관학 5법칙 이후 정보기술의 발전과 정보 사회로의 전환 등 세기적 변화가 진행됨으로써 이러한 급변의 시대 에 도서관은 어떠한 가치를 유지할 것인가를 고민해 왔다. 1995년 미 국의 문헌정보학자 월터 크로포드(Walter Crawford)와 미첼 고어먼(Michael Gorman)은 *Future libraries; dream, madness and reality*라는 저서에서 도서관학의 새로운 5법칙을 제시하였다. 이 새로운 5법칙은 정보사회 의 시대적 변화를 반영한 것이라고 볼 수 있다. 이들을 소개하면 다음 과 같다.6)

1. Libraries serve humanity.
   도서관은 인류를 위해 봉사한다.
2. Respect all forms by which knowledge is communicated.
   인간의 지식을 전달하는 모든 형태의 매체를 소중하게 생각하라.
3. Use technology intelligently to enhance service.
   도서관 봉사를 증대하기 위하여 과학기술을 현명하게 이용하라.
4. Protect free access to knowledge.
   누구에게나 자유로운 지식의 접근을 보장하라.
5. Honor the past and create the future.
   과거를 존중하고 미래를 창조하라.

도서관학의 새로운 5법칙은 정보사회의 도서관 철학의 변화를 반 영하고 있다. 정보사회 속에서도 도서관의 본질과 목적은 언제나 인 간을 위한 것임을 상기할 것, 발달되고 있는 매체들을 모두 소중히 여겨 수집·보존·이용시킬 것, 과학기술을 도서관의 경영에 잘 활용함

---

6) Walter Crawford & Michael Gorman. 1995. *Future libraries: dream, madness and reality*. ALA. pp. 7~8(이순자. 1997. 『도서관 정보센터 경영론』. 한국도서관협회. 23~24쪽에 서 재인용).

으로써 기술적 편리를 향상시킬 것, 이용자의 자유로운 접근을 보장할 것, 온고지신(溫故知新)의 정신으로 미래를 개척해 나갈 것 등을 명쾌하게 제시하고 있다. 랑가나단의 도서관학 5법칙이 고전적 법칙으로서 생명력을 갖는다면, 도서관학의 새로운 5법칙은 정보사회의 선도를 위한 도서관 경영철학으로서의 생명력을 지닌다고 하겠다.

5.3.3 한국도서관기준에 나타난 도서관의 사명과 목적[7]

▌공공도서관의 사명

1. 공공도서관은 지역주민의 지식향상과 정보복지를 구현하기 위한 지식정보의 보고로서 정보이용, 문화 활동, 평생학습 증진 등을 통하여 정보기본권 신장과 지역사회의 문화 발전에 기여한다.
2. 공공도서관은 지역주민이 지식정보에 자유롭고 평등하게 접근할 수 있는 보편적 권리를 기본권으로 설정·보장하고, 이를 통하여 민주사회의 유지·발전에 필요한 성숙된 시민으로서의 자질과 자치의식을 함양하도록 지원한다.
3. 공공도서관은 법령의 제정 및 개정, 전략적 경영계획을 수립하고 도서관 협력네트워크를 구축하고 활성화함으로써 지역주민이 다양하고 광범위한 지식정보에 접근할 수 있도록 지원하는 동시에 지역 및 계층 간 정보격차를 해소함으로써 지식정보의 국가적 확산과 이용에 기여한다.
4. 공공도서관은 지역사회의 문화적 특성에 부합하는 다양한 프로그램을 제공하고, 장서개발 및 정보서비스 등을 통하여 지역주민의 요구에 적극적으로 대처하며, 정보 모니터링의 주체가 되어

---

7) 한국도서관협회. 2013. 『한국도서관기준』. 25~26쪽(공공), 119~120쪽(대학), 145~146쪽(학교), 173~174쪽(전문).

사이버 시대의 건전한 시민의식을 고양시킨다.

5. 공공도서관은 지역주민의 생활공간 근처에 위치하는 작은도서
관과 연계하여 지식정보에 대한 자유롭고 편리한 접근기회를 보
장함으로써 지역사회의 도서관 서비스 이용을 촉진하고, 국민 독
서문화 조성에 기여한다.

▌공공도서관의 목적

1. 공공도서관은 다양한 정보자료, 시설 공간, 서비스 제공을 통하
여 지역주민의 정보이용, 문화 활동, 평생학습을 증진시킴으로써
지역사회의 지식향상과 문화 발전에 기여한다.

2. 공공도서관은 개인 및 단체의 지식정보 요구와 다양한 정보원을
매개하는 지역사회의 지식정보센터가 된다.

3. 공공도서관은 지역주민에게 문화향수의 기회를 제공하고 각종
문화 활동 참여를 촉진하기 위하여 문화예술행사를 주최·후원하
거나 시설과 공간을 제공함으로써 지역사회 문화 생산 및 활용기
관으로서의 역할을 수행한다.

4. 공공도서관은 모든 수준의 공교육을 지원하며, 개인의 지속적인
자기개발과 민주시민으로서의 자질향상에 기여하는 평생학습기
능을 수행한다.

5. 공공도서관은 지역주민의 독서 생활화를 위한 계획을 수립·실시
하며, 특히 어린이 및 청소년을 위한 독서흥미 개발과 독서교육
프로그램을 제공함으로써 창의력과 사고력을 배양시킬 수 있는
기회를 제공한다.

6. 공공도서관은 지역주민을 위한 커뮤니케이션 공간을 제공함으
로써 사회적 통합과 연대를 강화하고 궁극적으로 지역사회의 공
동체 형성에 기여한다.

7. 공공도서관은 지식정보의 접근·이용에 어려움을 겪는 취약계층

(장애인, 노인, 어린이, 다문화이주민 등)의 도서관 이용기회를 증진시 킴으로써 지역 또는 계층 간 정보격차 해소와 국가적 지식정보 확산에 기여한다.

▌대학도서관의 사명

1. 대학도서관은 대학의 교수학습 및 학술연구자료를 총괄하는 구 심체인 동시에 지식정보 공유공간으로서의 정체성을 유지하면서 대학의 교육, 연구, 사회봉사 기능을 적극 지원한다.

2. 대학도서관은 학내의 교수학습 및 학술연구자료를 수집·보존· 제공하는 학술정보센터로서의 역할을 수행한다.

3. 대학도서관은 대학 구성원이 소장자료뿐만 아니라 미소장자료 에 신속하고 편리하게 접근·검색 및 이용할 수 있는 지식정보 공 동체 및 게이트웨이로서의 역할을 수행한다.

▌대학도서관의 목적

1. 대학도서관은 자료 및 시설공간 제공, 다양한 정보서비스를 통 하여 대학의 교육적 이념인 동시에 사명인 지식탐구, 학술연구, 인격도야, 사회봉사 등을 최대한 지원한다.

2. 대학도서관은 대학의 교수학습 및 학술연구 활동에 유용한 모든 아날로그 자료와 디지털 정보자원을 체계적으로 개발하고 정리 보존하여 제공함으로써 대학의 학술적 정체성을 확립하고 경쟁 력을 높이는데 기여한다.

3. 대학도서관은 구성원의 정보요구와 기대수준을 주기적으로 조 사 분석하여 업무에 반영하고 개선함으로써 자료와 시설공간에 대한 접근·검색 및 이용의 편의성과 효율성을 도모한다.

4. 대학도서관은 교수 및 학생의 교육 학습을 위한 지식습득, 연구 수행, 사회봉사에 필요한 자료 및 시설공간을 적시에 제공한다.

5. 대학도서관은 자료와 시설공간을 지역주민에게 개방하여 그들의 정보입수, 독서활동, 평생학습, 여가생활 등에 기여한다.

▌학교도서관의 사명
1. 학교도서관은 지식정보사회 및 평생학습사회에 능동적으로 대처하여 학교 교육 목표의 달성에 기여하고, 교육과정을 지원함과 동시에 교육과정에 직접 참여할 수 있는 종합적인 학습환경을 조성한다.
2. 학교도서관은 교수 학습활동에 필요한 인쇄자료, 영상자료, 전자자료 등 모든 형태의 정보자원에 대한 지적, 물리적 접근을 보장하여 지적 자유와 정보평등의 이념을 구현한다.
3. 학교도서관은 교육과정과 밀접한 자료를 최대한 제공하여 자료중심 교육 및 과정중심 교육을 실현함으로써 열린 교육과 자기주도적 학습을 지원하고 과제해결능력을 육성하여 평생학습 기초를 마련한다.
4. 학교도서관은 정보자료의 활용과정을 통하여 탐구능력 및 창의력을 신장하고, 상상력을 개발하며 책임 있는 시민으로서의 삶을 영위할 수 있도록 지원한다.

▌학교도서관의 목적
1. 학교도서관은 교육 학습활동에 필요한 다양한 정보자료, 기기, 시설을 갖추고 사서교사의 전문적인 서비스를 통하여 학생중심의 열린 교육과 자기주도적 학습을 실현한다.
2. 학교도서관은 학생에게 과제 해결에 필요한 정보자료의 선택과 수집, 분석과 종합, 평가와 해석, 표현 능력 등의 정보활용능력을 길러주어 평생학습 기틀을 마련한다.
3. 학교도서관은 정보활용교육을 바탕으로 교과교사와 협력하여

도서관 활용(협력)수업을 전개함으로써 과정 중심의 교육을 지원하고, 탐구학습과 창의력 개발에 기여한다.

4. 학교도서관은 교과학습 및 심미적 체험을 위한 독서교육을 실시하여 독서를 통한 교과학습 및 학생의 인성교육에 기여한다.

5. 학교도서관은 학생으로 하여금 도서관 활용을 통하여 민주시민의 태도와 공공심을 함양하도록 지원한다.

6. 학교도서관은 교직원과 학생의 이용에 지장이 없는 범위 내에서 지역주민에게 시설과 자료를 개방함으로써 지역사회의 평생학습 및 문화 발전에 이바지한다.

▌전문도서관의 사명

1. 전문도서관은 도서관법 제40조에 근거하여 설립된 연구기관, 대학부설연구소, 금융기관, 의료기관, 기업체, 언론기관, 통신기관, 기타 기관에 설치된 도서관 및 정보자료실, 기술정보실, 정보센터 등으로서 당해 기관이나 법인의 설립목적을 달성하는데 필요한 자료와 정보를 수집·정리·분석·보존하고 구성원의 조사·연구 활동을 적극적으로 지원한다.

2. 전문도서관은 당해 기관 또는 법인 내의 지식정보센터로서의 위상을 정립하고 그에 부합하는 역할을 수행한다.

3. 전문도서관은 당해 기관 또는 법인의 설립목적과 업무수행에 적합한 모든 지식정보를 체계적으로 수집하여 서비스하는 한편, 품질관리 및 혁신활동을 주기적으로 전개한다.

4. 전문도서관은 조직의 미래 발전과 고품질 정보서비스를 제공하기 위하여 매년 운영계획을 수립하여야 하며, 조직의 비전, 목적과 목표, 수행계획 등을 명시한 중장기 발전계획을 수립한다.

■ 전문도서관의 목적

1. 전문기관은 모체기관 또는 설립단체의 구성원뿐만 아니라 일반 대중에게 소장자료와 정보서비스를 적극적으로 제공한다.
2. 전문도서관은 당해 기관이나 법인의 현재 및 미래의 정보요구를 충족시키기 위하여 각종 정보자료를 수집, 분석, 가공, 처리하여 제공한다.
3. 전문도서관은 신착정보를 비평기사, 초록, 목차 등의 형식으로 분석 가공하여 구성원 또는 대중에게 적시에 제공한다.

5.4 목표관리(MBO: management by objectives)

목표관리 또는 목표에 의한 관리(目標管理, management by objectives)란 조직구성원들의 참여를 통하여 직원들이 수행할 업무의 목표를 명확하게 설정하고 그 설정된 목표를 달성할 수 있도록 업무를 수행한 다음 그 성과를 측정하여 평가함으로써 조직 목적을 효율·효과적으로 달성하려는 조직관리 기법을 말한다. 목표관리 기법은 직원들의 분담 목표의 달성을 통하여 조직 전체의 목표와 목적을 달성하는 수단으로 활용할 수 있다. 또한 예산의 효율적 운영 및 직원들의 근무성적평정 수단으로도 활용할 수 있다.

5.4.1 목표관리의 조건

- 명확히 제시된 목표: 목표를 분명하게 설정하고 제시해야 한다.
- 연속된 구체적 목표: 진전의 정도 측정을 위한 수준점 제시.
- 구체적 목표의 위양: 목표달성에 대한 책임을 담당자에게 맡겨야 한다.

- 행동의 자유: 목표와 권한을 부여하고 이를 달성할 수 있도록 도와야 한다.
- 결과의 입증 가능성: 가급적 계량화할 필요가 있다.
  (비계량의 경우 증거 확인 필요)
- 명확한 커뮤니케이션: 조직 구성원 상호 간 합의와 의사소통이 필수적이다.
- 공동 책임: 팀에 의한 노력, 팀 전체의 책임 의식 부여.
- 개인의 최종 책임: 각자에 부여된 목표에 대한 최종 책임 부과.

오디온(G. S. Odiorne)는 MBO는 경영문제 해결에 다음과 같은 도움을 준다고 하였다.[8]

- 경영자와 직원들의 실제 공헌에 대한 측정수단 제공.
- 개인의 공헌을 측정하여 상호 조정에 의한 노력과 팀워크의 증진.
- 개인의 분야별 책임을 통하여 공동책임을 달성함으로써 핵심적 문제에 대한 해결책 제시.
- 경영자의 통솔범위를 결정하는 수단 제공.
- 공헌도 평가에 따른 합리적 인사관리의 근거를 제공.

5.4.2 목표관리와 관련하여 더 알아둘 문제

▌TQM(total quality management) 총체적 품질관리, 전사적 품질관리

TQM은 1960년대 이후 크게 발전한 '전사적 품질관리(TQC: total quality control)'에서 발전한 개념이다. TQM은 지엽적인 제도나 기법에

---

8) R. D. Stueart & B. B. Moran 저. 임명순·오동근 역. 1997. 『도서관 정보센터 경영론』. 대구: 계명대학교 출판부. 96~100쪽 참조.

만 매달려서는 품질경영의 진정한 효과를 얻기 어렵고, 품질위주의 기업문화를 창조하고 조직 구성원의 의식을 개혁해야만 궁극적으로 기업의 국제경쟁력을 높일 수 있다고 주장한다. 이는 제품이나 서비스의 품질뿐만 아니라 경영과 관리업무, 조직 구성원의 자질까지도 품질개념에 넣어 관리해야 한다는 것이다.

▌6시그마

그리스 문자인 시그마(σ)는 통계학에서 표준편차를 나타내는데 6시그마는 1백만 개 가운데 표준을 벗어나는 것(불량)이 3~4개를 넘지 않는다는 것을 뜻한다. 이를 수치로 나타내면 제품의 합격률이 99.99966%이다(문헌정보학용어사전). 시그마 수치가 높을수록 불량률이 낮다는 것을 의미한다. 6시그마(6σ)는 기업에서 전략적으로 완벽에 가까운 제품이나 서비스를 개발하고 제공하려는 목적으로 정립된 품질경영 기법으로서 기업 또는 조직 내의 다양한 문제를 구체적으로 정의하고 현재 수준을 계량화하고 평가한 다음 개선하고 이를 유지 관리하는 경영기법으로 그 적용단계(DMAIC)는 다음과 같다.

- 정의(define): 기업 전략과 소비자 요구사항과 일치하는 목표를 설정.
- 측정(measure): 현재의 프로세스 능력, 제품의 수준, 위험 수준을 측정, 품질에 결정적 영향을 끼치는 요소(CTQs, Criticals to qualities)를 추출.
- 분석(analyze): 대안, 최고의 제품을 선택하기 위한 가능성을 평가.
- 개선(improve): 바람직한 프로세스 구축을 위한 시스템 구성요소들의 개선.
- 관리(control): 개선된 프로세스가 의도된 성과를 내도록 투입, 변동성 관리.

▌업무재설계(BPR, business process reengineering)

BPR은 경영혁신기법의 하나로서, 기업의 활동이나 업무의 전반적인 흐름을 분석하고, 경영 목표에 맞도록 조직과 사업을 최적으로 다시 설계하여 구성하는 것이다. 정보시스템이 도입되면서 BPR이 매우 용이해졌다. 반복적이고 불필요한 과정들을 제거하기 위해 작업 수행의 여러 단계들이 통합되고 단순화된다. 이는 기업의 생산성 향상을 위한 경영기법의 하나로 주된 내용은 인원삭감, 권한이양, 직원의 재교육, 조직의 재편 등이다. 90년대 초 당시 MIT대 교수였던 마이클 해머가 체계화하여 발표했다. 종래의 리스트럭처링이 인원삭감이나 조직의 부분적인 폐쇄 등에 의존해 온 것에 비해 리엔지니어링은 기업전략에 맞춰 업무진행을 재설계하는 것이다. 즉 연구개발이나 생산, 판매 등 기능별로 나누어진 업무를 고객을 만족시키는 구조로 재조정하는 것이며, 이외에도 기업특성과 경영목적에 따라 업무를 전반적으로 재조정하는 것이다. 따라서 리엔지니어링은 사업과정을 혁신적으로 재설계(redesign)하고 그것을 고유기능이 무시된 혼성팀(cross function)이 수행토록 하는 것을 골자로 한다. 리엔지니어링은 산업혁명 이후 기업경영에서 진리로 인정된 분업의 이익, 규모의 경제, 위계질서 등에 의한 통제 등 전통적인 패러다임을 거부하고, 유기적이고 신속하고 효율성 있는 업무의 조직화로 급변하고 있는 경영환경에 능동적으로 대처하는 새로운 모델을 추구한다.

▌다운사이징(downsizing)

기구축소 또는 감원을 뜻하는 경영기법. 원가절감이 목표이기는 하나 원가절감과는 개념이 다르다. 단기적 비용절감이 아닌 장기적인 경영전략으로 수익성이 없거나 비생산적인 조직을 축소 내지는 폐지하는 것, 혹은 기구를 단순화하여 관료주의적 경영체제를 지양, 의사소통을 원활히 하여 신속한 의사결정을 도모하는 것 등이다. 그러나 사원들의 사기 저하, 회사에 대한 신뢰감 감퇴 등으로 생산성 저하를 불러일으키는 등의 부작용도 있다.

▌아웃소싱(outsourcing)

아웃소싱은 기업의 내부 프로젝트나 제품의 생산, 유통, 용역 등을 외부의 제3자에게 위탁, 처리하는 것을 말한다. 원래는 미국에서 제조업 분야에서 활용하기 시작했으며 경리, 인사, 신제품 개발, 영업 등 모든 분야로 확대되고 있다. 기업은 핵심 사업에만 집중하고 나머지 부수적인 부문은 외부 전문가에 의존함으로써 생산성 향상을 극대화할 수 있다. 아웃소싱에서 유의할 점은 조직의 경영관리의 핵심부문은 외부에 맡겨서는 안 된다는 것이다. 경영관리를 아웃소싱할 경우 조직 자체의 존재가 사라지기 때문이다.

5.5 경영계획의 종류와 기법

5.5.1 단기계획과 중장기계획

- 단기계획: 1년 이내의 계획으로 비교적 세부적이고 구체적이다. 또한 반드시 조달 가능한 예산이 수반된다. 연간예산서는 단기계획을 예산측면에서 집약한 것이다.
- 중기계획: 2년 이상 5년 이내의 계획이다. 단기계획보다는 향후 5년 정도의 미래를 예측한 전략적인 계획으로서 조직의 사명과 비전이 제시된다. 건물신축계획 등 투자계획이 이에 속한다.
- 장기계획: 5년 이상의 미래 계획으로서 한 조직의 장기발전 전략이며 청사진이다. 이러한 장기적인 발전계획의 틀 속에서 단기계획과 중기계획이 구체화된다.

5.5.2 부문계획과 종합계획

■ 부문계획(tactical plan): 구체적 업무 수행을 위해 부서별 또는 요소 별로 나누어진 계획으로 조직계획, 인력계획, 재무계획, 노무계 획, 장서계획 등 필요에 따라 분리하여 수립한다.
■ 종합계획(master plan): 도서관의 전반적 종합계획으로서 도서관 발 전을 위한 장기적이고 전략적인 기본계획이다.

5.5.3 운영계획과 전략계획

■ 운영계획: 예산운영계획과 같이 1년 단위의 단기적이고 일상적 인 기관운영을 위해 수립되는 단기계획이다.
■ 전략계획: 미래의 변화에 적극 대처하여 지속적 발전을 도모하기 위한 '전략'으로서의 계획을 의미한다. 급격하게 변화하는 기술 적, 사회적, 세계적 환경 속에서 변화의 트렌드를 읽고 대응하는 전략으로서의 계획이다. 전략계획의 특징은 다음과 같이 요약될 수 있다.

● 전략계획은 미래지향적, 조직적, 진취적이다.
● 전략계획은 조직의 궁극적 사명실현을 목적으로 한다.
● 전략계획은 객관적 사실자료에 근거하여 과학적 분석을 토 대로 설계된다.
● 전략계획은 위험부담을 줄이기 위해 집단의사결정으로 수립 된다.
● 전략계획의 수행평가는 전체적, 장기적, 거시적 관점에서 이루 어진다.

5.5.4 계획과 미래

▌미래의 차원[9)]

- 있음직한 미래(probable future): 객관적 자료나 경험을 근거로 판단해 볼 때 현실로 나타날 가능성이 큰 미래의 상태, 즉 현재의 추세대로 이루어질 가능성이 큰 상태(예: 현재의 공공도서관서비스가 2020년에도 거의 그대로일 가능성).
- 있을 수 있는 미래(possible future): 어떤 예기하지 못한 변수에 의해서 전개될 수도 있는 미래의 상태(예: 현재의 도서관이 기업가의 기부나 대통령의 특별한 관심으로 획기적으로 발전할 수 있는 가능성).
- 바람직한 미래(desirable future): 경영자의 가치관에 입각하여 볼 때 그렇게 되는 것이 좋겠다고 생각하는 바람직한 미래의 상태(예: 대학도서관 사서의 교수 수준 구현).

▌미래연구의 원리

- 계속성의 원리: 과거 현재 미래는 연속선상의 현상이다.
- 유추의 원리: 일반적 원리와 법칙으로부터 미래를 추론하는 절차.
- 연구자의 통찰력: 경험이 풍부한 연구자나 경영자의 판단력.

▌미래예측의 기법

- 자유토론(braining storming): 전문가들이 한자리에 모여 자유토론을 주고받는 가운데 아이디어를 얻거나 미래 전망을 종합한다. 문제해결을 위해 일반적으로 많이 사용하는 기법이다.
- 델파이기법(delphi technique): 전문가들이 한자리에 모이지 않고 각자의 위치에서 의견을 제시하고 이를 종합하고 피드백하는 과정

---

9) 배규한. 2000. 『미래사회학』. 서울: 나남출판. 19~57쪽.

을 거쳐서 미래를 전망하는 방식.

- 추세외삽(trend extrapolation): 통계적 자료를 활용하여 현재의 추세를 미래까지 연장하여 봄으로써 변동의 유형과 방향을 분석.
- 시나리오 기법: 미래에 발생할 것으로 예상되는 일들의 전개과정을 인과관계에 따라 기술, 미래의 상황을 설정하고 전개되는 문제들을 도출.
- 모의실험법(simulation): 실제와 비슷한 모델을 만들어 구성요소 간의 변화를 역동적으로 살펴보는 방법. 예를 들면 모델 공공도서관을 만들어 실제로 경영하면서 문제점과 발전방안을 도출하는 경우.

1. 도서관의 경영자원을 4개 부문으로 나누어 설명하시오.

2. 지식경영에서 암묵지와 형식지의 순환과정을 설명하시오.

3. 도서관의 사명, 목적, 목표, 활동, 정책의 계층 구조를 설명하시오.

4. 랑가나단의 도서관학 5법칙을 설명하시오.

5. 크로포드와 고어먼의 도서관학의 새로운 5법칙을 설명하시오.

6. 목표관리(MBO)의 조건과 효과를 설명하시오.

7. TQM이란 무엇인지 구체적으로 설명하시오.

8. BPR이란 무엇인지 구체적으로 설명하시오.

9. 아웃소싱의 의미와 유의점을 설명하시오.

제6장 도서관의 조직관리

6.1 조직과 조직화

조직(organization)이란 문자 그대로 '조를 짜 놓은 것'이다. 조를 짜는 이유는 일을 효율적이고 효과적으로 수행하기 위해서이다. 조직의 목적은 일을 효율적이고도 효과적으로 수행하는 데 있다. 조직이라는 용어는 정태적이다. 그러나 조직은 지속적으로 변화되어야 한다. 환경변화에 능동적으로 대응하면서 새로운 업무를 창조하고 때 지난 업무는 정리해 나가야 한다. 이를 위해서는 조직은 지속적으로 새롭게 변신해야 하는데 이를 조직화(organizing)라고 부른다. 조직개발은 조직화의 과정을 통해서 이루어진다. 조직화의 과정은 다음과 같은 논리적 순서를 거쳐 이루어진다.

- 변화하는 환경을 분석하여 경영의 목적과 목표를 설정하고 재확인한다.
- 경영의 목적, 목표를 달성하는 데 필요한 제반 업무들을 확인하고 목록을 만든다.
- 그러한 업무들을 논리적, 기능적 순서에 따라 분류하고 유사성과 근접성에 따라 그룹화한다.
- 분류된 업무그룹별로 기능을 분화 또는 통합하여 수평적, 수직적

부서를 설계한다.

■ 각 부서의 수평적, 수직적 책임을 맡을 자리(직위)의 업무명세와 자격요건을 정한다.

이와 같이 조직화는 진행형으로서 조직의 틀 짜기 작업은 항상 지속되어야 한다는 의미를 내포하고 있다. 조직은 유기적인 소통을 통해 환경변화를 제때에 반영해 나가야만 제 기능을 발휘할 수 있다. 생물조직(organ)이 환경에 적용하여 유기적으로 활동해야 건강한 삶을 영위하듯이 경영조직도 경영환경에 적응하여 유기적으로 변화되어야 건강성을 유지할 수 있다. 따라서 조직은 처음부터 건강하게 태어나야 한다. 태어남이 건강하지 못하면 조직이 기형적으로 변화되기 쉬워 조직 목적의 달성에 어려움을 겪게 된다. 조직의 의의와 성격을 정리하면 다음과 같다.

▌조직의 의의
■ 계획된 목적을 달성하기 위해 구성원의 활동을 보다 효과적으로 조정하는 것.
■ 여러 활동을 논리적인 골자나 구조로 그룹화하는 것.
■ 이러한 활동을 구체적인 직위와 사람에게 할당하는 것(분업).
■ 개인과 집단의 노력을 조정하기 위한 수단을 제공하는 것(조정).
■ 조직화는 설정된 목표를 달성하기 위한 구체적인 수단과 연결시켜주는 교량 역할.

▌조직의 성격
■ 조직은 여러 사람들과 집단들로 구성된 '사회적 실체'이다.
■ 조직은 목적을 지향한다.
■ 조직은 '구조적 활동체계', 즉 구조라는 틀과 특정임무를 수행하

기 위한 활동체계를 가지고 있다.

- 조직은 대체로 규모가 크고 복잡하여 어느 정도 '합리성'의 지배를 받는다.
- 조직은 '계획된 조정체계'인 관리적 측면을 지니고 있다.
- 조직은 장기적인 속성인 '계속성'을 지향한다.
- 조직은 구분된 '경계'가 있으며, 외부환경과 지속적으로 상호작용을 한다.

6.2 조직의 구성요소

조직은 복잡성, 공식화, 집권화 등 3가지 요소로 구성된다.

6.2.1 복잡성(complexity)

조직의 분화 정도, 즉 전문화의 정도나 분업화의 정도, 조직계층의 수, 단위계층의 지리적 분산 정도 등이다. 조직구조의 복잡성이 높아지면 관리자는 의사소통, 조정, 통제 등의 문제를 다루는데 더 주의를 기울여야 한다. 조직은 수평적 분화, 수직적 분화, 장소적 분화가 있으며 이들 요소 중 한 요소만 증가해도 복잡성은 증가한다.

- 수평적 분화(horizontal division): 동일한 수준에서 단위부서들이 분화되어 있는 부서의 수를 의미하며, 측정지표는 상이한 직무의 수, 부서의 수, 구성원의 수, 교육훈련 과정의 수, 전문적 활동의 양과 질 등이 있다.
- 수직적 분화(vertical division): 조직구조의 계층적 분화를 의미하며 측정지표로는 최고층에서 최하층까지의 계층 수, 수직적 분화가

가장 높은 부서의 계층 수, 평균 계층 수, 감독층의 수, 최고관리
자와 하급관리자 사이의 직원 수 등이 있다.

- 지역적 분화(regional decentralization): 물리적 시설이 공간적으로 분
  산되어 있는 정도로 인력이 공간적으로 분산된 정도와 위치로 측
  정한다. 측정지표는 분관 수, 중앙도서관과 분관의 평균거리, 분
  관 간의 평균거리, 중앙도서관과 분관과의 인원수 대비 등이다.

6.2.2 공식화(formalization)

직무의 표준화 정도, 즉 정책, 규칙, 방침, 지시 및 의사전달이 문서
화되어 있는 정도로서 단순 반복적인 직무일수록 공식화 정도가 높
다. 즉 조직이 구성원의 행동을 지휘, 통솔하기 위하여 규칙이나 절차
에 의존하고 있는 정도이며, 공식화가 높을수록 구성원에게 더 많은
규제를 요구한다. 공식화의 정도는 조직의 권한계층과 반비례하며 지
위가 높을수록 공식화 정도가 낮아지고 지위가 낮을수록 공식화의
정도가 높아진다. 공식화의 측정 지표는 문서화(서식화), 문서보관 정
도, 규율준수 등이다.

❚공식화의 필요성
- 조직 구성원의 행동을 정형화함으로써 통제가 용이하다.
- 행동에 대한 예측이 가능하다.
- 조정활동을 촉진시킨다.
- 공식화에 따른 경제성(능률성)이 있다.
- 고객들에 대하여 공평성을 유지할 수 있다.
- 질서를 추구하고자 하는 인간의 욕구가 공식화의 필요성을 증가
  시킨다.

6.2.3 집권화(centralization)

조직의 의사결정 권한이 집중 또는 분산되어 있는 정도이다. 집권화는 공식 조직에 국한되며 비공식 조직과는 관련이 없다. 집권화는 소규모조직, 신설조직, 위기발생의 경우 등에 유리하다. 집권화는 신속한 의사결정, 고도의 기동성 발휘, 경영활동의 집중화, 통합화 등에 유리하고, 분권화는 경영의 다양성 및 의견의 종합, 동기부여에 대한 자극 등 민주적 경영에 유리하다. 집권화의 측정지표로는 의사결정의 위치, 의사결정의 정책 구속력, 정보수집에 최고 관리 층의 관여정도, 최고 관리 층의 업무집행 통제도, 일선관리자의 업무처리에 관한 재량권의 정도 등이다.

6.2.4 복잡성, 공식화, 집권화의 관계

- 수직적 분화: 복잡성이 높을수록 공식화는 낮아진다(전문직 수 증가 → 공식화 낮아짐).
- 수평적 분화: 복잡성이 낮을수록 공식화는 높아진다(일상적이고 반복적 일 수행 → 조정과 통제가 필요함).
- 복잡성이 높을수록 의사결정이 분권화된다.
- 비숙련 구성원이 많을수록 공식화가 높아지고 집권화 정도도 높아진다.
- 전문직 구성원이 많을수록 공식화가 낮아지고 집권화 정도도 낮아진다.

6.3 조직의 유형

6.3.1 공식 조직과 비공식 조직

▌공식 조직

공식 조직은 경영목적 달성을 위하여 법규에 의하여 의도적, 공식적으로 만들어진 것으로 명확히 정의된 책임과 권한이 부여된다. 조직의 정책, 규정, 지침에 따라 구성원의 활동범위가 정해지며 위계질서(位階秩序)를 위해 구성원 간의 수평적 수직적 관계가 정해진다. 정부 조직이나 군대 조직, 공기업, 사기업 조직 등이 대표적인 공식 조직이다. 정부의 산하에 있는 공공도서관 역시 각 지역의 조례나 규칙에 의해 조직되는 공식 조직에 속한다. 이러한 공식 조직은 위계질서를 중요시하는데 그 이유는 조직의 위계질서가 무너지면 조직이 역할을 다할 수 없어 소기의 목적을 달성할 수 없기 때문이다. 독일의 사회학자 막스 베버(Max Weber, 1864~1920)는 공식 조직의 모형을 관료제(bureaucracy)라는 이름으로 제시한 바 있다.

그러나 공식 조직의 이상적 모형인 관료제는 비인간성, 경직성, 권위주의로 인해 많은 비판을 받아왔다. 우리 사회에서도 '관료'나 '관료주의'는 부정적인 것으로 인식되고 있다. 그러나 관료제는 오늘날에도 정부 조직, 민간 조직을 불문하고 경영 행정의 질서를 유지하는 기본적 조직제도로 존속하면서 사회 안정과 질서를 유지하는 기본 틀이 되고 있다.

▌비공식 조직

비공식 조직은 다양한 개성, 취미, 기호가 같은 공식 조직 내의 조직 구성원들끼리 자연스럽게 형성되는 인간관계로 발생된다. 비공식 조직은 공식 조직처럼 겉으로 드러나지는 않는 조직으로서 인간적

단합의 촉진, 건전한 여론 형성의 통로 역할을 하지만 파벌형성, 유언 비어 등으로 공식 조직에 유해한 존재가 될 수도 있다. 인간관계론자 엘톤 메이요(Elton Mayo)는 공식 조직 내에서 필연적으로 자생하는 비공식 조직의 존재를 인정하고 건강하게 자라도록 조력하여 경영에 활용하는 것이 조직의 목적 달성에 기여한다고 보았다.

6.3.2 애드호크라시(adhocracy)

애드호크라시(adhocracy)는 뷰로크라시(bureaucracy)의 상대적 개념으로 등장한 용어이다. 미국의 미래학자 앨빈 토플러(Alvin Toffler, 1928~)는 1970년에 낸 그의 저서 『미래의 충격(Future Shock)』에서 이전의 관료제(bureaucracy)와 대비되는 개념으로 애드호크라시라는 신개념을 주창하였다. 애드호크(adhoc)는 '특별한 목적을 위한', '임시변통의'라는 뜻이며, 크라시(cracy)는 '지배력' 또는 '정체'라는 뜻으로 '특별한 목적을 가진 정체' 정도로 해석된다.[1]

애드호크라시가 필요한 이유는 기존의 관료제가 그 경직성으로 인하여 변화하는 환경에 발 빠르게 대처할 수 없다는 단점을 지니고 있기 때문이다. 애드호크라시는 2차 세계대전 당시 군대에서 활용한 기동타격대(task force)에 연원을 두고 있다.[2] 기동타격대는 특수한 임무를 수행하기 위하여 임시로 조직되는 것으로 그 임무를 끝내면 구성원들이 본래의 위치로 돌아가는 특징을 지닌다. 임시조직은 다음과 같은 유형이 있다.

---

1) democracy: 민주주의, 민주정체.
2) task force팀: 업무 강화팀. 요즘 조직은 '팀워크(team work)'를 강조한다. 팀워크는 "팀이 일한다."는 뜻이 일반화된 것으로 어느 조직을 막론하고 팀제도가 유행되고 있다.

▌프로젝트팀(project team)

- 특정한 프로젝트 과제별로 팀을 구성한다.
- 조직을 일시적인 집단으로 운영한다.
- 프로젝트가 완료된 뒤 일차적 직무나 다른 프로젝트 집단에 배속된다.
- 전통적인 국, 부, 과 등의 고정적인 조직을 없애기 위해 도입되었다.
- 미국과 영국에서 활발히 운영된다.

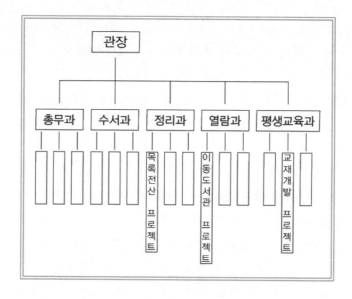

▌특수업무전담팀(task force team)

- 특수업무나 새로운 업무를 수행하기 위하여 일시적으로 집단을 구성하여 운영한다.
- 구성원들은 업무가 끝난 후 본업무로 복귀한다.
- 위원회와 유사하나 구성된 팀원이 외부인사나 비정규직이 아니라 전임구성원이다.
- 집단구성원을 여러 부서에서 선발하여 일시적으로 배속시킨다.

- 파트타임이 아닌 전일제(full-time)로 업무를 수행한다.
- 자신들의 일차적 직무를 떠나 태스크포스에 모든 시간을 할애한다.
- 사업의 범위가 넓고 구체적이며 한정된 결과를 갖는 일회성 과업일 때, 익숙하지 않거나 선례가 없을 때, 과업사이에 상호의존성이 요구될 때 이용된다(예: 신규사업추진반).

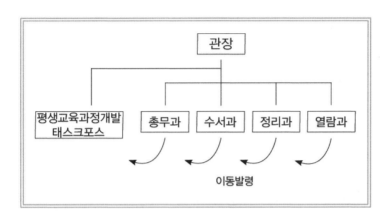

■ 프로젝트팀과 특수업무전담반의 차이

프로젝트팀 project team	특수업무전담팀 task force team
■ 특별작업반 ■ 소규모 ■ 법적근거가 불필요 ■ 조직도표에 미 표시 ■ 부서 내 설치(겸임직)	전담담당관 대규모 법적근거가 필요 조직도표에 표시 부서 간에 설치(전임직)

■ 매트릭스(matrix) 조직: 행렬식 조직

태스크포스와 프로젝트 조직을 한 단계 진전시킨 것으로 구성원을 여러 부서에서 선발하여 영속적으로 배속시킨다. 기능적 전문화의 장점을 유지하면서 부서 간 조정을 증진시킬 수 있다. 즉 종적으로는 기능 조직의 일원으로, 횡적으로는 프로젝트 조직의 일원으로 혼합된 형태를 취한다.

‖ 장점

- 환경변화에 더욱 신속하게 대응하는 수단 제공.
- 계층의 권위를 의식하지 않고 참여경영의 민주적 분위기 조성.
- 계층 간 불협화음을 제거할 수 있어 문제해결 지향적.
- 문제해결을 위한 다양한 전문지식 활용으로 개별 구성원의 창의력과 사기진작.

‖ 단점

- 권한과 책임의 중복에 따른 무질서.
- 구성원 각자의 심리적 압박과 스트레스 가중.
- 다른 사업부서로의 변질 가능성이 높다.
- 복잡하고 애매하여 실질적으로 지속적인 감독 필요.

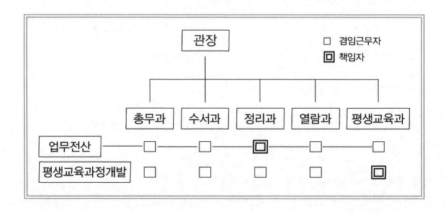

매트릭스(matrix) 조직은 태스크포스를 보다 체계적으로 발전시킨 애드호크라시 조직이라 할 수 있다. 매트릭스 조직은 특정 프로그램을

수행할 때 각각의 부서로부터 적절한 인원을 지정하여 본연의 업무를 수행하면서 담당 프로젝트에 대해서는 태스크포스조직의 기능을 발휘할 수 있도록 한 것이다. 태스크포스는 구성원이 본연의 업무를 떠나 특정 프로젝트에 전념하는데 반하여 매트릭스 조직은 구성원이 본연의 업무를 수행하면서 특정 프로젝트에 대해서만 매트릭스에 속하는 점이 다르다.

이처럼 애드호크라시는 관료제와는 달리 유연하게 업무를 수행하는 조직구조로서 형식이나 절차에 의존하지 않고 융통성 있게 직무를 수행할 수 있다. 또한 의사결정권이 기능별 전문가들에게 분권화되어 합리적이고 효율적이며 효과적으로 업무를 완수할 수 있다.

다른 사회조직과 마찬가지로 도서관들도 관료제의 기본 틀을 유지하고 있다. 그러나 변화하는 환경 속에서는 임시조직의 기법을 활용할 필요가 있다. 공공도서관 조직은 자료의 체계적 수집, 정리, 축적, 보존 및 활발한 평생교육 프로그램을 통하여 시민들에게 정보서비스를 만족스럽게 제공할 수 있어야 한다. 이를 위해서는 도서관이 관료제의 위계질서를 유지하면서도 자료의 선택, 수서, 고객서비스 등 업무에 따라서는 애드호크라시의 조직기법을 충분히 활용할 필요가 있다.

6.4 조직의 형성원리

조직은 어떤 일을 조직적으로 하기 위하여 구성된다. 조직의 성격은 다음과 같은 요소에 의하여 결정된다.

- 연혁(age): 외부변화에 민감한 정도, 혹은 보수성의 정도를 측정하는 요소.
- 규모(size): 직원, 장서, 예산, 공간 등의 크기.

- 전략(strategy): 조직이 장단기 목표나 세부계획의 정도를 결정하는 요소.
- 기술(technology): 조직 내에서 업무의 흐름에 활용되는 기술수준이나 정도.
- 환경(environment): 조직의 업무 성취에 영향을 미치는 주변 환경 요소.
- 권력(power): 자원, 기술, 인력을 활용하거나 조정할 수 있는 힘.

6.4.1 분화와 통합의 원리(외적 측면)

분화는 일정한 기준에 따라 직무를 분장하는 것으로서, 직원에게 각각 상이한 역할을 부여하는 수평적 분화와 그 결과로 나타나는 다양한 직무의 계층관계를 규정하는 수직적 분화로 구분된다. 통합은 다수의 상이한 하위시스템이 과업을 수행하는 과정에서 이루어지는 노력이나 행위를 통일하는 과정, 즉 지나치게 분화된 하위부문간의 노력이나 활동을 조정하는 것이다.

- 전문화의 원칙: 조직의 업무를 직능 또는 성질별로 구분하여 한 사람에게 동일한 업무를 분담시키는 것으로 공동 작업을 수행함에 있어서 표준화, 단순화, 전문화를 촉진하여 작업능률을 향상시킨다. 그러나 장기적으로는 흥미와 창의성을 상실시키며 시야가 좁아지고, 조정이 곤란하며, 지나치게 세분화하면 비용이 증가된다는 단점이 있다.
- 조정화의 원칙: 분화된 하위부문 간의 여러 직무를 통일시키는 노력이나 활동, 즉 조정하고 통합하는 과정이다. 공동목적을 달성하기 위하여 행동의 통일을 기하며 집단적 노력을 질서 있게 행하는 과정으로서 전체적인 통일성 확보와 질서유지를 추구한다.

6.4.2 권한과 책임의 원리(내적 측면)

권한은 일정한 과업을 수행하고, 타인에게 수행시키기 위하여 각 직위에 부여된 공식적인 권리이며, 책임은 직무를 수행할 의무로서 직위에 부과된 일을 의미한다. 조직에 소속된 모든 개인에게는 권한과 책임이 동시에 부여된다. 조직의 유연성과 효율성을 확보하려면 직무수행에 따른 권한과 책임의 한계가 명확하고, 전문직의 업무일수록 권한을 대폭 위양해야 하며 명령체계를 명시하는 등 기본원칙을 준수해야 한다.

- 권한과 책임의 원칙: 직무에 따라 권한, 책임, 의무가 서로 같은 비중으로 주어진다는 원칙(삼면등가의 법칙).
- 권한 위임의 원칙: 규정된 조직 범위 내에서 권한의 양도 혹은 이전을 행한다. 이 경우 하급자를 지시 감독함과 동시에 책임과 의무는 당연히 상급자에게 남아 있게 된다.
- 계층단순화의 원칙: 조직의 계층은 가능하면 줄이는 것이 효율적이다.
- 명령통일(일원화)의 원칙(unity of command): 부하는 한 지도자로부터 명령과 지시를 받고 그에게만 보고해야 한다는 것.
- 계서제의 원칙(scalar principles and hierarchy): 권한과 책임의 정도에 따라 직위가 수직적으로 서열화, 등급화하는 것.
- 통솔범위의 원칙(span of control): 한 사람의 지도자가 직접 통솔할 수 있는 부하의 수에는 한계가 있으므로 한 지도자는 일정 수의 부하만을 통솔할 수 있도록 해야 한다는 것. 통솔범위의 결정요인은 시간적 요인, 공간적 요인, 직무의 성질, 감독자의 능력과 개성, 부하 구성원의 자질, 부하 구성원의 사기와 창의성 등이다.
- 예외의 원칙: 상급자는 중요한 업무만 전념하고 사소하거나 일상

적인 업무는 가급적 하급자에게 위임하여야 한다는 원칙.

6.4.3 조정과 통합의 원리

모든 조직은 수행 대상 과업을 구분하여 전문화를 이루고 아울러
이러한 활동들을 조정하거나 통합하고, 어떤 특정의 목표를 달성하기
위해서는 모든 개개의 직무에 대한 노력을 함께 모아야 한다는 것이
다. 조정의 원칙은,

- 조직목표의 명확한 설정.
- 비공식적인 인간관계의 충분한 고려.
- 계획은 구성원의 집단적 참여로 수립.
- 조직 내의 활발한 의사소통.

등이다.

▌민츠버그(Henry Mintzberg)의 조정 메커니즘
  (1) 상호조절: 단순히 비공식적 의사소통 과정을 통해 이루어지는
      조정.
  (2) 직접감독: 개인적 지시를 통해 이루어지는 조정(조직규모 증대에
      따라 증가).
  (3) 작업과정의 표준화: 작업내용을 프로그램화하여 표준화함.
  (4) 출력(결과)의 표준화: 작업결과를 명시(제품의 크기나 성과 명시).
  (5) 기술(사람)의 표준화: 업무 수행을 위해 필요한 훈련을 구체적으
      로 명시.

조정은 (1)→(2)→(3)→(4)→(5)로 이동하는 순차적 과정으로 본다.

6.5 조직의 부문화

▌수직적 부문화

조직의 권한이 조직의 상급자로부터 하급자로 전달되는 경로로서 적용 원리는 수직적 계층원리(scalar principles)이다. 수직적 부문화에서는 계층에 따라 관리의 폭이 결정된다. 수직적 부문화는 (1) 명령의 통로, (2) 의사전달의 통로, (3) 권한위임의 통로, (4) 질서와 업무통일의 확보, (5) 업무목표의 설정과 분담, (6) 조직 내의 분쟁과 조정의 해결 등의 기능을 수행한다.

▌수평적 부문화

수평적 부문화는 조직이 규모에 알맞은 부서들을 설정하는 것이다. 부서설정의 기준은 업무의 기능별, 주제별, 고객별, 자료형태별 등으로 설계하는 것이 보통이다.

▌기능별(function) 부서설정

비슷한 배경과 능력을 가진 전문가를 집단화하여 업무의 원활화를 꾀하는 형태로 도서관에서 가장 널리 채택하고 있다. 기능별 부문화의 장점은 업무처리의 신속화, 전문화와 각 부서 간 마찰 방지, 업무의 중복제거, 관리의 용이성 등을 들 수 있다. 단점으로는 부서 간의 경쟁심 유발과 의견 충돌의 야기, 부서 간 멀리 떨어져 있을 경우 효율성이 저하된다는 점이다. 도서관의 세부 기능은 정보자료의 발굴, 수집, 정리기능, 정보자료의 보존 유지기능, 정보의 조사 제공기능, 정보봉사기능, 정보의 식별, 검색, 열람, 정보봉사, 디지털 정보봉사 등이 있으며 이들 업무 수행을 위한 인력, 물자, 재원, 기술을 지원하는 기능(행정지원, 전산지원) 등이 있다. 이들 기능에 따라 부서를 설정해보면 다음과 같다.

- 기획과: 도서관의 경영기획, 조직관리, 인사관리, 예산관리를 담당한다.
- 수서과: 자료의 선택과 수서행정 기능을 담당한다.
- 정리과: 자료의 분류, 목록, 서가배열 등을 담당한다.
- 열람과: 이용자들이 자료를 효과적으로 활용할 수 있도록 고객서비스를 담당한다.
- 전산과: 목록의 전산관리와 비도서 및 디지털 자료의 관리 기능을 담당한다.
- 보존과: 귀중자료 보존 및 도서관 자료 전반에 대한 일상적 보존관리를 담당한다.
- 홍보과: 도서관의 목적, 기능, 자료, 프로그램 등의 홍보와 마케팅을 담당한다.
- 교육과: 직원들의 교육과 자원봉사자 및 이용자에 대한 교육을 담당한다.

이러한 기능별 부서설정은 도서관의 규모에 따라 통합하여 운영될 수 있다. 예를 들면 기획과와 수서과를 통합하거나, 정리과와 열람과를 통합 운영하는 경우 등이다. 또한 부서의 명칭도 도서관에 따라 달리 명명할 수 있다. 우리나라 공공도서관에서 한 가지 아쉬운 점은 기획과를 둔 도서관이 별로 없다는 것이다. 기획은 도서관의 대내·외적 환경을 분석하고 도서관의 발전 방향과 계획을 수립하는 중요한 부서임에도 불구하고 소규모나 인력 부족 등을 이유로 기획 부서를 두지 않는 것이 보통인데 이는 도서관 경영의 본질을 무시하는 처사라 하겠다.

▌주제별(subject) 부서설정
자료의 이용률을 높이고 심층적인 봉사를 위하여 해당 주제별로 이용할 수 있게 조직하는 것으로 대규모의 공공·대학도서관에서 광범위하게 이용된다. 이 경우는 직원의 고도의 전문지식, 즉 주제전문 지식이 필요하다. 장점은 이용자의 자료접근이 용이하고 전문사서의 도움으로 참고봉사의 효과를 극대화할 수 있으며, 자료 이용률을 제고할 수 있고, 도서관 자체의 대출업무가 복잡해지지 않는다는 점이다. 그러나 단점으로는 자료 및 인력이 중복되며 학제적 자료 이용에 불편을 초래한다는 점이다.

주제별 부서의 편성은 도서관의 경우 고객 서비스를 위해 유용한 방법이다. 특히 주제전문사서가 근무하는 도서관은 수준 높은 주제별 정보서비스를 제공할 수 있다. 주제별 조직은 앞서 기능별 조직에서 본 열람과의 기능을 보다 전문적으로 수행할 수 있는 조직으로서 도서관에서는 다음과 같이 큰 범위의 주제전문자료실을 편성하는 것이 보통이다.

- 인문과학자료실: 어학, 문학, 철학, 종교 등 인문학분야의 자료를 비치하고 정보봉사를 제공하는 자료실.
- 사회과학자료실: 교육학, 사회학, 정치학, 경제학, 경영학, 행정학, 사회복지학 등 사회과학 분야의 자료를 비치하고 정보봉사를 제공하는 자료실.
- 자연과학자료실: 물리학, 화학, 생물학 등 순수과학과 기술공학 자료를 비치하고 정보봉사를 제공하는 자료실.
- 예술체육자료실: 음악, 미술, 체육 분야의 자료를 비치하고 정보봉사를 제공하는 자료실.

주제별 조직의 부서설정에서 유의할 점은 각 주제자료실에는 반드시 주제전문사서가 배치되어야 한다는 것이다. 예를 들면 조직상 '인문과학자료실'을 설정했다면 여기에 근무할 주제 전문 인력을 배치해야만 조직이라고 말할 수 있는 것이다. 단순히 건물 내부의 실 명칭만을 정하는 것은 조직의 의미와는 다르다. 예를 들면 세미나실, 강의실, 화장실 등은 조직이라고 말할 수 없다.

▌자료의 형태별(form) 부서설정

자료의 형태별 부서설정은 자료의 형태별 성격에 따라서 부서를 정하는 것이다. 자료의 간행 기간이 단발성으로 한정되는지 연속적으로 간행되는지에 따라, 매체가 인쇄자료인가 비인쇄자료인가에 따라, 자료의 역사에 따라 별도의 조직으로 설정할 수 있다는 것이다.

- 단행본실: 단발성으로 발행되는 도서를 비치하고 정보봉사를 제공하는 자료실.
- 연속간행물실: 종간을 예정하지 않고 정기적 또는 부정기적으로 지속적으로 발행되는 간행물을 비치하고 정보봉사를 제공하는 자료실.
- 시청각실: 녹음기, 전축, 비디오 등 시청각기기를 활용할 수 있는 비도서 자료실.
- 디지털 자료실: 컴퓨터, 인터넷, 데이터베이스를 이용할 수 있는 자료실.
- 마이크로필름실: 역사보존자료, 의회 기록 등 필름으로 제작된 자료를 이용할 수 있는 자료실.
- 향토자료실: 지역의 역사, 지리, 전통문화, 민속 등에 관한 고서 및 고문서, 연구자료, 행정자료를 이용할 수 있는 자료실.

▌고객별(customer) 부서설정

고객의 대상별로 부서를 설정하면 고객들이 적절한 정보서비스를 손쉽게 활용할 수 있고, 도서관의 고객관리에도 효과적인 방법이다. 장점은 이용자별로 상이한 욕구를 전문적이고 체계적으로 충족시킬 수 있다. 단점은 자료의 구분이 애매하여 자료의 중복배치에 따른 예산상 문제를 야기할 수 있다. 고객별 부서는 영유아자료실, 어린이자료실, 청소년자료실, 일반자료실, 실버자료실로 구분할 수 있다.

- 영유아자료실: 영유아, 유치원생을 위한 자료실로 수유실, 놀이방도 겸할 수 있고 북스타트 등 영유아프로그램을 실행할 수 있다. 영유아자료실에는 유아들의 시력보호와 정서발달을 위해 컴퓨터를 설치하지 않는 것이 바람직하다.
- 어린이자료실: 만 13세 이하 초등학교 학령 어린이를 위한 자료를 비치하고 제공한다. 어린이용 디지털 자료코너는 어린이자료실 내에 설치하는 것이 바람직하다.
- 청소년자료실: 중·고등학교 학령대의 청소년자료를 비치하고 교육정보를 제공하여 교육과 학습에 도움을 주는 자료실.
- 일반자료실: 대학생 이상 일반인을 위한 자료실로서 '성인자료실' 또는 '성인열람실'로 일컬어 왔으나 '성인'의 의미가 왜곡 사용됨에 따라 일반자료실로 순화하여 부르는 것이 바람직할 것으로 생각된다.
- 실버자료실: 노인을 대상으로 하는 자료실로서 노년의 설계와 건강관리 등 노인을 대상으로 정보서비스를 제공한다.

고객별 부서설정과 운영에서 이용자 안내에 유의할 점은 대상 고객별로 자료실을 구분해 놓았다고 하더라도 이용자는 누구든지 모든 자료실을 출입할 수 있다는 점이다. 이용자들이 주로는 자신의 연령대의 자료실을 이용하면서도 다른 자료실도 출입함으로써 자연스럽게 자신에게 맞는 자료실로 수준을 높여 이동해 갈 수 있는 것이다.

▌기기 및 도구별 부서설정

업무에 필요한 기기나 도구별로, 즉 복사실, PC실, 인쇄실, 시청각기기실 등에 따라 부서설정하는 방법이다. 그러나 이 경우는 조직이라기보다는 시설명칭으로 더 많이 활용된다.

▌지역별(territory) 부서설정

지역별 정보나 지식이 업무에 중요시 될 경우에 지역별로 부서를 설정한다. 공공도서관은 분관, 자동차문고 등, 대학도서관은 캠퍼스가 분산되는 경우를 들 수 있다. 장점은 지역 이용자에게 근접서비스를 제공할 수 있고 경영자를 위한 훈련의 토대를 마련해 준다. 단점은 업무 조정과 커뮤니케이션이 어렵고, 지역 간 불필요한 경쟁유발 및 자원의 중복을 피할 수 없다는 점이다.

지역별로 부서를 설정하는 경우 유의할 점은 중앙관이건 분관이건 전문직 관장과 분관장이 각 조직의 정점에 있어야 한다는 점이다. 최근 몇몇 지방자치단체의 경우 '도서관사업소'라는 옥상옥의 조직을 만들어놓고 산하 도서관들을 행정담당 사업소장이 원격 조정하는 경우를 볼 수 있는데 이는 도서관의 조직을 기형적으로 운영하는 대표적인 사례라 하겠다.

실제 도서관의 부서를 설계할 때는 위에서 언급한 어느 한 가지 기준만으로 부서를 설정하는 것이 아니라 이상의 여러 가지 기준들을 혼합하여 해당 도서관에 가장 적절하도록 부서를 계획하여야 한다. 예를 들면 선택, 수서, 정리부서는 기능별 기준에 따라, 열람과 정보봉사는 주제별 기준에 따라, 그리고 고객의 연령층별 서비스 특화를 위해서는 고객별 기준에 따라 부서를 편성한다. 또한 소규모의 도서관으로서 부서를 세분하기 곤란한 경우에는 부서를 나누지 않고 관장 또는 하나의 팀이나 과 아래에서 개인별 분장업무로 부서기능을 대신하는 것이 보통이다.

■도서관운영위원회 등

위원회 조직은 기본 조직을 지원하는 자문 조직이다. 따라서 명령 계통의 라인 조직이 아니라 조언과 충고의 기능을 갖는 참모 조직이다. 도서관법 제30조 2항은 공공도서관은 도서관운영위원회를 두어야한다고 규정하고 그 구성 및 운영에 관하여 필요한 사항은 지방자치단체 조례에 정하도록 위임하였다.

도서관운영위원회는 도서관 경영의 자문기관이다. 그럼에도 불구하고 실제로는 도서관장의 상부기관으로 도서관장의 의사결정을 제약하고 군림하는 운영위원회도 어렵지 않게 찾아볼 수 있다(민간 위탁의 경우). 그러나 위원회 조직은 본질적으로 참모 및 자문 조직으로서 도서관운영위원회 역시 같은 선상에 있음을 주지해야 할 것이다. 예를 들어 대통령 소속의 각종 위원회는 대통령의 의사결정권한 위에 있는 것이 아니라 정책을 건의하고 조력하여 대통령의 의사결정을 돕는 심의·자문기관인 것이다. 이밖에도 법규에는 없지만 공공도서관의 임의적인 위원회로서 자료선정위원회, 자료폐기심의위원회 등의 위원회 조직을 둘 수 있다.

■우리나라 도서관 조직구성의 문제점

우리나라 도서관의 조직구조 사례는 도서관에 따라 각양각색이다. 1인사서도서관(one person library)은 도서관 조직이 별도로 있는 것이 아니라 다른 부서의 하위 담당자로서 존재하므로 조직이라 하기 어렵고 그 위상도 매우 약하다. 10인 이하의 도서관들은 상위 도서관의 장이 여러 도서관들을 분관체제로 관리하면서 관장을 두지 않고 팀장이 분관 업무를 총괄하는 경우가 허다하다. 어떤 자치단체는 '도서관사업소'라는 조직을 두고 전체도서관을 원격 조정하는 기형적 조직구조를 운영함으로써 도서관 경영의 자율성과 독립성을 극도로 제약하는 사례도 있다.

6.6 조직도표(organization chart)

조직도표는 한 기관의 조직적 구조를 시각적으로 보여주는 계층적인 그림표로서 직원의 직위에 따른 명령복종관계를 나타낸다. 조직도표의 효과는 다음과 같다.

- 상부의 모순된 명령을 피할 수 있다.
- 오해의 여지가 없게 된다.
- 상의하달, 하의상달의 바람직한 통로를 마련할 수 있다.
- 모든 업무기능이 원활하게 수행되는 조직체를 유지할 수 있다.
- 간부급이나 부서장의 책임감을 조장시켜 준다.
- 관장의 시간을 절약시켜 줄 수 있다(도표에 표시된 직속간부에게 문제 해결 의뢰).

▌조직도표에 나타나지 않는 요소
- 각 계층의 직위가 갖는 책임과 권한의 정도와 서열.
- 조직 단위의 중요성이나 지위.
- 동일한 경영층의 직위가 발휘하는 책임과 권한의 정도.
- 업무의 양에 따른 각 부서의 규모.
- 비공식 조직의 존재와 그들 간의 관계/비공식적 커뮤니케이션의 통로.
- 커뮤니케이션 및 접촉의 모든 경로.
- 전체조직 네트워크의 모든 관계.
- 라인과 스탭의 명확한 구분.

따라서 조직도표만 가지고는 기관의 전체적인 내용을 알 수 없으므로 각 지위나 업무에 대해 그 내용이나 양, 인원 수 등을 자세히 기술해 놓은 "업무명세서"를 작성하여 보완한다.

▌조직도표의 유형

- 수직적 조직도표: 계층 수가 3단계 이상.

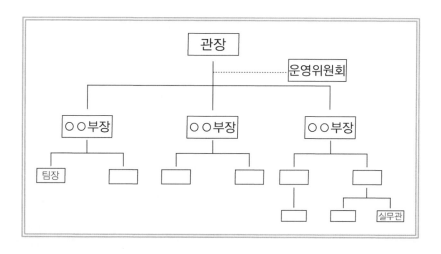

- 수평적 조직도표: 계층 수가 3단계 이내.

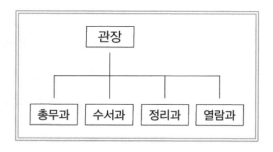

■ 동심원도표: 일반적인 조직도표를 원형으로 시각화한 것.

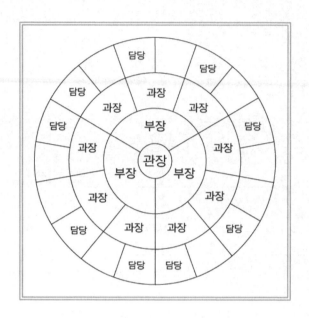

■ 행렬식(매트릭스) 조직도표: 특별한 업무나 프로젝트 추진을 위한
임시적인 조직도표.

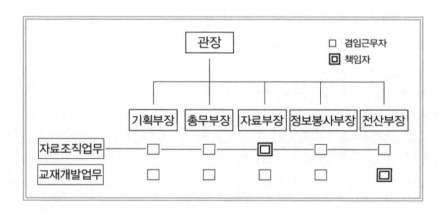

주관식 문제

1. 조직과 조직화의 의미를 구분하여 설명하시오.

2. 조직화의 과정을 설명하시오.

3. 조직의 의의와 성격을 논하시오.

4. 조직의 구성요소인 복잡성, 공식화, 집권화를 구체적으로 설명하시오.

5. 공식조직과 비공식조직을 비교, 설명하시오.

6. 프로젝트팀과 특수업무전담팀을 비교, 설명하시오.

7. 매트릭스 조직의 의의와 장단점을 설명하시오.

8. 도서관의 기능별 부서설정을 예를 들어 설명하시오.

7.1 인력관리의 기초

인력관리는 도서관의 조직구조에 맞추어 도서관에서 일할 사람을
채용하고, 교육하며, 급여를 주고, 이동, 승진 및 근무평가를 실시하여
차기 인사관리에 반영하는 일련의 과정이다. 인력관리는 조직의 목적
을 달성하기 위하여 활용하여야 하는 자원 중 인적 자원의 획득, 개발
에 관한 활동이라 할 수 있다. 즉 조직의 장래 인적 자원의 수요를
예측하여, 경영 전략의 실현에 필요한 인적 자원을 확보하고 관리하는
연속적 활동이다. 인력관리에는 HRP(human resource planning 인적 자원 계
획), HRD(human resource development 인적 자원 개발), HRU(human resource
utilization 인적 자원 활용)의 3가지 측면으로 나눌 수 있다. 인력관리의
기본원칙과 내용은 다음과 같다.[1]

▌인력관리의 기본원칙
- 적임자의 선발과 적재적소의 배치.
- 신뢰성 있는 직무평가.
- 공정한 인사고과(근무성적 평정).

---

1) 정동열. 2007. 『도서관경영론』. 한국도서관협회. 253~254쪽.

- 직원들의 동기부여와 인격존중.
- 고용안정과 신분보장.

■ 인력관리의 내용
- 적합한 구성원의 선발.
- 직무에 신속히 적응하고 익숙하도록 훈련 기회 제공.
- 공정하고 효과적인 보수 관리.
- 능력을 최대한 발휘할 수 있도록 여건과 기회를 제공, 계속적인 능력개발을 유도.
- 구성원의 자질과 능력을 평가하는 인사고과 실시.
- 업무환경과 복지향상에 노력.
- 상호 신뢰와 존경에 기초를 둔 노동조합 운영.

7.1.1 직무분석(job analysis)

인력관리의 첫 단계는 부서의 여러 직무의 책임과 요건을 정한 직무분석 및 직무명세서를 작성하는 일이다. 직무분석은 조직 편성 시에 설정한 업무의 전문화와 분화, 직무의 세부내용, 직무의 책임과 권한, 자격요건 등을 구체화하는 것이다.

■ 직무분석(job analysis)
조직이 요구하는 일의 내용이나 요건을 정하고 직무나 업무에 관한 정보를 체계적으로 수집, 분석, 해석하는 과정이다. 직무분석의 목적은 직원의 채용, 배치, 승진, 교육훈련, 인사고과 등 인사관리에 활용하기 위한 것이다. 직무분석은 새로운 직무현황을 작성할 때, 적절한 급여의 책정, 승진, 교육훈련이 필요할 때, 근로자에게 필요한 기술과 능력을 명시해주고 직무를 재설계하는 시기를 파악할 필요가 있을 때 실시된다. 직무분석에 있어서는 직무의 3면(권한, 책임, 의무)등가의 원칙이 적용되어야 한다. 직무분석의 방법으로는 직접관찰법, 면접법, 설문지법, 활동촬영, 업무일지활용 등이 있다.

▌직무기술서(職務記述書 job descriptions)

조직의 직무를 상세히 기술하는 문서로서 직무분류, 직무평가 및 직무분석의 기초자료가 된다. 직무기술서에 포함되는 요소는 직무명칭, 소속직군, 직종, 직무내용, 직무수행에 필요한 기자재, 작업도구, 직무수행 방법, 직무수행절차, 작업조건 등이 기술된다. 직무기술서는 직무의 목적과 표준성과(performance standard)를 설정함으로써 직무에서 기대되는 결과 및 직무수행 방법을 제시한다. 직무기술서는 인사관리에 가장 기초가 되는 문서이다.

- 의의: 직무분석을 통하여 각각의 업무에 대하여 업무의 방법, 순서, 조건 등 그 의무와 책임을 사실적으로 기술한 문서이다.
- 기술내용
  - 직무명(부서명, 직무명).
  - 직무개요(직무의 목적, 범위, 내용의 개요).
  - 직무내용(내용의 자세한 서술, 타 직무와의 연관).
  - 직무요건(학력, 지식, 기술, 경험, 정신적 신체적 조건 등).
  - 작업조건.
  - 기술서의 작성 시기.
- 용도
  - 신입사원 모집에 사용.
  - 훈련의 필요성을 결정, 특별한 노력이 필요한 과업을 파악하기 위한 토대.
  - 공식적인 인사고과의 근거.

▌직무명세서(職務明細書 job specification)

직무기술서를 기초로 하여 직무의 내용과 직무의 자격요건을 일정한 형식으로 기술한 문서이다. 주로 모집과 선발에 사용되며 직무의 명칭, 소속 및 직종, 교육수준, 기능·기술 수준, 지식, 정신적 특성, 육체적 능력, 작업경험, 책임 정도 등에 관한 사항이 기술된다. 직무명세서는 직무분석의 결과를 문서화한 것으로서 직무에 꼭 맞는 적임자를 채용하기 위한 기본 문서이다.[2]

- 의의: 직원채용을 목적으로 해당 직무에 대한 자격요건이나 책임과 지식 및 교육정도 등을 상세하게 기술한 문서.
- 기술내용
  - 직무명(부서명, 직무명).
  - 직무개요(작업의 목적, 범위, 내용의 개요).
  - 직무내용(내용의 자세한 서술, 타 직무와의 관계).
  - 직무요건(학력, 지식, 기술, 경험, 정신적, 신체적 조건).
  - 명세서 작성 시기(명세서 작성 날짜).
- 용도: 직무평가의 기초자료, 채용기준, 직원배치.

7.1.2 직무평가(job evaluation)

직무분석의 결과를 근거로 조직의 목적을 달성하기 위하여 구성된 각종 직무의 상대적 가치를 비교, 평가하는 것으로 수행해야 할 작업이나 업무처리 방법 등의 상세한 내용에 대하여 일정한 기준을 합리

---

2) 그러나 우리나라 공립 공공도서관의 인력은 대부분 공무원으로서 직무명세서에 의한 맞춤채용을 하지 않고 국가 또는 지역별 공무원시험을 통하여 일괄적으로 선발하여 각도서관에 발령 배치하고 있다. 이러한 채용방식으로는 적재적소의 인사원칙을 실행하기 어렵다.

적으로 설정하고, 이들 기준에 맞도록 수행되었는가를 점검하는 제반 활동을 말한다. 직무평가는 교육, 경험, 책임의 정도 등의 기준에 의하여 평가된다.

- 목적
  - 직급체계를 확립.
  - 직무급제도(동일한 직무에 대한 동일한 보수 지불) 실시를 위한 기초자료 제공.
- 직무평가의 요소
  - 책임요소: 대인적 책임, 대물적 책임.
  - 숙련요소: 지능적, 육체적 숙련.
  - 노력요소: 정신적, 육체적 노력.
  - 작업조건: 위험도, 불쾌도.
- 방법
  - 점수제(point rating): 점수법, 요소비교법.
  - 서술적 평가(essay rating): 서열법, 직무분류법.

직무분석과 직무평가의 비교

구 분	직무분석	직무평가
분류구조	• 수직적, 종적 분류	• 수평적, 횡적 분류
결정내용	• 직군, 직렬	• 등급, 직급
기초자료	• 직무기술서	• 직무분석 자료에 기초
순 서	• 선행적 분석	• 후행적 분석
목 적	• 직무의 객관화, 합리화	• 보수의 공정성, 합리화

7.2 채용(recruitment)과 승진

　도서관의 직무와 직위가 신설되거나 기존 직원의 퇴직으로 결원이 발생될 경우 적임자를 모집, 선발하고 충원해야 한다. 공립 공공도서관은 국가 또는 지방자치단체 산하 기관이므로 공무원 임용고시를 통해 일괄 채용되므로 적재적소의 배치를 위한 맞춤채용의 장점을 살리기 어렵다. 그러나 자치단체에서 수탁 받아 경영하는 도서관이나 사립의 공공도서관들은 맞춤채용을 할 수 있는 유리한 조건에 있다. 이 경우 채용에 있어서의 공정성이 담보되어야 하는데, 예를 들어 지역의 유지나 도서관 운영위원이 인사권에 개입하는 일은 철저히 배제되어야 한다. 적정 인력을 채용하기 위해서는 공정하고 투명한 선발 절차를 거쳐야 한다. 우선 대상 직위의 직무명세서에 기초하여 홈페이지, 메일링 리스트 등 여러 채널을 통해 채용공고를 하여 일정에 따라 투명하게 진행해야 한다. 전형의 절차는 서류전형, 필기시험, 면접, 신체검사 순으로 이루어진다. 그러나 전문직의 경우는 학력과 자격요건을 충족하는 지원자들이므로 필기시험은 생략하는 경우가 많다.

7.2.1 채용(recruitment)

- 모집: 공석이 된 직위를 채워 줄 유자격 지원자를 불러 모으는 일.
- 응모자
  - 내부응모자
    장점: 간편하고 위험부담을 줄여줌, 기관 내 사기가 높아짐.
    　　　경영층에서 지원자의 적합성을 더 정확하게 평가할 수 있다.
    단점: 조직상의 근친교배.
    　　　다른 업무수행방법 습득 곤란.

새로운 아이디어와 혁신을 얻지 못함.

- 외부응모자

  장점: 모집대상 집단이 더 커짐.

  조직에 신선한 통찰력과 시각을 제공.

  단점: 모집시간, 경비가 더 많이 소요됨.

  조직에 적응하는 데 많은 시간이 소요됨.

- 선발(selection): 응모자의 자격과 해당 직위의 요건을 잘 짝지어 주는 것.

  (1) 지원서
  - 지원자에 관한 문서화된 정보제공(이력서).
  - 응모자가 어떤 직위에 적합할지에 관한 대략적인 판단자료.
  - 무자격 응모자 제거.

  ※ 서류전형: 해당 업무를 수행할 수 있는 학력과 자격이 있는지를 심사.

  (2) 채용시험: 필기시험(전문직의 경우 생략 가능).

  (3) 면접(interview)

  얼굴을 맞대고 대화하여 봄으로써 인성과 심성을 파악할 수 있다. 인성을 파악하기 위해서는 30분 이상 심층 면접이 필요하다. 면접을 통해서 대상자의 소양과 인간관계, 예의 등을 진단할 수 있다. 면접관은 복수로 구성하여 평가의 공정성을 확보하여야 한다.

  - 다른 정보원을 통하여 이미 입수한 정보를 보완하기 위함.
  - 모든 질문은 직무에 관련된 것이어야 하며 인종, 종교, 성별, 국적, 나이, 장애 등의 질문은 삼가.
  - 응모자가 대부분 이야기를 하게 하는 개방형 질문 면접이 바람직함.

- 면접이 끝나자마자 면접관은 응모자에 대한 느낌을 적어두어야 함.
- (4) 경력 및 신원 확인.
- (5) 고용: 최종 합격자를 선택하여 채용.
- ※ 신체검사: 업무수행과 관련한 건강상태를 확인하기 위해 주로 종합병원 진단서를 제출하도록 요구한다. 그러나 업무수행에 지장이 없는 장애로 인해 불이익이 발생되지 않도록 고려해야 한다.

7.2.2 승진(promotion)

현재의 직급에서 책임과 권한이 증가된 상위직급으로의 수직적 인사이동으로서 조직에서 개인과 조직의 목표를 일치시켜 줌에 따라 시너지 효과를 창출할 수 있으며, 구성원에 대한 조직의 가치기준을 알려주는 가장 유효한 커뮤니케이션 수단이 된다. 승진의 방법은

- 연공서열주의(seniority): 근속연수가 가장 중요한 기준이며, 그 외 나이, 경력, 학력 등의 전통적인 가족주의적 사고에 기반을 둔 제도.
- 능력주의(merit system): 조직의 목적달성에 기여하는 능력을 중요시하는 서구 합리주의적 사고에 기반을 둔 제도.
- 절충주의: 위의 연공서열주의와 능력주의를 절충하여 승진을 시행하는 제도.

도서관의 사서 배치 기준

구분	배치기준
공공도서관(사립 공공 도서관 및 법 제2조제 4호 각 목에 해당하는 도서관은 제외한다)	도서관 건물면적이 330제곱미터 이하인 경우에는 사 서 3명을 두되, 면적이 330제곱미터 이상인 경우에 는 그 초과하는 330제곱미터마다 사서 1명을 더 두 며, 장서가 6천 권 이상인 경우에는 그 초과하는 6천 권마다 사서 1명을 더 둔다.
작은도서관	공립 작은도서관에는 사서를 1명 이상 둘 수 있다.
장애인도서관	시각장애인을 대상으로 하는 장애인도서관에는 사 서를 1명 이상 둔다.
전문도서관	공중을 대상으로 하는 전문도서관의 사서 배치 기준 은 공공도서관에 관한 기준을 준용한다.

〈도서관법 시행령 별표 2 (개정 2012.8.13)〉

7.3 교육훈련

직원의 교육과 훈련은 인사관리에서 매우 중요한 부문이다. 교육은 지식적인 측면에서, 훈련은 기능적인 측면에서 주로 사용되고 있는데 도서관에서 업무를 수행하기 위해서는 교육과 훈련이 다 필요하다. 대학을 졸업하여 학위와 사서자격증을 취득하고 경쟁전형을 거쳐 사서직에 합격하였다 하더라도 도서관 현장에 임해서는 실무적응이 쉽지 않기 때문에 실습과 경험을 쌓아가야 한다. 기성 직원들도 사회발전에 부응하여 도서관을 발전적으로 운영하기 위해서는 지속적이고 체계적인 교육과 훈련을 받아야 한다. 교육훈련의 내용은 도서관 업무의 전 부문이 모두 해당된다. 교육훈련의 단계는 신입직원의 오리엔테이션, 실무자 교육훈련, 관리자 교육훈련, 경영자 교육훈련으로 나눌 수 있다. 교육의 형태별로는 개별 교육훈련과 집합 교육훈련으로, 그리고 직장 내 교육훈련과 외부 교육훈련으로 구분할 수 있다. 여기서는 신입직원의 오리엔테이션과 개별 교육훈련, 집합 교육훈련으로 나누어 간단히 살펴본다.

7.3.1 교육훈련 개요

▌신입직원의 오리엔테이션
조직의 일원으로서 갖추어야 할 기본적 업무지식과 그 기관의 경영철학(사명, 목적, 목표), 기관 자체의 각종제도(기관의 조직, 정책, 근무규칙, 휴가, 이동, 승진, 급여계산법, 노사관계), 직장예절과 윤리, 복장 등 도서관직원의 일원으로서 갖추어야 할 제반 사항들을 교육한다. 오리엔테이션은 대기업의 경우는 집합교육으로 연수원에서 시행하나 도서관의 경우에는 소수 인원이므로 직장 내에서 상사와 선배들이 개별적으로 신입직원을 교육하는 것이 일반적이다. 수습사원제도는 오리엔테이션 및 직무교육의 일종이다.

▌직무교육(OJT: on the job training)
직무에 임하여 상사 및 선배에게서 직접 직무수행 방법을 실습으로 배우는 일종의 도제식 훈련방법이다. 신입직원은 보통 3개월 정도의 수습기간을 갖는데 이때 부서를 순환하면서 업무를 배우며, 조직 분위기를 익힌다. 기성 직원의 경우에도 이동, 승진 등으로 새로운 업무를 맡을 경우 상사와 선배로부터 직무 교육훈련을 받아야 한다. OJT는 직장 내의 멘토링(mentoring)과 유사한 특징을 갖는다. 그러나 OJT는 보다 공식적인 교육훈련인 반면 멘토링은 보다 비공식적이라는 특징을 지닌다.

▌집합교육(OFF-JT: off the job training)
근무지를 떠나서 연수원이나 외부기관에 가서 일정기간 집중하여 교육을 받는 경우를 말한다. 정부기관이나 대기업들은 자체 연수원을 두고 교육과정을 편성하여 각종 직무교육을 실시하는 것이 일반적이다. 도서관의 경우에도 국립중앙도서관 사서연수원에서 교육과정을 편성하여 연중 집합교육을 실시하고 있다.

이밖에도 직원의 경력개발 및 자아성장을 지원하는 대내외 교육 프로그램에 참여시키는 방법이 있다. 예를 들어 도서관으로 전문가를 초청하여 강좌를 열거나, 정부의 시책 또는 사업설명회, 전산시스템 개발설명회, 외부 세미나 및 특별강습회 파견, 국내 선진 도서관 견학, 외국의 도서관 또는 학술회의, IFLA총회 등에 파견하여 세계적인 감각과 안목을 갖게 하는 것도 모두 교육훈련의 일환이라고 하겠다.

이러한 교육훈련의 효과, 특히 외부 교육훈련의 효과는 첫째, 새로 발견된 지식과 기술의 습득 및 현장 적용, 둘째, 현장에서 안일해진 직원들에게 신선한(refresh) '충격'을 주어 새로운 의욕과 활력을 충전하고, 셋째, 도서관인으로서의 자부심과 조직결속력 및 조직몰입도를 높여줄 수 있다.

7.3.2 전문직으로서의 사서

사회에 전문직은 무수히 존재한다. 대학에는 수많은 학과가 있다. 그 많은 학과들은 다 나름대로의 전문성을 갖추고 있어서 그 분야 전문가 양성에 주력하고 있다. 전문 자격증의 종류도 무수히 많다. 그러면 전문직이란 무엇인가? 이를 확실히 하지 않으면 전문직에 대한 혼동이 일어나서 무엇이 과연 전문직인지 판단하기가 어려울 것이다. 따라서 전문직의 정의와 특성을 살펴보기로 하겠다.

먼저 사전적 의미에서 전문직을 살펴보면 전문직이란 "일반인들이 갖지 못한 고도의 전문적 기술이나 지식을 갖추고 일반인들이 수행할 수 없는 일을 처리하는 직업"으로 이해된다. 따라서 전문직은 특정 직업이 지식이나 기술적 측면에서 고도의 전문성으로 말미암아 다른 직업 또는 활동과 차별화된다는 점이다. 따라서 적문직의 업무는 아무나 할 수 없는 것이 된다. 그러나 사회적 의미에서의 전문직은 사전적 의미의 전문직보다 더 세부적으로 설명된다. 전문직의 개념은 위의 전문 지식과 기술을 갖추는 것은 필수적이고 그 이외에도 국가가 인정하는 전문 자격증, 봉사정신 등이 꼽히고 있다. 보다 세부적인 분석은 다음 예에서 찾아볼 수 있다.[3]

▌구조적 외적 특성
- 인류와 사회에 봉사할 수 있는 창조적, 이론적, 체계적 지식과 지적 기술.
- 전문 교육기관의 설립과 장기간의 교육 훈련.
- 전문인 협회의 창설.
- 윤리강령의 제정.
- 전문인으로서의 권위.
- 사회적으로 인정받는 특권.
- 전문인들이 형성하는 문화.
- 직업의 상근성.

▌태도적 심리적 특성
- 자기 직업에 대한 고도의 참여의식.
- 경제적 보상보다 내면적, 정신적 보상을 기반으로 하는 직업에 대한 의무감.
- 자기 분야의 전문인 협회 또는 단체를 주된 준거집단으로 삼는 자세와 공통 규범.

---

3) 김영욱 외. 1999. 『언론인 전문화 교육 - 개념과 모델, 실태와 전망』. 한국언론재단. 16쪽.

- 공중에 대한 봉사의 신념과 가치관.
- 직업 활동에 대한 자율적 규제의 신봉.
- 자기 분야에 대한 소명의식.
- 직무 수행에 있어서의 자치성 향유.

위와 같은 전문직에 대한 정의와 개념에 비추어보면 사서직의 경우도 상당한 전문직으로서의 특징을 갖고 있다고 볼 수 있다. 즉 전문지식의 습득은 대학의 문헌정보학과와 대학원의 석·박사학위 과정을 통하여 이루어지고 있다. 국가의 공인은 법률에 의거 일정한 교육 이수자에게 사서자격증을 수여함으로서 이루어진다. 또한 도서관협회가 결성되어 활동하고 있으며 윤리성과 관련하여 '도서관인 윤리선언'은 사서의 사회적, 윤리적 책임성을 강조하여 전문직에 요구되는 윤리와 책임을 규정하고 있다.

사서직원의 자격요건(도서관법 시행령 별표 3 〈개정 2012.8.13〉)

구분	자격요건
1급정사서	가. 「고등교육법」에 따른 대학원에서 문헌정보학이나 도서관학 박사학위를 받은 사람 나. 2급정사서 자격증을 소지하고 「고등교육법」에 따른 대학원에서 문헌정보학이나 도서관학 외의 박사학위를 받거나 정보처리기술사 자격을 받은 사람 다. 2급정사서 자격증을 소지하고 도서관 근무경력이나 그 밖에 문화체육관광부령으로 정하는 기관에서 문헌정보학 또는 도서관학에 관한 연구경력(이하 "도서관 등 근무경력"이라 한다)이 6년 이상 있는 사람으로서 「고등교육법」에 따른 대학원에서 석사학위를 받은 사람 라. 2급정사서 자격증을 소지하고 도서관 등 근무경력이 9년 이상 있는 사람으로서 문화체육관광부장관이 지정하는 교육기관(이하 "지정교육기관"이라 한다)에서 문화체육관광부장관이 정하여 고시하는 소정의 교육과정(이하 "소정의 교육과정"이라 한다)을 이수한 사람

2급정사서	가. 「고등교육법」에 따른 대학(교육대학, 사범대학, 「고등교육법」 제2조제5호에 따른 원격대학, 산업대학 및 이에 준하는 각종 학교를 포함한다. 이하 같다)에서 문헌정보학이나 도서관학을 전공하고 졸업한 사람 또는 법령에서 이와 동등한 학력이 있다고 인정한 사람으로서 문헌정보학을 전공한 사람 나. 「고등교육법」에 따른 대학원에서 문헌정보학이나 도서관학 석사학위를 받은 사람 다. 「고등교육법」에 따른 교육대학원에서 도서관교육이나 사서교육을 전공하여 석사학위를 받은 사람 라. 「고등교육법」에 따른 대학원에서 문헌정보학이나 도서관학 외의 석사학위를 받은 사람으로서 지정교육기관에서 소정의 교육과정을 이수한 사람 마. 준사서 자격증을 소지하고 「고등교육법」에 따른 대학원에서 석사학위를 받은 사람 바. 준사서 자격증을 소지하고 도서관 등 근무경력이 3년 이상 있는 사람으로서 지정교육기관에서 소정의 교육과정을 이수한 사람 사. 「고등교육법」에 따른 대학을 졸업하여 준사서 자격증을 소지하고 도서관 등 근무경력이 1년 이상 있는 사람으로서 지정교육기관에서 소정의 교육과정을 이수한 사람
준사서	가. 「고등교육법」에 따른 전문대학(전문학사학위를 수여하는 사이버대학을 포함한다)에서 문헌정보과나 도서관과를 졸업한 사람 또는 동등 이상의 학력이 있는 사람으로서 문헌정보과나 도서관과를 전공한 사람 나. 「고등교육법」에 따른 전문대학(전문학사학위를 수여하는 사이버대학을 포함한다)을 졸업한 사람 또는 동등 이상의 학력이 있는 사람으로서 지정교육기관에서 소정의 교육과정을 이수한 사람 다. 「고등교육법」에 따른 대학을 졸업한 사람으로서 재학 중에 문헌정보학이나 도서관학을 부전공한 사람

〈비고〉
1. "도서관 등 근무경력"은 다음 각 목의 기관에서 사서 또는 사서행정 업무를 전임으로 담당하여 근무한 경력을 말한다.
   가. 도서관
      1) 국가 또는 지방자치단체에서 설립한 공공도서관·전문도서관
      2) 법 제31조제1항 및 제40조제2항에 따라 지방자치단체에 등록한 사립 공공도서관·전문도서관
      3) 대학도서관, 학교도서관

4) 그 밖에 작은도서관 규모 이상의 도서관
　나. 국가기관 및 지방자치단체
　다. 도서관 관련 비영리 법인
2. 외국의 대학 또는 대학원에서 문헌정보학 또는 도서관학을 전공하고 학사학위 이상의 학위를 취득한 사람으로서 사서의 구분별 자격요건과 동등한 학력이 있다고 문화체육관광부장관이 인정하는 경우에는 해당 사서자격증을 발급할 수 있다.

7.4 인사고과(employee rating): 근무성적 평정(performance appraisal)

인사관리 역시 계획, 실행, 평가, 피드백의 과정을 필수적으로 거쳐야 한다. 조직화의 과정이 계획이라면 인력의 채용과 수급은 실행이며, 근무성적 평정은 곧 평가인 셈이다. 따라서 근무성적 평정이 없는 인사관리는 실패하기 쉽다. 조직과 인력수급이 무난히 이루어졌다고 하더라도 조직 속에서 일하는 직원들이 업무를 얼마나 잘 수행하느냐의 여부가 조직 목적 달성과 직결되기 때문이다. 구성원들이 조직에 몰입하여 책임감을 가지고 맡은 바 업무를 제때에 창의적으로 해내야만 활력 있는 조직이 될 수 있는 것이다. 근무성적평정의 목적은 다음과 같이 요약할 수 있다.

- 직원의 능력과 취향이 직무와 맞는지 파악하여 적재적소에 배치할 수 있게 한다.
- 직원의 입장에서는 일에 대한 평가를 받고 개선할 부분을 개선하게 한다.
- 근무성적평정의 결과를 인사관리에 건설적으로 반영하여 직원들에게 동기를 부여하며, 인간관계를 개선함으로써 조직 건강성을 유지할 수 있다.

인사고과는 각 직원의 근무실적, 근무수행능력, 태도 등을 중심으로 인간 자체의 능력이나 가치를 측정, 평가하는 활동으로서 인사고과의 기능은 다음과 같다.

- 각 직원의 성장과 개발을 고무시킬 수 있다.
- 직원의 승진과 좌천, 이직에 관련된 의사결정의 토대로 활용할 수 있다.
- 임금과 급료를 결정하는 기초자료가 된다.
- 경영층이 근로자의 능력과 잠재적인 가능성을 더 잘 이해할 수 있다.
- 감독자와 직원사이 커뮤니케이션을 통해 상호이해를 촉진할 수 있다.
- 직원에게 구체적인 피드백을 제공하여 성과를 개선할 수 있게 한다.
- 조직은 물론 개인의 교육훈련 필요성을 결정하기 위한 정보를 제공할 수 있다.

7.4.1 인사고과의 방법

- 서술법: 고과자가 개인의 성과를 문장형식으로 기술.
- 서열법: 고과자가 개인의 서열을 매기는 방법.
- 강제할당법: 등급의 상대적인 비율을 정하여 배분하는 방법.
- 평정척도법: 미리 평가항목의 척도를 만들어 우열을 표시하는 방법.
- 다면평가법(PBC360; personal business commitment): 평가의 공정성과 객관성을 높이기 위해 하급자, 동료, 고객 등이 평가에 참여하는 방법.
- 평가센터에 의한 방법: 인사고과를 평가 전문기관에 의뢰하는 방법.

인사고과 담당자는 직속상사 및 그 위의 상사이지만 다면 평가 제도를 시행하는 경우에는 상위직이 하위직을, 하위직이 상위직을, 동료가 동료를 평가하여 이를 종합하는 방법을 취한다. 어떤 평가 제도를 사용하든 성공적인 인사고과를 위해서는 평가자와 피평가자 간의 원활한 의사소통이 필요하며, 서로의 생각과 입장을 이해하고 개별면담을 통해 업무수행중의 어려운 점과 해결책을 강구하는 것이 바람직하다. 인사고과가 실패하는 주된 요인은 많은 경우 연중행사 내지 요식행위로 여기는 풍조와 학연, 지연 등에 의한 개인적 감정요소가 작용하는 경우를 들 수 있다.

7.4.2 인사고과에서 객관성을 유지하기 어려운 이유

- 후광효과: 피 평가자의 전체적인 인물 됨됨이나 일반적 조건 때문에 모든 고과 요소에 점수를 후하게 또는 박하게 매기기 쉬운 점.
- 편견: 평가자의 개인적 편견이나 편파성이 공정한 평가를 저해하는 경우, 개인적 친분, 특정종교, 정치이념, 지방색, 성차별, 연령차별 등 편견의 개입.
- 극단적인 평가: 평가자의 개성이나 주관에 따라 전체적으로 너무 혹독하게 또는 관대하게 평가함. 대개 완벽주의자는 혹독하게 평가하고 관용주의자는 후하게 평가하기 쉬움.
- 중도주의: 평가자가 우유부단해서 적당히 중간으로 평가하는 것. 예를 들면 설문조사 시 응답자들이 '보통'에다 표시하는 경향을 볼 수 있음.
- 실제업무 성적과 업무능력의 괴리: 실제로 업무에 나타난 성적을 평가하지 않고 평가자가 평소에 그 직원에 대해서 생각하고 있는 직원의 잠재력이나 능력에 따라 평가하는 경우, 이럴 경우는 능력이 있는 직원이라도 실제 업무에는 소홀한 점을 가려내지 못함.

- 비교연관: 여러 사람을 평가할 때 각자를 따로따로 생각해서 평가하여야 하나 앞, 뒤 사람과 비교하여 비슷하게 점수를 주는 경향.
- 최근의 일에만 중점을 두는 것: 업무평가 대상기간 전체의 업무를 평가하지 않고 최근의 일만 생각하여 평가하는 경향 등이 있다.

이런 점들을 유의하여 인사고과는 인력관리에 필수적 요소라는 점을 감안, 공정하고 객관적인 평가, 실제 업무를 개선할 수 있는 평가, 조직의 활력을 제고할 수 있는 평가가 되도록 최선의 노력을 기울여야 한다.

7.5 보수관리 및 노사관계관리

7.5.1 보수관리

보수란 업무수행의 결과에 대한 금전적인 대가이다. 보수는 기본적으로 직원의 생계비 및 일정 수준 이상의 문화생활을 유지할 수 있는 경제적인 보상이 되어야 한다. 보수가 직원의 기대치보다 낮을 때는 불만요인이 되지만, 보수가 기대치 보다 높다고 해서 동기요인이 되지는 않는다는 이론이 있다.[4] 보수관리의 기본원리는 합리성의 원칙, 적정성의 원칙, 공정성의 원칙 등이 있다.

---

4) 헤르쯔버그의 욕구충족 2요인 이론(Herzberg's Two-Factor of Management)은 위생요인과 동기요인이 별도의 선상에 있다고 보고, 급여나 복리후생 등 위생요인을 충족할 경우에 불만은 없어지나 위생요인의 충족이 적극적인 동기요인으로 발전하지는 않는다는 이론이다.

▌보수의 종류

- **임금**(wage): 시간급, 일당처럼 단기적 불규칙적인 보상이며 대체로 육체노동에 대한 대가로서 근무한 시간 수에 따라 지급액 결정.
- **급여**(봉급 salary): 월급, 연봉처럼 일정기간 이상 계약한 일에 대한 대가로서 지급 기간마다 일정하고 근무시간에 따라 변화가 없음.
- **보수**(remuneration): 금전적 대가와 비금전적 보상을 모두 포함한 개념.
- **부가급부**: 직원복지를 위한 유급휴가, 퇴직금, 건강보험, 고용보험, 교육비지원, 사택제공, 주택자금융자, 상여금 등.
- **급여구성**
  - 기준 내 임금: 기본급, 수당, 직능급 등.
  - 기준 외 임금: 초과근무수당, 야근수당, 휴일근무수당 등.
  - 상여금: 업무 성과에 대한 보상.
  - 복리후생비: 기념품, 교육비, 주택자금 지원 등.

▌보수결정요인

- **외부적 결정요인**: 최저생계비, 최고임금의 한계, 같은 직종 또는 유사한 직종과 직무에서 지급되는 수준, 생계유지 이상의 수준 등 노동시장의 허용 수준.
- **내부적 결정요인**: 그 기관의 지급능력과 업무성과.

▌보수체계

- **단일호봉제**(연공서열급)
  최저호봉부터 최고 호봉까지의 등차가 균일하여 매년 1호봉씩 승급되는 제도로 연공서열급을 채택하는 기관에서 적용한다. 관리하기가 쉽고 불평의 소지가 적다.

■ 직급제(성과급, 공로급)

각 직급에 따라 다른 호봉체계를 적용하여 직급이 달라지면 출발 기준과 호봉 간격이 달라진다. 즉 직급에 따라 다른 호봉체계를 적용한다.

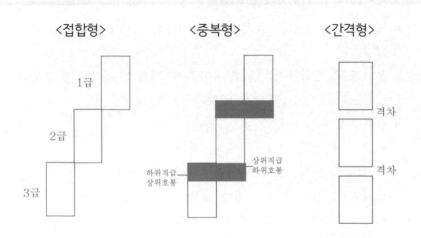

<출처: 이순자. 1997. 『도서관·정보센터경영론』. 한국도서관협회. 153쪽.>

대부분의 조직에서는 단일호봉제를 채택하면서도 직급 요소로서 접합형, 중복형, 간격형을 가미하여 운영하고 있다. 또한 특별한 공로를 보상하기 위한 방법으로 호봉을 1년에 2호봉으로 특별 승급하는 제도를 활용한다.

7.5.2 노사관계관리

노사관계란 사용자와 노동자와의 관계로서 자본주의 체제의 계약 관계로부터 발생하였다. 노동조합은 개별 노동자의 힘은 약하기 때문에 노동자들이 협동하여 정당한 권익을 확보할 수 있도록 마련된 제도이다.

- 노사관계는 협조적 관계와 대립적 관계를 동시에 갖는다.
- 개별적 관계와 집단적 관계의 두 가지 차원을 갖는다.
- 경제적 관계와 사회적 관계를 동시에 갖는다.
- 종속관계와 대등관계의 양면성을 갖고 있다.
- 노동조합은 근로자의 권익보호를 위하여 사용자에 대한 단체교섭, 단체협약, 단체행동권을 갖는다.

우리나라의 노동관련 법규로는 노동3법으로 일컬어지는 근로기준법, 노동조합법, 노동쟁의조정법이 있으며, 이에 따라 노동자들에게 단결권, 단체교섭권, 단체행동권 등 노동3권을 보장하고 있다.

▌징계와 고충처리

징계(disciplinary)란 어떤 직원의 업무성과가 조치를 취해야 할 정도로 저하되었을 경우나 직원이 해당기관의 규칙을 위반했을 때, 조직에서 직원에게 내리는 제재조치를 말한다.

고충처리제도(grievance procedure)란 직원들이 감독자나 조직에 대해 갖고 있는 애로사항을 처리하기 위한 제도로 노동조합에서 관리한다. 이는 직원들이 조직에 대해 정당한 불만을 가지고 있을 때 그 정당성을 얻을 수 있다는 사실을 보증하기 위해 존재하며 노동조합이 결성되어 있는 상황에서 더 공식화될 수 있다. 노동조합이 결성되지 않은 기관에서는 문호개방 정책을 사용한다.

주관식 문제

1. 인력관리의 기본원칙을 설명하시오.

2. 직무분석과 직무기술서, 직무명세서의 관계를 설명하시오.

3. 직무분석과 직무평가를 비교하여 설명하시오.

4. 승진에 사용되는 주요방법 3가지를 들고 각각을 설명하시오.

5. 교육·훈련에서 OJT와 OFF-JT를 비교하여 설명하시오.

6. 전문직을 나타내는 구조적·외적 특징과 서서직의 전문직 요건을 비교, 설명하시오.

7. 인사고과의 유용성과 기능을 설명하시오.

8. 인사고과에서 객관성을 유지하기 어려운 이유를 설명하시오.

9. 보수의 종류 및 보수 결정의 내·외적 요인을 설명하시오.

10. 노사관계의 성격과 노동조합의 기본적 목적을 설명하시오.

제8장 도서관의 건물과 시설관리

8.1 도서관의 입지조건

도서관의 입지(立地)는 도서관이 들어서는 인문지리적 위치를 말한다. 도서관은 그 역할과 기능에 비추어 이용자들이 편리하게 접근할 수 있는 장소에 건립되어야만 도서관의 기능과 역할을 최대화할 수 있다. 공공도서관이 도시의 변두리 지역에 세워진다면, 대학도서관이 캠퍼스의 한 구석에, 또는 학교도서관이 교내의 한 모퉁이에 위치한다면 각각 그 도서관의 기능과 역할을 제대로 수행하기 어렵다. 어떤 도서관이든 이용자들의 주 동선흐름의 변두리에 건립되는 경우는 접근성이 떨어질 수밖에 없다.

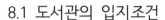

▍입지의 개념 설정

우선 도서관의 입지는 장단기적인 지역개발계획과 도서관의 건립 목적 및 규모에 비추어 가장 효과적으로 기능과 역할을 수행할 수 있는 곳이라야 한다. 문화체육관광부에서 2008년 12월에 발간한 『도서관 설립·운영전략 매뉴얼』에 제시된 입지의 적합성 판단 요소는 다음과 같다.[1]

---

1) 문화체육관광부. 2008. 12. 『도서관 설립·운영전략 매뉴얼』. 26쪽.

- 도서관의 목적 및 성향의 정의.
- 입지 선정 배경(사회학적, 생리학적, 보존적, 기능적, 기술적).
- 이용자 및 봉사권역의 조사 - 접근성, 건립예상규모.
- 투자 가능 예산의 상한선 판단.

8.1.1 입지선정

▌공공도서관의 입지조건

『한국도서관기준』의 공공도서관 시설기준은 제1항에서 "공공도서관은 지역주민이 쉽게 인지하고 접근할 수 있는 곳에 위치하여야 한다. 따라서 기초자치단체의 중앙관(또는 시스템본부)은 부지, 방위, 행태, 크기 등의 문제를 충분히 고려하여 가능한 한 도심의 번화가에 건립하고, 공공도서관 분관은 지역주민의 생활동선에 있는 주택지역과 근접한 상가, 시장, 업무지역 부근의 대로변 교차로 근처에 위치하는 것이 바람직하다."고 규정하고 있다.[2] 또한 문화체육관광부에서 발간한 『도서관 설립·운영전략 매뉴얼』은 공공도서관의 입지조건을 다음과 같이 제시하고 있다.

- 봉사 대상 지역사회 주민들이 일상적으로 접근하기가 편리한 위치로서 지역 내 상업, 교육, 문화 등 다른 생활 활동이 연계되어 이루어지는 장소.
- 해당 지역의 인구 밀집 지역으로서 도서관 입지를 중심으로 반경 1Km 내에서는 보통 걸음으로 15분 이내, 반경 2Km 내에서는 보통 걸음으로 30분 이내로 접근할 수 있는 곳.
- 대중교통의 유무와 편리성, 여러 봉사 대상지역으로부터 균일하

---

2) 한국도서관협회. 2013. 『한국도서관기준』. 38쪽.

게 접근할 수 있는 거리, 도서관 설립으로 인한 교통 체증 가능성 등을 사전에 평가하여 종합적으로 고려.

사실 위와 같은 입지조건은 공공도서관이라는 주민의 정보 및 생활교육시설의 성격에 비추어 매우 상식적인 조건임에도 불구하고 실제로는 잘 지켜지지 않고 있는 실정이다. 문화체육관광부의 상기 자료에 따르면 우리나라 공공도서관의 위치는 주거지역에 57%, 녹지, 농림지역, 자연환경보존지역 등에 28.5%가 있는 것으로 나타났다.[3] 여기서 접근성이 떨어지는 비주거지역에 위치하는 도서관이 28.05%나 되는 것은 문제가 아닐 수 없다. 이렇게 비주거지역에 공공도서관이 들어서는 주된 요인은 예산부족, 용지확보의 어려움, 교외 지역의 넓은 공간의 확보 등을 들 수 있으나 공공도서관의 주목적이 위락 또는 관광시설이 아닌 주민의 정보 및 생활교육시설임을 감안한다면 향후의 공공도서관 설립에서는 접근성을 우선적으로 고려하여야 할 것이다.

▌대학도서관의 입지조건

『한국도서관기준』의 대학도서관기준은 일반원칙에서 입지조건에 대하여 "대학의 아카데믹플랜, 또는 마스터플랜, 대지의 입지조건(부지의 크기, 수직적 및 수평적 증축가능성), 교통지리적 조건(도로사정, 동선흐름, 접근의 편의성), 자연지리적 조건(방위와 풍향, 지형과 지반, 경사, 토양, 환경조건(인접건물, 소음과 공해, 주차능력, 조경)) 등을 종합적으로 검토하여 결정하여야 한다."고 규정하고 있다. 또 "대학도서관의 위치는 교수학습 및 학술 연구 활동의 중심지대가 바람직하며 가능한 한 캠퍼스의 어느 곳에서나 도보로 10분 내에 도달할 수 있는 곳에 위치하여

---

3) 문화체육관광부. 앞의 책. 66쪽.

야 한다."고 규정하고 있다.[4]

또한 대학도서관 신축건물이 위치하는 지형에 대하여 대구대학교 윤희윤 교수는 "신축건물의 지형은 견고성이나 증개축에 대비하여 사질토(모래땅)보다는 암반지대를 선정할 필요가 있다. 그리고 부지는 평지가 바람직하며, 출입구 좌우는 경사가 심하지 않아야 한다. 신축의 방위는 주광(햇빛)을 최대로 흡수할 수 있도록 동서로 지축을 형성하는 남향이 좋다."고 설명하고 있다.[5]

8.1.2 입지환경

위에서 살펴 본 바와 같이 도서관의 위치를 선정할 때 가장 우선적으로 고려해야 할 것은 접근성이다. 그러나 도서관 설립을 위한 제반 환경적인 조건도 필수적으로 검토해야 한다. 도서관의 입지환경에서 검토해야할 주요 내용은 다음과 같다.

- 도서관이 위치할 토지의 구획정리 및 건축허가 취득 용이성(예를 들면 그린벨트 지역은 건축허가가 제한됨).
- 토지를 원래의 지형대로 유지한 상태로 건축이 가능한가, 부지정지 등 토목공사가 필요한가, 북향인가 남향인가 등 건물의 방위.
- 대지에 장애물, 광물, 또는 문화재 등이 매장되어 있을 가능성
- 해당 대지에 대해 건물 신축 또는 다른 시설물의 예정에 따른 환경영향.
- 도서관 이외의 시설물 계획에 따른 소음, 매연 등 환경영향.
- 전력 등 에너지 및 대체에너지 활용의 가능성.

---

4) 한국도서관협회. 앞의 책. 129쪽.
5) 윤희윤. 2013. 『대학도서관 경영론』(개정 3판). 태일사. 295쪽.

- 대지의 토질에 따른 습지대 여부, 과거 100년 동안의 침수 등 자연재해의 이력.
- 상하수도, 지하수 등의 활용 편리성.
- 교통, 정보통신의 기반 시설 및 주차시설 확보 가능성.

이와 같은 입지 환경을 공정하게 체계적으로 파악하기 위해서는 전문 사업자나 연구기관에 의뢰하여 환경영향평가를 실시하여야 한다. 현행 환경영향평가 항목은 환경정책기본법에 규정된 기준에 따라 다음과 같은 평가항목으로 구성되어 있다.

환경기준별 환경영향평가 항목[6]

평가분야	평가항목
자연환경	기상, 지형지질, 동식물, 해양환경, 수리수문(5개)
생활환경	토지이용, 대기 질, 수질, 토양, 폐기물, 소음 진동, 악취, 전파 장해, 일조장해, 위락 경관, 위생 보건(11개)
사회경제환경	인구, 주거, 산업, 공공시설, 교육, 교통, 문화재

▌입지 조성 계획의 유의사항[7]

입지 선정의 계획에서는 선정된 장소에 대한 물리적, 법적, 행정적인 문제점을 해소하는 것이 필수적이다. 여기에는 토지 소유권의 확보, 기존에 시설된 지장물의 철거 등이 포함된다. 이를 위해서는 먼저 효율적인 입지 조성 계획을 수립하여야 한다. 선정된 장소의 현황을 파악하여 토지를 매입하고 지장이 되는 시설물을 철거하는 절차에 착

---

6) 문화체육관광부. 앞의 책. 30~31쪽.
7) 문화체육관광부. 앞의 책. 29쪽.

수해야 한다. 투자 가능한 예산의 범위 내에서 토지의 보상이나 임대료의 문제, 매입 시기 등을 면밀히 검토해야 한다. 토목공사가 필요한 경우 토목공사 계획은 도서관 건물의 배치 계획과 연계하여 부지 정지, 수돗물, 지하수 등 용수 사용, 도시가스, 오폐수 처리, 전기시설, 통신시설, 태양열 등 대체 에너지 활용 가능성과 관련한 제반 문제를 면밀히 검토해야 한다.

배치 계획에서는 친환경 문제와 관련하여 해당 지역이 갖는 자연환경과 인문환경을 감안, 환경의 훼손을 최소화하는 방향으로 계획해야 하며, 대지의 자연적 물 순환 상황을 파악하여 토사의 유입과 배수 막힘 등을 사전에 제거해야 한다. 주변의 숲과 나무, 공원 등의 환경을 훼손하지 않고 주변과 어울리는 쾌적한 환경을 조성할 수 있도록 계획해야 한다. 대중교통의 이용, 자전거 이용, 자가용 이용 등을 모두 고려하여 도서관으로 진입하기 편리하도록 입지 조성을 계획해야 한다.

8.1.3 도서관의 규모

도서관의 입지와 관련하여 규모의 문제도 면밀히 검토해야 한다. 지역의 봉사대상 인구밀도의 차이, 위치는 좋으나 부지 공간이 협소한 경우, 입지는 다소 불리하더라도 충분한 공간을 활용할 수 있는 경우 등 여러 가지 장단점을 가진 조건들이 있을 수 있기 때문이다. 법령에서 정한 도서관의 규모는 도서관법 시행령 제3조의 '도서관의 종류별 시설 및 도서관자료의 기준'에 제시되어 있다.

▍도서관의 종류별 시설 및 도서관자료의 기준(제3조 별표 1 〈개정 2009.9.21〉)

1. 공공도서관
가. 공립 공공도서관

봉사대상 인구 (명)	시설		도서관자료	
	건물면적 (제곱미터)	열람석 (좌석 수)	기본장서 (권)	연간증서 (권)
2만 미만	264 이상	60 이상	3,000 이상	300 이상
2만 이상 5만 미만	660 이상	150 이상	6,000 이상	600 이상
5만 이상 10만 미만	990 이상	200 이상	15,000 이상	1,500 이상
10만 이상 30만 미만	1,650 이상	350 이상	30,000 이상	3,000 이상
30만 이상 50만 미만	3,300 이상	800 이상	90,000 이상	9,000 이상
50만 이상	4,950 이상	1,200 이상	150,000 이상	15,000 이상

〈비고〉
1. "봉사대상 인구"란 도서관이 설치되는 해당 시(구가 설치된 시는 제외하며, 도농복합형태의 시에 있어서는 동(洞)지역에만 해당한다)·구(도농복합형태의 시에 있어서는 동(洞)지역에만 해당한다)·읍·면지역의 인구를 말한다.
2. 봉사대상 인구가 2만 명 이상인 공립 공공도서관에는 열람실 외에 참고열람실·연속간행물실·시청각실·회의실·사무실 및 자료비치시설 등의 시설을 갖추어야 한다.
3. 전체 열람석의 20퍼센트 이상은 어린이를 위한 열람석으로 하여야 하고, 전체 열람석의 10퍼센트 범위의 열람석에는 노인과 장애인의 열람을 위한 편의시설을 갖추어야 한다.
4. 공립 공공도서관에는 기본장서 외에 다음 각 목에서 정하는 자료를 갖추어야 한다.
   가. 봉사대상 인구 1천 명당 1종 이상의 연속간행물
   나. 봉사대상 인구 1천 명당 10종 이상의 시청각자료를 갖추되, 해마다 봉사대상 인구 1천 명당 1종 이상의 시청각자료를 증대할 것
   다. 그 밖의 향토자료·전자자료 및 행정자료

나. 사립 공공도서관

가목에 따른 공립 공공도서관의 시설 기준 중 봉사대상 인구가 2만 명 미만인 지역의 도서관이 갖추어야 하는 시설을 갖추어야 한다.

다. 작은도서관

시설		도서관자료
건물면적	열람석	
33제곱미터 이상	6석 이상	1,000권 이상

비고: 건물면적에 현관·휴게실·복도·화장실 및 식당 등의 면적은 포함되지 아니한다.

라. 장애인도서관(시각장애인의 이용을 주된 목적으로 하는 경우에만 해당한다)

시설		도서관자료	
건물면적	기계·기구	장서	녹음테이프
면적: 66제곱미터 이상 자료열람실 및 서고의 면적: 면적의 45퍼센트 이상	1. 점자제판기 1대 이상 2. 점자인쇄기 1대 이상 3. 점자타자기 1대 이상 4. 녹음기 4대 이상	1,500권 이상	500점 이상

비고: 건물면적에는 현관·휴게실·복도·화장실 및 식당 등의 면적은 포함하지 아니한다.

그러나 법령에 의한 규모의 기준은 어디까지나 최소기준이기 때문에 미래의 변화에 대비하기 위해서는 법령기준에 정확하게 맞추기보다는 다음과 같은 사항들을 고려하여 적어도 30년 앞을 내다보고 규모를 넉넉하게 책정하는 것이 바람직하다.

- 미래의 도서관 건물 확장공사 및 증개축.
- 녹지, 조경 등 자연 친화 환경 조성.
- 차량 증가에 대비한 주차 공간 확보.
- 지형에 따른 건축 및 조경, 예를 들면, 언덕에 위치하는 경우의 지형지물의 활용.

한편 대학도서관의 규모 문제는 법령에서는 규정하지 않고 있다. 이는 대학은 규모나 환경이 대학마다 다르며 대학의 규모와 사정에 따라 도서관의 규모가 결정될 수 있기 때문이다. 한국도서관기준의 대학도서관 기준에서는 "대학도서관 건물 규모는 현실적 경제성과 미래의 확장성을, 공간배치는 규모의 적절성과 기능의 상호작용성을, 동선계획은 업무처리의 효율성과 자료접근의 편의성을 극대화하는 방향으로 수립되어야 하며, 가구 및 정보기기는 기능성, 연계성, 가변성, 견고성을, 조경계획은 보존성, 순응성, 환경친화성을 고려하여 결정하여야 한다."고 포괄적으로 규정하고 있다.[8]

한편 윤희윤 교수는 대학도서관의 신축건물은 건물의 가로 세로는 장방형, 즉 직사각형으로 설계하는 것이 바람직하고, 층수는 지상 5층 이하로 설계하는 것이 좋으며, 지상 5층 이상으로 건축할 경우에는 반드시 내진설계(지진 대비 설계)를 해야 하며, 지하와 지상의 비율은 1 : 2로 구성하는 것이 바람직하고, 부지는 평지가 바람직하며, 출입구 좌우는 경사가 심하지 않아야 한다. 미래의 건물 증축에 대비하여 수직증축보다는 수평적 확장이 가능하도록 하는 것이 미래 공간 확충에 유리하다고 설명하고 있다.[9]

---

8) 한국도서관협회. 앞의 책. 129쪽.
9) 윤희윤. 앞의 책. 299~230쪽.

8.2 도서관의 공간관리

8.2.1 건축계획

도서관의 건축계획에서는 먼저 해당지역 도서관의 목적과 기능에 적합한 건물이 되도록 건축의 개념을 설정해야 한다. 도서관의 설립 목적, 도서관의 성격, 입지조건, 시설 운영 프로그램 등을 고려하고, 국내외 사례를 다각적으로 수집, 분석하여 위치와 지형에 따른 건물의 외형 디자인, 내부와 외부의 공간체계, 이용자, 직원, 물품운반 동선 등을 계획 초기에 설계하여야 한다.

이를 위해 도서관의 업무기능을 면밀히 분석하여 업무수행의 흐름이 원활하도록 해야 한다. 도서관의 업무기능은 수서, 정리, 열람, 연구, 교육, 학습, 세미나, 강의, 강연, 프로그램 제작, 안내 홍보, 고객출입관리, 경비 보안관리, 사무관리, 회의, 휴식 등으로 세분할 수 있다. 먼저 수서기능에는 장서개발 정책의 시행에 따른 자료의 반입, 검수, 반출 등에 편리하도록 설계해야 한다. 수서에는 책의 운반 등이 수반되므로 자료의 반입 반출이 편리한 도서관의 1층 또는 화물용 엘리베이터와 가까운 곳에 배치하는 것이 바람직하다. 정리는 수서와 연결되는 기능으로 장서의 실물과 목록을 분류·정리·기록·입력하고 운반 및 배가에 편리하도록 해야 한다. 열람기능으로는 이용자가 자료를 검색하고 열람하기에 편리해야 하며, 학습·연구를 위한 조용한 개인 공간을 고려하고, 세미나·강의·강연 등의 집단 소통 공간, 프로그램 제작을 위한 스튜디오, 안내·홍보 등 고객 응대 공간, 고객출입관리, 경비보안관리, 사무관리, 회의실, 휴게실 등 제반 기능을 고려한 공간을 고려해야 한다. 동선체계에 있어서는 동선이 서로 교차되는 것을 방지하되 고객동선, 직원동선, 자료동선, 주차동선으로 구분하여 세밀하게 설계하여야 한다. 문화체육관광부의 『도서관 설립·운영전략

매뉴얼』에서 제시한 도서관의 동선체계를 요약하면 다음과 같다.[10)

동선 체계

구 분	동선 고려사항
고객동선	주접근로, 진입, 서비스 데스크, 자료실, 열람 공간, 교육 공간, 출구
직원동선	주출입구, 별도 출입구, 자료수납공간, 정리 공간, 사무 공간, 출구
자료동선	반입반출을 위한 출입구, 수서, 정리, 배치, 폐기 출구
주차동선	직원주차장, 고객주차장 별도, 실내 지하주차장, 옥외주차장

※ 위 표는 문화체육관광부, 2008, 『도서관 설립·운영전략 매뉴얼』 29쪽의 〈표3-4〉동선체계별 유형을 요약한 것임.

█기술적 고려

　도서관 건축설계에서 기술적으로 고려할 가장 중요한 문제는 건축구조의 내구성과 안전성이다. 건물의 구조가 물리 역학적으로 안정적이어야 하며 지진, 폭우, 폭설 등 자연재해 및 화재, 수재에도 피해를 최소화할 수 있도록 설계되어야 한다. 이를 위해서는 건축구조와 상하수도 배관설계, 전기 및 가스 등 에너지 이용 설비, 소방 설비 등의 배치, 건축자재와 마감재 등에서도 건축전문가에 의한 최선의 선택이 이루어져야 한다. 특히 도서관은 많은 장서를 보존 열람하는 공간이므로 무게 하중을 우선적으로 고려해야 한다. 건축물의 구조기준 등에 관한 규칙 제8조 및 9조의 규정에 의한 건축물의 설계하중을 준수하여야 한다.

---

10) 문화체육관광부. 앞의 책. 33쪽.

■ 건축물의 구조기준 등에 관한 규칙

제2절 설계하중 〈개정 2009.12.31〉

제8조(적용범위) ① 건축물에 작용하는 각종 설계하중의 산정은 이 절의 규정에 의한다. 〈개정 2009.12.31〉

② 건축물이 건축되는 지역, 건축물의 용도 그 밖의 환경 등의 실제의 하중조건에 대한 조사분석에 의하여 설계하중을 산정할 때에는 이 절의 규정을 적용하지 아니할 수 있다. 이 경우 그 산정근거를 명시하여야 한다. 〈개정 2009.12.31〉

제9조(설계하중) ① 건축물의 구조설계에 적용되는 설계하중은 다음 각 호와 같다. 〈개정 2009.12.31〉

1. 고정하중
2. 적재하중(활하중)

2의2. 지붕적재하중(지붕활하중)

3. 적설하중
4. 풍하중
5. 지진하중
6. 토압 및 지하수압
7. 삭제 〈2009.12.31〉
8. 유체압 및 용기내용물하중
9. 운반설비 및 부속장치 하중
10. 그 밖의 하중

② 제1항에 따른 설계하중의 산정기준 및 방법은 「건축구조기준」에서

정하는 바에 의한다. 〈개정 2009.12.31〉

③ 건축물의 구조설계를 할 때에는 제1항 각 호의 하중과 이들의 조합
에 따른 영향을 건축물의 실제 상태에 따라 고려하여야 한다. 〈개정
2009.12.31〉

[제목개정 2009.12.31]

다음은 문화체육관광부의『도서관 설립·운영전략 매뉴얼』에 있는
도서관의 하중기준이다.[11)

도서관의 하중

종류	건축물의 부분	적재하중(Kg/m2)
도서관	열람실과 해당 복도	300
	개가서고	750
	보존서고	1,000
	밀집서가, 자동서고	1,500

8.2.2 시설 배치와 공간구성

도서관의 공간 구성은 크게 자료열람 공간, 평생교육문화 공간, 업
무관리 공간, 공용 및 휴게 복지공간으로 구분할 수 있다. 도서관의
각 구획은 교육, 연구, 사무관리, 정리, 회의 등을 위한 공간을 제외하
고는 벽으로 구획을 하는 것 보다는 영역별로 구분하여 탁 트인 열린
공간으로 구성하여 관리하는 것이 직원과 고객관리에 편리하다.

---

11) 문화체육관광부. 앞의 책. 34쪽.

■ 공공도서관의 시설기준

『한국도서관기준』의 공공도서관 시설기준의 주요사항을 요약하면 다음과 같다.[12)]

- 지역 대표도서관은 광역자치단체의 공동 보존서고를 운영하여야 하므로 연 면적의 30% 이상을 보존공간으로 확보하는 것이 바람직하다.

- 공공도서관 순 사용 면적은 공간의 기능성과 운영의 정체성을 감안하여 최소한 75%가 되어야 한다.

- 공공도서관의 정보활용교육 및 검색용 단말기의 경우, 서비스 대상 인구가 5만 명 이하일 때는 2,500명당 1대 이상을 확보하고, 5만 명을 초과할 때는 그 초과하는 5만 명 당 1대 이상을 추가로 확보하여야 한다.

- 공공도서관은 자료 공간, 이용자 공간, 직원 공간, 공유 공간 등으로 구분하여 계획한다. 공공도서관의 중앙관과 분관 면적비율은 다음과 같다.

공간요소	중앙관	분관
자료공간	45%	40%
이용자 공간	20%	30%
직원공간	15%	10%
공유공간	20%	20%

- 공공도서관의 직원 1인당 면적은 업무 특성과 직급 및 도서관 규모를 감안하여 평균 10㎡가 적절하다.

---

12) 한국도서관협회. 앞의 책. 40~46쪽.

■ 공공도서관의 개가제 자료실은 수장 공간을 65%이하로 배정하고, 폐가제 서고는 서가 점유율의 20% 이상에 상당하는 여유 공간을 확보하여야 한다.

■ 공공도서관의 컴퓨터 워크스테이션은 의자와 VDT(visual display terminal)는 각각의 중심부가 직선상에 놓이도록 배치하고, 눈과 VDT의 거리는 45~66cm 정도를 유지하고 화면은 휘광의 최소화를 위하여 조명등이나 채광창과 직각을 형성하도록 배치하고, 화면의 입사 조도는 100~500룩스(고령자는 200~500룩스), 주변(키보드, 서류면)의 수평면 조도는 500~1,000룩스를 유지하여야 하며 키보드의 높이는 테이블에서 5~6cm 이하를, 경사각도는 7~11°를 유지하여야 한다.

■ 공공도서관의 자료 및 이용자 공간에는 직접조명을 설치하고 업무수행 및 컴퓨터 워크스테이션 공간에는 중간조명을 선택하되 테이블 또는 좌석의 부분 조명으로 보광하는 방식으로, 공유공간에는 간접조명이 바람직하다.

■ 자료열람실 및 개가제 서고의 조도는 300~500룩스, 폐가제 서고는 100~200룩스를 유지하여야 한다.

■ 공공도서관의 모든 공간은 표준 온습도의 범위(온도 20±3도, 습도 50±10%)를 유지하여야 한다.

■ 공간별 소음 수준은 자료 수장 및 이용자 공간 30~35dB, 사무 공간 35~40dB, 집회실 및 회의실 35dB 이하, 기타 공간 40dB 내외를 유지하는 것이 바람직하다.

▌대학도서관의 시설기준

『한국도서관기준』의 공공도서관 시설기준의 주요사항을 요약하면 다음과 같다.13)

- 대학도서관 건물의 순사용면적 비율은 기능성과 공간운영의 경제성을 감안하여 최소한 75%를 공유면적 비율은 연 면적의 20% 정도가 적당하다.
- 대학도서관 건물의 공간요소별 배분기준은 다음과 같다.

공간요소	대학	전문대학	대학	전문대학
자료공간	30~35%	20~25%		
이용자 공간	40~45%	50~55%	일반열람실 20~22% 자료열람실 20~23%	일반열람실 25~27% 자료열람실 25~28%
직원공간	5%	5%		
공유공간	20%	20%		

- 대학도서관의 순자료공간은 서고 연면적의 65%를 넘지 않는 것이 바람직하다.
- 대학도서관 좌석 당 면적은 학부생 2㎡ 내외, 대학원생 2.8㎡가 적절하며, PC를 갖춘 캐럴(carrel)과 시청각 자료용 테이블은 좌석 당 3.5㎡가 적당하다.
- 대학도서관의 컴퓨터 워크스테이션은 의자와 VDT(visual display terminal)는 각각의 중심부가 직선상에 놓이도록 배치하고, 눈과 VDT의 거리는 45~66cm 정도를 유지하여야 하며, VDT의 최상단은 시력(편자 주: 시선을 시력으로 표기한 것 같음)과 수평을 유지하거나 약간 아래에 위치하는 것이 바람직하다. 화면은 휘광의 최소화를 위하여 조명등이나 채광창과 직각을 형성하도록 배치하고, 화면의 입사 조도는 100~500룩스(고령자는 200~500룩스)를, 주변(키보드, 서류면)의 수평면 조도는 500~1,000룩스를 유지하여야 하며

---

13) 한국도서관협회. 앞의 책. 130~133쪽.

키보드의 높이는 테이블에서 5~6cm 이하를, 경사각도는 7~11°를 유지하여야 한다.

■ 자료열람실 및 개가제 서고의 조도는 300~500룩스, 폐가제 서고는 100~200룩스를 유지하여야 한다.

■ 대학도서관의 모든 공간은 표준 온습도의 범위(온도 20±3도, 습도 50±10%)를 유지하여야 한다.

■ 공간별 소음 수준은 자료 수장 및 이용자 공간 30~35dB, 사무 공간 35~40dB, 집회실 및 회의실 35dB 이하, 기타 공간은 40dB 내외를 유지하는 것이 바람직하다.

공간구성에 따른 유의사항

자료열람공간

자료열람공간은 개방적어야 한다. 바닥은 요철이 없도록 하고, 중앙부에는 낮은 서가를 배치하여 자료의 위치를 쉽게 알 수 있도록 한다. 어린이실은 입구와 가까운 곳으로 햇빛이 잘 드는 남향에 배정하는 것이 관리를 위해 좋고, 디지털 자료실은 소음 등을 고려 별도의 층에 구획하여 배치한다. 일반자료실(편자 주: 성인자료실이라는 표현을 순화), 청소년자료실, 연속간행물실, 참고자료실, 고문서자료실, 향토자료실, 주제별자료실, 장애인자료실, 어린이자료실(유아자료실, 수유실 포함), 디지털 자료실 등 실별로 구획하여 관리하도록 해야 한다.

일반자료실

■ 일반자료실은 대표적인 자료열람공간으로서 대출 데스크와 서가, 열람 책상으로 구성한다.

■ 일반적으로 6단의 높은 서가도 좋으나 높은 서가는 벽면으로 배치하고 낮은 서가는 중앙으로 배치하여 고객들이 쉽게 자료를 식

별할 수 있도록 배치한다.

- 서가의 간격은 넓게 잡고, 서가의 아래 부분은 비스듬히 나오도록 하여 자료를 잘 보일 수 있게 한다.
- 서가의 배치는 일렬로 천편일률적으로 하기보다는 변화를 주어서 친근감이 있게 한다.
- 천장은 높게 하여 탁 트인 열린 공간이 되게 한다.

|| 연속간행물실
- 신문과 대중 잡지를 주로 비치하여 고객들이 뉴스나 생활정보를 가볍게 이용할 수 있도록 한다.
- 일반자료실과 인접한 곳에 배정하여 일반자료실 고객들이 왕래하며 이용할 수 있게 한다.
- 신문 등의 열람에는 넓은 면적이 소요되므로 공간을 여유 있게 확보해야 한다.

|| 어린이자료실
- 유아화장실, 수유실, 수면실 등 아기와 어린이를 위한 기본 편의시설을 갖추어야 한다.
- 어린이는 부모와 함께 오는 경우가 많으므로 일반열람실과 연계 배치하는 것이 좋다.
- 어린이자료실은 낮은 서가와 작은 서가로 배치하고, 밝고 친근한 장식을 하는 것이 좋다.
- 안내데스크에서 어린이실 전체가 보일 수 있도록 사서의 시야를 충분히 확보해야 한다.

|| 디지털 자료실
- 슬라이드, 영화, VCR, 인터넷 등 비도서 자료를 수집·보존 활용

하는 공간이다.

- 멀티미디어 컴퓨터는 사용자 1인당 1대씩 사용할 수 있도록 배치한다.
- 정보검색, 오디오·비디오시청, 문서작업 등을 할 수 있는 공간도 제공해야 한다.
- 이용자가 본인의 노트북을 가져와서 작업할 수 있는 공간도 배치해야 한다.
- 사서데스크에서 디지털 자료실 전체를 볼 수 있도록 시야를 충분히 확보해야 한다.

‖ 평생교육문화 공간

- 대규모 도서관의 경우 강당, 강의실, 세미나실, 연구실, 독서실 등은 별도로 배치하여 교육 및 학습에 활용할 수 있도록 해야 한다.
- 전시실은 별도 공간이 어려울 경우 도서관 입구 현관홀을 전시장으로 활용할 수 있다.
- 강당은 영화, 비디오, 슬라이드, 멀티비디오 자료를 상영하고, 음악 감상회, 강연회, 학술세미나, 강좌 등을 개최할 수 있는 100석 이상의 공간이 필요하며 좌석은 뒤에서도 잘 보일 수 있도록 극장식으로 배치한다.
- 평생교육공간은 자료실과 격리되어 자료열람에 영향을 주지 않으면서도 접근하기가 용이해야 한다.

‖ 업무관리 공간

- 업무관리 부분은 대출관리부분, 사무관리부분, 정리부분, 작업부분으로 나눌 수 있다.
- 대출관리부분은 1층 주 출입구 로비에서 통합 관리하는 것이 관리와 운영 측면에서 효율적이다.

- 수서 정리실은 대출데스크의 배후 가까이에 배치하면 직원들의 출입과 자료의 보급을 원활하게 수행할 수 있다. 정리 중인 책을 임시로 보관할 수 있는 서가 및 분류 정리를 위한 작업대를 마련하여야 한다.
- 대출데스크는 통행에 지장을 주지 않고 입구와 출구 및 독서 공간을 효율적으로 통제할 수 있는 위치에 배치한다.
- 대출데스크의 모양은 직원의 프라이버시를 감안, ㄴ 자형이나 ㄷ 자형으로 설계한다.
- 보존서고, 기계실, 보일러실, 전기실, 창고 등은 지하실에 배치한다.
- 관장실은 단독으로 배치하는 것이 직원들의 통솔과 위계질서를 위해 바람직하며 직원들과의 소통을 원활하게 하기 위해 사무실과 인접한 공간으로 배치하여야 한다. 관장실은 회의실을 겸하여 사용할 수 있다.
- 사무실은 행정업무와 정리 업무를 구분 배치할 수 있으나 소규모 도서관은 통합 사무실을 활용한다.
- 회의실은 직원회의 또는 휴게실로도 사용할 수 있도록 고려한다.
- 탈의실은 직원들의 출·퇴근 시 작업복 교체 착용 및 소지품들을 보관할 수 있는 공간을 확보하는 것이 좋다. 특히 유니폼을 착용하는 도서관에서는 탈의실이 필수적이다.
- 보존서고는 지하실에 설치하고 밀집서가와 냉·난방 설비를 갖추어야 자료의 훼손을 방지할 수 있다. 보존서고를 책의 창고로 여기기 쉽지만 서고는 책의 창고가 아니므로 보존을 위한 항온·항습 등 기본 시설을 갖추어야 한다.
- 이동도서관용 서고는 차고와 가까운 곳에 배치하여 자료의 반출입이 용이하도록 해야 한다.

‖ 공용 및 휴식 복지 공간

■ 공용부문의 소요공간은 도서관의 전체 규모에서 20%는 되어야 한다.

■ 도서관 입구는 휠체어 사용자를 포함하여 노인, 시각장애자들도 출입할 수 있도록 완만한 경사로를 설치하고 자동 개폐식의 출입문을 설치한다.

■ 도서관 입구에는 홍보물 게시, 안내, 신착자료 안내 등을 할 수 있는 깔끔한 게시공간과 소지품을 보관할 수 있는 사물함공간이 필요하다.

■ 분실물 보관함, 우산꽂이, 유모차 등을 둘 수 있는 공간이 필요하다.

■ 식수 및 음료수를 이용할 수 있고, 휴식을 취할 수 있는 휴게공간이 필요하다. 휴게실은 금연휴게실과 끽연휴게실로 구분하여 층마다 설치하는 것이 바람직하다.

8.2.3 시각표지물

도서관의 안내와 홍보 및 이용의 편의를 제공하기 위해서는 특색 있는 시각표지물을 체계적으로 설치하여야 한다. 규모가 큰 도서관은 사인시스템 디자인 전문가에게 의뢰하여 기능적이고 미학적인 사인시스템을 설치해야 한다. 실 번호 매김은 방향에 따라 순차적이고 일관성이 있게 하여야 한다. 시각표지물은 실, 층 등 공간인지표지물, 방향표지물, 서가표지물, 이용안내표지물 등이 있다.

■ 시각표지물은 도서관 건물 전체에 걸쳐 모양, 크기, 글꼴 등에 일관성이 있어야 한다.

■ 그림글자(픽토그래프)를 사용할 경우에는 글자를 함께 표시하는 것이 좋다.

- 서가에 부착하는 표지물의 크기는 서가와 조화되어야 한다.
- 시각표지물의 색과 재료는 다른 배경 요소와 조화되어야 한다.

1. 도서관 입지 선정의 중요성을 설명하시오.

2. 공공도서관 입지조건 선정의 유의점을 설명하시오.

3. 대학도서관 입지조건 선정의 유의점을 설명하시오.

4. 도서관 입지 환경평가의 주요 요소를 설명하시오.

5. 도서관 입지 조성계획시 유의사항을 설명하시오.

6. 도서관 건축 및 공간관리에서 특히 고려할 사항을 건물안전 및 동선체계로 구분하여 설명하시오.

7. 도서관 시각표시물 디자인 및 배치의 유의사항을 설명하시오.

제9장 도서관의 예산관리

9.1 예산의 성격

9.1.1 예산의 개념

공공기관 예산의 원천은 국가예산이다. 국가예산은 1년간의 국가의 세입·세출의 예정계획을 정한 것으로 국회의 의결로 성립되는 법규범의 일종이다. 대한민국 헌법 제54조 제1항은 "국회는 국가의 예산안을 심의·확정한다."고 하여 국회의 예산안 심의 확정권, 즉 예산안 의결권을 규정하고 있다. 예산 결정은 법률의 형식으로 의결하는 '예산법률주의'와 법률과는 다른 특수한 형식으로 의결하는 '예산승인주의'가 있다. 미국, 영국, 독일, 프랑스 등 다수 국가는 예산법률주의에 속하고, 일본, 스위스, 대한민국은 예산승인주의에 속한다. 대한민국 헌법은 제53조의 법률안 의결권과는 별도로 제54조에서 예산안 심의 의결권을 규정하여 법률과 예산의 형식을 구별하고 있다.

예산과 법률의 형식이 구별되어 있는 경우에는 예산의 성질이 법규범인가 아닌가가 문제된다. 법규범설은 예산을 법규범의 일종이라고 본다. 이에 대하여 법규범 부인설, 즉 승인설은 예산을 법규범의 일종이 아니라 정부의 세출에 대하여 국회가 의결로써 행하는 승인행위라고 본다. 그러나 예산은 단순히 세입·세출을 나열한 견적표가 아니라 정부가 수행하는 재정 행위를 구속하는 하나의 준칙이라 할수 있다. 세입에 관해서는 재원과 시기를 한정하는 것이고, 세출에 관해서는 시기, 목적, 금액 등을 한정하는 것이므로 법규범의 일종이라는 것이 통설이다.

공공도서관의 예산 역시 국가 및 지방자치단체 예산에 포함되어 있고, 지방자치단체의 예산은 지방의회의 예산안 심의 및 승인 절차를 거쳐 확정된다. 따라서 공공도서관의 예산은 자치단체의 조례와 동일한 효력을 갖는 것으로 보는 것이 타탕하다. 형식상으로 조례처럼 조문형식을 갖추지는 않지만 조례와 동일하게 지방의회의 심의와 의결을 거치고, 세입과 세출에 관해 지방행정기관의 행정행위를 구속한다는 점에서 조례와 동일한 법적 효력을 갖는다.

예산은 조직의 목표나 기타 업무를 비용적인 측면으로 나타낸 재정적인 계획이며 제어, 조정, 커뮤니케이션 및 결과 평가와 동기부여에 이용되는 가장 중요한 도구로써 도서관 프로그램과 그 유효성을 측정하기 위한 최선의 통제장치라 할 수 있다. 예산은 계획기능, 재정적 통제와 조정기능, 커뮤니케이션기능, 성과평가기능, 동기부여기능, 정치, 경제적 기능, 법적 기능 등을 갖는다.

9.1.2 예산의 원칙

지방자치단체의 예산원칙은 지방자치법의 관련 규정과 예산일반의 원칙이 종합적으로 적용된다. 다음은 행정안전부의 "2011년도 예산편성 운영기준 및 기금운용계획 수립기준"에서 제시한 예산의 원칙을 정리한 것이다.[1]

---

1) 행정안전부. 2010. 『2011년도 예산편성 운영기준 및 기금운용계획 수립기준』.
294~296쪽.

▌공개의 원칙

공개의 원칙은 지역주민의 알권리의 보호, 집행부 독주의 방지, 정보의 공급, 주민의 조세 저항의 최소화와 지역주민의 지지확보를 그 목적으로 한다. 지방의회의 의장은 예산안이 의결된 때에는 3일 이내에 이를 당해 지방자치단체의 장에게 이송토록 하고 있으며, 지방자치단체의 장은 지체 없이 그 내용을 고시하도록 하고 있다(지방자치법 제133조). 지방자치단체의 장은 결산의 경우도 지방의회의 승인을 얻어야 하며 그 내용을 고시하도록 함으로써 예산·결산을 공개하도록 규정(지방자치법 제133조, 제134조)하고 있다. 또한 조례가 정하는 바에 의하여 예산·결산내용을 매 회계연도마다 1회 이상 ①세입·세출예산의 집행상황 ②발생주의와 복식부기에 의한 채무보고서 ③지방채 및 일시차입금 등 채무액 현재액 ④채권관리현황 ⑤기금운용현황 ⑥공유재산의 증감 및 현재액 ⑦통합재정정보 ⑧기타 재정운영에 관한 중요사항을 주민에게 공시하여야 한다(지방재정법 제60조).

▌회계연도 독립의 원칙

회계연도 독립의 원칙이란 각 회계연도의 경비는 당해 연도의 세입으로 충당해야 하며, 매 회계연도의 세출예산은 다음연도에 사용할 수 없다는 원칙이다(지방재정법 제7조). 회계연도란 재정활동의 시간적 구분으로서 지방자치단체가 세입·세출의 상황을 명확히 하고 재정을 적절히 통제하기 위해 설정한 기간으로 1년(1월 1일~12월 31일)을 단위로 하고 있다(지방자치법 제125조). 또 예산운영상 신축성을 유지하기 위한 회계연도독립 원칙의 예외로 계속비, 예산의 이월, 세계잉여금의 세입이입, 과년도수입, 과년도 지출 등이 있다.

▌건전재정 운영의 원칙

지방자치단체의 재정은 수지균형의 원칙에 따라 건전하게 운영하

여야 한다는 원칙이다(지방자치법 제122조). 따라서 지방재정은 적자재
정을 인정하지 않고 있으나 이에 대한 예외로는 지방채, 차입금 등을
허용하고 있다.

▌예산의 목적 외 사용금지 원칙

지방자치단체장은 세출예산에서 정한 목적 이외의 경비를 사용할
수 없고 세출예산이 정한 각 기관간이나 분야·부문·정책사업 간에
융통하여 사용할 수 없다. 이에 대한 예외로는 예산의 이용·전용·이
체 등이 있다.

▌예산총계주의 원칙

한 회계연도의 모든 수입은 세입으로 하고 모든 지출은 세출로 하
며, 세입과 세출은 모두 예산에 편입되어야 한다(지방재정법 제34조 제1
항). 이에 대한 예외로 자치단체의 행정목적달성을 위하여 또는 공익
상 필요에 의하여 재산을 보유하거나 특정한 자금의 운용을 위하여
기금을 운영하는 경우와 기타 손실부담금, 계약보증금 등 사무 관리
상 필요에 의하여 자치단체가 일시 보관하는 경비 등이 있다.

▌예산 사전 의결의 원칙

예산은 예정적 계획이기 때문에 회계연도가 개시되기 전에 지방의
회의 의결을 거쳐야 한다는 원칙이다(지방의회가 의결을 하기 전에는 예산
이 확정된 것이 아님).

▌예산 한정성의 원칙

예산은 연도 간, 분야·부문·정책사업간에 각기 명백한 한계가 있어
야 한다는 원칙으로 예산의 목적 외 사용금지, 분야·부문·정책사업
간의 상호융통·이용의 금지, 예산의 초과지출 및 예산외 지출의 금지,

회계연도의 독립 등을 포함한다. 예산 한정성의 원칙이 보장되지 않으면 예산의 실질적인 의미가 상실되며 집행부의 재량권이 지나치게 확대되어 지방의회의 예산 심의권이 침해받게 된다.

█ 예산 사전절차 이행의 원칙

예산은 법령, 조례와 밀접한 관련을 갖고 있으므로 예산과 관련된 법령과 조례는 반드시 사전에 제정된 후에 예산을 의결하여야 하며, 중앙정부 또는 상급자치단체의 승인을 받아야 하는 사항은 승인절차를 이행하고 예산을 편성, 의회에 제출하여야 한다. 각종 위원회나 관련부서의 협의를 거쳐야 하는 사안에 대해서도 반드시 사전절차를 이행한 후에 예산을 편성하여야 한다. 예산 사전절차 이행의 원칙이 지켜지지 않았을 경우에는 그 예산은 편성하였으나 집행하지 못하고 예산을 사장시키는 결과가 되어 재원 배분의 왜곡을 초래하게 된다.

9.2 예산 편성의 주체

≡ 예산절차

예산은 편성, 심의, 의결, 집행, 결산 등의 절차를 갖는다. 예산의 편성은 행정부의 고유권한으로 대한민국의 경우 기획재정부에서 주관한다. 각 정부기관에서 제출한 예산요구서를 토대로 각 부처 간의 협의와 의견조정 등을 통해 기획재정부가 예산안을 만들면 국무회의의 의결과 대통령의 승인으로 국회에 제출할 예산안이 확정된다. 회계 연도 개시 90일 전까지 국회에 제출된 예산안은 각 상임위원회, 예산결산특별위원회 등의 심의조정을 거쳐 본회의의 의결로 확정되며 확정된 예산은 법률적 효력을 갖는다. 정부는 확정된 예산과 월별자금계획 등을 토대로 구체적인 예산배정계획을 만들고 이에 따라 예산을 실제로 집행하게 된다. 특히 예산항목간의 이용이나 전용, 그리고 회계기간의 이월 등은 모두 규제의 대상이 되고 있다. 회계기간이 끝나면 각 정부기관이 제출하는 세입·세출 결산 보고서를 근거로 기획예산처가 결산 보고서를 작성하며 국무회의의 심의와 대통령의 승인으로 이를 확정하여 감사원에 제출한다. 감사원의 검사를 마친 세입 세출 결산보고서는 다음 회계 연도 120일 전까지 국회에 제출되어야 한다. 결산은 예산과는 달리 그 자체가 구속력을 갖는 것은 아니며 그것이 정당하다고 인정될 경우 예산에 의해서 정부에 부과된 책임이 해지된다는 의미를 갖는다(다음백과사전).

예산은 어느 기관에서나 기획관리 업무를 담당하는 부서의 장이 편성하는 것으로 생각하기 쉽다. 그러나 실제로는 모든 부서의 직원들이 예산의 기초를 짜는 것이다. 어느 분야이건 업무를 계획하고 실행하는 사람은 실무직원들이기 때문에 단순 일용직 근로자를 제외하면 예산편성 작업에 예외가 되는 조직 구성원은 존재하지 않는다. 따라서 신입직원이라도 본인의 업무계획과 예산을 연계하여 예산편성을 위한 데이터를 충실히 확보하는 작업을 지속해야 한다. 도서관 역시 예산편성 작업은 관장을 비롯한 전 직원이 참여한다. 그러나 도서관이라는 특성상 예산편성의 주체는 사서들이며 기획담당부서와 도서관장은 예산의 전체적인 종합조정 및 편성 책임을 맡는다.

예산은 도서관의 목적 달성을 위한 계획 도구이므로 정치적 성향을 띤다. 신년도 예산은 전년도 예산에 바탕을 두고 편성되므로 예산신청의 기준도 전년도 예산의 연장선에서 정해진다. 따라서 예산의 변동사유를 명확히 파악, 제시할 필요가 있다. 갑자기 더 많은 사업을 추가하여 예산을 증액 신청하면 그 예산은 승인을 받기 어렵다. 실질적인 예산증가요인을 설득력 있는 설명 자료를 갖추어 신청해야 한다. 도서관장은 예산신청 시에 예산 증액의 필요성에 대한 분명한 근거자료들을 제시해야 한다. 건물 증축이나 RFID도입과 같은 새로운 계획업무는 반복적으로 신청해야 승인 받을 가능성이 있다. 전년도 예산심의에서 삭감된 것이라도 꼭 필요하다고 판단되는 사업은 다음 년도 예산에 다시 신청해야 하며 도서관의 목적과 서비스 개선에 꼭 필요하다고 판단되는 계획은 예산이 승인이 관철될 때까지 몇 번이고 신청하고 설득력 있게 설명하여야 한다. 예산은 부서의 목적과 목표에 따라 증액될 수 있다. 예산 신청의 정당성의 근거는 부서의 목적과 목표이며 관리자는 이미 설정되어 있는 부서목표를 기초로 하여 예산을 신청해야 한다.

9.3 예산편성기법

9.3.1 품목별 예산(line-item budgeting)

품목별 예산은 가장 전통적인 예산형식으로 공공기관에서도 주로 품목별 예산을 채택하고 있다. 품목별 예산은 상식적이고 간단한 편이어서 경험이 없는 사람도 산출근거를 계산하여 쉽게 작성할 수 있다. 품목별 예산에는 예산금액이 다음과 〈사례〉와 같이 품목별로 나열된다. 이러한 수치는 프로그램이나 서비스에 기초한 것이 아니라 전년도의 실적에 기초한 것이다. 이 방법은 예산이 적정하게 집행되는지 또는 과다, 과소 집행되는지 등 자금의 지출상황을 쉽게 알 수 있다. 또 물가상승을 고려하여 다음 연도의 소요금액을 쉽게 추정할

수 있다. 품목예산은 예산의 삭감 및 증액도 쉽게 알 수 있다. 그러나
예산의 감액이 전체 운영에 어떤 영향을 미치는지는 파악하기 어렵
다. 또한 도서관의 목적 달성 여부도 나타나지 않는다. 품목별 예산의
특징은 다음과 같다.

- 기존의 프로그램은 양호하며, 필수적이라고 가정한다.
- 기존 수치에 더해 가는 적립식, 증분식 예산기법이다.
- 도서관에서 예산편성 방법으로 가장 많이 사용되고 있다.
- 서비스에 대한 평가나 미래성과에 대한 예측이 불필요하다.
- 장점은 예산 준비가 용이하고 이해나 정당화가 쉽다는 점이다.
- 단점은 항목 간 융통성이 없고, 예산과 조직의 목표가 직접 연결
  되지 않아 도서관 업무나 활동에 대한 평가 및 미래에 대한 방향
  을 제시하기 어렵다는 점이다.

<사례> 00도서관 2014년도 예산

비 목	2014	2013	증 감	비 고
00도서관 운영	2,227,078	1,364,228	862,850	
■ 도서관 운영	1,585,738	794,188	791,550	
기간제근로자등보수	12,318	1,706	10,558	
사무관리비	124,630	101,336	25,592	
공공운영비	165,030	161,632	3,398	
행사운영비	10,340	11,440	−1,100	
여비	5,000	0	5,000	
업무추진비	3,000	2,000	1,000	
직무수행경비	11,440	0	11,440	
연구개발비	25,000	25,000	0	
행사실비보상금	76,100	59,000	17,100	
민간위탁금	10,800	10,800	0	

시설비 및 부대비	881,000	86,500	794,500	건물증축
자산 및 물품취득비	99,600	103,200	−3,600	
도서구입비	161,520	231,520	−70,000	전체예산의 4.8%
■ 작은도서관 운영	59,000	23,000	36,000	
민간경상보조	32,000	2,000	30,000	
민간자본보조	27,000	21,000	6,000	
■ 어린이도서관 운영	420,000	470,000	−50,000	
■ 개관시간연장운영	77,040	77,040	0	
■ 작은도서관 조성지원	51.300	0	51,300	
■ 아기와 함께하는 책 놀이	34,000	0	34,000	
인력운영비	1,121,863	1,210,774	−88,911	전체예산의 33.5%
■ 인력운영비	1,038,053	1,128,245	−90,192	
■ 기본경비	83,810	82,529	1,281	
합 계	3,348,941	2,575,002	773,939	전년대비 33% 증가

9.3.2 총괄예산(lump-sum budget)

총괄예산은 품목별 예산의 변형으로 품목 구분 없이 일정금액을 도서관에 할당하면 도서관 경영자가 재량권을 가지고 세부적인 품목을 할당하는 방법이다. 총괄예산은 규모가 작은 기업체 정보자료실, 학교도서관 등에서 주로 활용되고 있다. 총괄예산은 도서관 경영자가 예산의 집행권을 최대한 발휘할 수 있다는 장점이 있다. 그러나 예산의 집행과 성과를 연계시키지 않기 때문에 예산이 평가기능을 발휘하지 못한다는 단점이 있다.

9.3.3 공식예산(formula budgeting)

공식예산은 이미 합의 결정된 공식에 따라 기계적으로 전체 예산의 일정률을 배정하는 방법이다. 예산을 공식에 대입하여 산출하므로 작성이 용이하고, 요청 자금의 정당화가 명백하며, 관할기관 간 동일 공식 적용으로 형평성에 대한 잡음을 방지할 수 있다. 또한 예산편성 및 계획수립에 대하여 별도로 기술하거나 설명할 필요가 거의 없으며, 기관 간 연도별 비교도 쉽다. 공식 예산은 수학적 방법에 따르기 때문에 서류작업이 간편하고, 조직적이고 목표지향적인 재원 편성에 도움이 된다. 그러나 단점은 공식과 관계가 없는 비용을 정당화하기 어렵고, 업무의 질적인 조건도 양적인 것으로 밖에 지정할 수 없다는 한계가 있다.

9.3.4 프로그램별 예산(program budget)

프로그램별 예산은 도서관이 제공하는 프로그램에 자금이 할당되도록 프로그램별로 예산을 편성하는 방법이다. 이는 조직 활동의 기능에 근거하여 단위업무에 대한 비용을 산출하고 각 프로그램에 소요되는 비용과 조직 목표를 결부시키는 예산편성 방법이다. 이 방법의 장점은 다양한 조직 목표들에 대하여 비용측정이 가능하며, 자금지원의 필요성을 효과적으로 설명할 수 있다는 점이다. 그러나 단점으로는 목표의 불명확성, 단위비용 산출의 어려움 등으로 활용이 쉽지 않다는 점이다.

9.3.5 성과별 예산(performance budgeting)

성과별 예산은 예산집행의 효율성을 제고하기 위하여 활동에 대한 성과를 기준으로 예산을 편성하는 방법이다. 이는 도서관이 수행하는 각각의 사업이 어떤 성과를 낼 것인가에 초점을 둔다. 예를 들면 정보봉사 한 건(件)에 소요되는 단위업무의 비용을 산출하고 이를 기초로 하여 예산을 편성하는 것이다. 이렇게 하면 품목별 예산을 이용할 때보다 업무수행에 소요되는 비용을 정확히 산출할 수 있어 예산통제에 능률을 기할 수 있다. 이 제도는 각각의 사업마다 가능한 한 업무단위를 측정하여 양적으로 표시하며 예산집행의 성과를 측정·분석·평가함으로써 효과적인 재정 통제를 가능하게 해 준다. 성과별 예산을 작성하기 위해서는 먼저 예산과목을 세부업무로 범주화하여 원가를 산출하여야 하며 업무량에 단위당 원가를 곱하여 예산액을 산출하게 된다.

이 방법의 장점은 비용효과 측정이 가능하므로 예산의 평가기능을 최대한 활용할 수 있다는 점이다. 단점은 원가산출 등 예산산출을 위한 준비기간이 오래 걸리며 인력소모가 많고 도서관 서비스 측면보다 경제 논리에 치중되기 쉬워 질적인 측면보다는 양적 측면에서 성과를 측정할 수밖에 없다는 점이다.

9.3.6 계획예산(planning programming budgeting system)

계획예산제도(PPBS)는 1960년대에 미 국방성에서 개발된 것으로, 장기적인 계획과 단기적인 예산편성을 유기적으로 결합시킴으로써 자원배분에 관한 의사결정을 합리적으로 일관성 있게 행하려는 예산제도로서 과정을 통하여 프로그램의 산출을 측정하기 위한 것이다. 이 예산의 과정은 다음과 같다.[2]

---

2) Adele M. Fasick.. 이종권·노동조 역. 2010. 『어린이도서관 서비스경영』. 216~220쪽.

- 광범위한 목적 및 계획을 개발하고 이를 기술한다.
- 단기목표를 개발하고 계량 가능한 방법으로 기술한다.
- 필요한 사실 아이템들을 모은다.
- 우선순위를 설정한다.
- 현행 프로그램의 필요성과 효과를 재검토 평가한다.
- 새로운 대안 프로그램을 검토, 가장 효과적인 안을 선택한다.
- 프로그램을 시행하고 정기적으로 점검한다.
- 프로그램이 목표를 달성하는지 평가한다.

계획예산은 전체적인 예산시스템으로 활용하기는 어렵다. 이는 프로그램들을 식별하여 평가하기가 어렵기 때문이다. 이 방식은 생산품이 아닌 서비스를 다루는 공공기관에서는 잘 적용되지 않는다. 도서관의 프로그램 성과를 측정할 경우 대출 및 수서 통계 등 가시적인 것으로 치우치게 되는데 이는 프로그램 성과를 측정하는 좋은 방법이 될 수 없다. 공공도서관 예산은 측정된 산출물에만 근거하여 결정할 수 없으며 여러 가지 정책적 목적을 반영하여야 한다. 이러한 난점에도 불구하고 계획예산은 품목예산에 비해 예산에 대한 분석적인 접근방법을 제시해주고 있다. 따라서 전체적인 도서관 프로그램에서 부분적으로 활용한다면 계획과 예산집행을 더욱 효과적으로 연결시킬 수 있는 방법이다.

9.3.7 영기준예산(zero base budget)

영기준예산은 전년도 실적을 바탕으로 하는 것이 아니라 내년도에 요구되는 프로그램을 바탕으로 한다. 다시 말하면 각 년도는 영(zero)에서부터 출발한다(제로상태에서 출발한다기보다는 모든 프로그램에 대한 실질적 평가를 의미함). 이 예산은 도서관 서비스의 모든 측면을 검토하고 그 과업들을 기초로 하여 편성된다. 예산편성 부서는 먼저 업무패키지를 개발하고 업무 활동들을 나열하고 분석한 다음 한 가지 이상의 업무패키지로 분류하여 넣는 것이다. 이 업무패키지는 일정 수준의 서비스, 활동 및 프로그램을 달성하기 위한 자금 배분 신청의 단위이다.

- 결정된 업무패키지를 서열화한다. 이는 우선순위를 정하는 것이다.
- 자원을 배분한다. 일정한 순위 이하의 업무패키지에는 자원을 배분하지 않는다.

영기준예산의 장점은 각 프로그램을 면밀하게 검토할 수 있다는 것이다. 전년도 예산이 인정되는 것은 아무것도 없다. 전통적인 예산이 전년도 예산수준 이상을 유지하는 데 반하여 영기준예산은 일반적으로 기존 예산보다 낮게 책정된다. 영기준예산을 적용하려면 예산준비에 많은 시간이 소요된다. 그러나 그 과정에서 도서관 업무에 대한 통찰력이 생긴다. 계획예산과 마찬가지로 영기준예산은 생산 지향적 조직, 즉 결과물의 평가가 쉬운 조직에 더 잘 적용된다.

영기준예산을 전체적인 도서관 예산으로 사용할 수는 없다. 그러나 내부적으로 프로그램이나 서비스를 결정할 때 매우 유용하게 활용할 수 있다. 영기준예산은 프로그램을 검토하는 방법으로서 매우 좋은 개념이다. 이것은 사서들이 도서관에서 필요로 하는 것이 무엇인지에 대한 고정관념을 탈피하는데 도움을 준다.

9.4 예산의 승인

민주주의제도 아래에서 국가는 입법, 사법, 행정의 3권으로 분립되고 서로 견제와 균형을 유지하면서 국정을 수행한다. 입법기관인 의회가 법률과 예산을 의결하면 행정부는 업무를 집행하고 사법기관은 일의 정당성과 합법성을 판단한다. 예산의 경우에도 모든 정부(입법부, 행정부, 사법부) 예산을 의회가 심의 승인한다. 마찬가지로 지방자치제에서는 지방의회가 조례와 예산을 결정 승인한다. 공공도서관 예산 역시 국가적인 지원 사항은 국회에서, 지역공공도서관의 예산은 해당지역 지방의회가 심의 승인한다. 그러므로 국가예산이나 지방예산이나 예산의 심의와 승인과정에서 수많은 근거자료의 제출과 설명이 필요하게 된다.

9.5 예산의 집행

예산의 집행은 정부 및 공공기관 직원들의 일상적인 업무이다. 어떤 기관 단체든 예산이 수반되지 않는 업무는 없다고 해도 과언이 아니다. 냉·난방을 하는 것도, 청소용역을 주는 것도, 차량운행을 하는 것도 예산을 쓰는 일이다. 따라서 매일의 일상에서 연초에 계획된 예산이 차질 없이 제때에 제대로 집행되는지를 확인해야 한다. 기관별 예산관리부서는 각 부서에서 집행하는 예산을 종합, 통제한다. 각 부서별 직원들도 본인이 해야 할 업무와 예산을 파악하고 기록하면서 업무를 진행해야만 예산집행의 누락이나 과다집행을 미연에 방지할 수 있다. 공공기관의 예산집행 과정은 생각보다 까다롭다. 예산회계에 관련되는 법규를 지켜야 하며 예산의 전용이나 이월 등에 관한 규정을 지켜야 한다. 예산집행은 돈이 수반되는 회계업무이기 때문에 객관적이고 투명한 절차 및 증빙자료를 갖추어야 한다. 예산집행에서 특히 유의해야 할 법규 및 기준으로는 "지방재정법", "국가를 당사자로 하는 계약에 관한 법률"과 안전행정부의 "지장자치단체 재무회계규칙"(2010.12.24 개정), "지방자치단체 세출예산 집행기준"(안전행정부 예규 제341호 2010.12.24.) 등이 있다. 이들 가운데 안전행정부에서 정한 "지방자치단체 세출예산 집행기준"의 지방자치단체 세출예산 집행 10대 원칙은 다음과 같다.

▌지방자치단체 세출예산 집행 10대 원칙

1. 국가정책에 반하는 재정지출의 금지(지방재정법 제3조)
   - 지방자치단체는 국가정책에 反하여 사업비, 민간지원경비, 경상경비를 일체 집행할 수 없음.
   - 이 경우, 국가정책이라 함은 정부가 법령·지침 또는 예산으로 추진하는 사업일체를 말함.

2. 당해 자치단체 사무와 관련 없는 경비지출의 금지(지방재정법시행령 제32조)
   - 법규에 근거 없이 국가 또는 다른 자치단체의 사무 및 교육사무를 처리하기 위하여 경비를 지출할 수 없음.

3. 세출예산의 목적외 사용 금지(지방재정법 제47조)
   - 세출예산에 정한 목적외의 경비를 사용하거나 세출예산이 정한 정책사업간에 상호 이용(移用)할 수 없음.

4. 회계연도 독립의 원칙(지방재정법 제7조)
   - 세출예산은 회계연도 개시전은 물론 당해 회계연도를 경과한 후에는 집행할 수 없으며 전년도에 발생한 업무와 관련하여 현년도 예산에서 집행할 수 없음.
   - 예외: 예산의 이월, 지난회계연도 지출, 회계연도 개시전 예산지출 등.

5. 수입의 직접사용 금지(지방재정법 제15조)
   - 자치단체 모든 수입은 법령에서 별도로 정한 경우를 제외하고는 지정된 수납기관에 납부하여야 하며 세출예산에 계상하여 집행해야

함 (예외: 수입대체경비).

6. 기부 또는 보조의 제한(지방재정법 제17조)

- 지방자치단체는 건전재정운영을 위하여 개인 또는 공공기관이 아닌 단체에게 기부금, 보조금 또는 기타 공금의 지출이 제한됨.
- 공공기관: 당해 자치단체 소관에 속하는 사무의 수행과 관련하여 권장하는 사업을 영위하는 비영리법인 또는 단체로서 목적과 설립이 법령 또는 조례로 정해진 공공기관.
- 예외
  - 개별법령에 기부 또는 보조의 근거가 있는 경우.
  - 국고보조 재원에 의한 것으로 국가가 지정한 경우.
  - 지방자치단체가 권장하는 사업을 위하여 필요하다고 인정하는 경우. 이 경우는 당해 자치단체 소관 사무 수행과 관련하여 보조금을 집행하지 않으면 그 사업을 수행할 수 없는 경우에 한함.

7. 출자의 제한(지방재정법 제18조)

- 지방자치단체는 법령에 근거가 있거나 또는 아래의 경우를 제외하고는 임의로 개인 또는 법인에 대하여 출자할 수 없음.
- 예외
  - 지방공기업법 제2조의 규정에 의한 사업을 자치단체 외의 자와 공동으로 하는 경우.
  - 지방공기업법에 의한 공사·공단에 출자하는 경우.
  - 지방자치단체를 회원으로 하는 공익법인에 대한 출자하는 경우.
※ 공익법인: 한국지방재정공제회, 국제화교류재단 등.

8. 법령에 근거한 공무원 관련경비 집행

- 공무원에 대한 급여는 법령에 의하지 아니하고 어떠한 금전 또는 유가물도 지급할 수 없음.
- 보수는 지방공무원 보수규정, 정액수당은 지방공무원수당 등에 관한 규정, 대학자녀 장학금은 공무원 연금법에 의하여 집행.
- 직책급업무추진비, 특정업무수행활동비 등은 행정안전부장관이 예산편성기준에서 제시하는 기준에 따라 집행, 법령의 위임 없이 공무원 관련경비 조례 제정 금지.

9. 정당한 채주 이외의 예산집행 금지(지방재정법 제71조)
- 세출예산을 집행하는 경우 법령·조례·규칙 또는 계약·기타 정당한 사유로 당해 자치단체에 대하여 채권(정당한 청구권)을 가진 자 외에는 예산을 집행할 수 없음.
- 예외: 일상경비 또는 도급경비 출납원에 대한 자금의 교부, 신용카드의 사용을 통한 예산집행.

10. 예산 집행절차 준수
- 예산을 집행하는 경우 관련법령·조례·규칙·예규 등으로 기준과 절차를 정한 경우에는 그 절차와 기준을 반드시 준수하여 예산을 집행.

관련법령:
지방재정법령, 지방계약법령, 기금관리법령, 물품및공유재산관련법령, 보조금의예산및관리에관한법령, 지방자치단체 재무회계규칙, 기타 개별 법령

〈자료: 지방자치단체 세출예산 집행기준(행정안전부 예규 제341호 2010.12.24.)〉

9.6 예산의 수혜자

국가 공공기관의 예산의 수혜자는 국민이다. 국민으로부터 징수하는 세금이 세입예산이고 이 세금을 국민을 위해 쓰도록 계획한 것이 세출예산이다. 공무원은 국민의 일원이라는 점에서 예산의 수혜자이지만, 공무원은 투명하고 공정한 예산집행을 해야 할 의무와 책임이 있다. 예산집행의 객관성과 공정성을 위해 내부감사, 외부감사, 사전감사, 사후감사 등의 감사 제도를 두고 있으나 감사는 대개 사후적 조치이다.

직장인으로서 공직에 오래 근무하다보면 관습과 관행에 빠지기 쉬워 조직의 사명과 목적을 망각하고 생계수단을 위한 안일한 직장인으로 전락하기 쉽다. 예산을 제때에 집행하지 못하거나 예산을 목적에 맞지 않게 집행하는 경우도 허다하다. 예산이 계획대로 사용되어야 마땅하지만 예산이 남으면 다음 년도 예산이 삭감되는 관행 때문에 국민의 혈세를 무분별하게 낭비하는 결과가 초래되고 있다. 공무원이라는 자리를 이용한 이권의 개입이나 편법적 예산집행도 간혹 발생되고 있다. 국가나 지방자치단체의 모든 공직자는 예산의 원천이 국민이며 예산의 수혜자도 국민이라는 점을 항상 인식하고 직무에 임해야 할 것이다.

▌예산관련 용어
- 운영예산: 일상적 경비의 수입과 지출에 관한 예산 즉 경상운영 예산.
- 자본예산: 주로 건물 신축이나 시설 장비도입 등 고정자산이나 장기적인 활용에 필요한 부문에 지출되는 예산.
- 현금예산(자금예산): 예산 운영상 자금조달에 관한 측면.
- 고정비용: 업무량이나 서비스 변화에 관계없이 기관 운영에 고정 적으로 지출되는 비용으로 인건비, 감가상각비, 재산세, 임대료,

보험료 등이다.

- 변동비(가변비): 업무량이나 서비스의 증가 및 감소에 따라 변동되는 비용으로 자료구입비, 자료정리비, 소모품비 등이다.
  - 비례비: 업무나 서비스의 변화에 따라 정비례하여 변동하는 비용으로 직접경비, 직접노무비 등이다.
  - 불비례비: 업무나 서비스의 변화에 따라 변하기는 하지만 반드시 변화가 비례적으로 일어나지는 않는 비용으로 광고비, 수선비 등이 이에 속한다.
- 평균비용과 한계비용
  - 평균비용: 총 비용을 산출량으로 나눈 비용.
  - 한계비용: 총고정비용 또는 총가변비용의 변화부분.

▌한국도서관기준의 공공도서관 예산기준[3]

1.5.1 일반원칙

- 공공도서관은 국가나 지방자치단체의 재정으로 운영되어야 하며, 일반회계에서 부담하여야 한다.
- 공공도서관의 예산은 충분히 확보되어야 하며, 이를 위한 법적, 제도적, 행정적 장치가 확고하게 마련되어 있어야 한다.
- 공공도서관은 민간기부금 등의 외부 자금 조달방안을 마련하여야 한다.
- 공공도서관의 예산은 효율적으로 집행되어야 하며, 도서관장은 예산의 배정과 집행에 관한 일체의 권한을 확보하고 있어야 한다.

1.5.2 공공도서관 예산 배정기준

- 공공도서관의 예산항목은 인건비, 자료비, 기타운영비로 구성하되,

---

3) 한국도서관협회. 2013. 『한국도서관기준』. 46~47쪽.

그 배정비율은 인건비 45~55%, 자료비 20~25%, 기타운영비 25~30%를 기준으로 최소 조정·배분하는 것이 바람직하다.

- 공공도서관은 인건비의 1% 이상을 연간 인력개발비로 배정하여야 한다.
- 공공도서관의 어린이용 자료구입비는 전체자료비의 20%이상을 배정하고, 그 중에서 10~20%는 낡은 자료의 교체비용으로 배정하는 것이 바람직하다.

한국도서관기준의 대학도서관의 예산기준[4)]

2.5.1 일반원칙

- 대학도서관 예산은 대학예산에서 독립된 항목으로 배정되어야 한다.
- 대학도서관장은 도서관 예산계획서 및 집행계획서를 준비하고 배정된 예산을 집행하고 결산할 책임과 권한을 가져야 한다.
- 대학도서관은 예산의 집행과 결산에 따른 송장의 승인, 지불금의 확인, 경비지출의 관리 등에 필요한 회계기록 및 통계를 유지하여야 한다.

2.5.2 배정기준

① 대학도서관의 예산총액은 다음 사항을 고려하여 결정하여야 한다.

- 인구통계적 특성(교수수, 학부생 및 대학원생의 편제 정원).
- 교육과정(학과수, 학위프로그램의 종류와 수준, 학점수)과 강의 방식.
- 정보서비스의 제공범위와 개관시간.
- 이용통계(대출건수, 상호대차 및 문헌제공 건수, DB의 접근·검색건수).
- 출판정보(자료의 종수와 평균가격).

---

4) 한국도서관협회. 앞의 책. 133~147쪽.

■ 다른 대학도서관의 시설과 자료의 이용 가능성.

② 대학도서관의 예산은 인건비를 포함한 대학 총 경상비(시설비, 병원 및 산학협력단 회계는 제외)의 5%(전문대학은 2.5%) 이상이 배정되어야 한다. 자료예산(디지털 자료의 접근비용 포함)의 비율은 인건비를 포함한 대학 총 경상비의 2~2.5%(전문대학은 15)가 바람직하다.

③ 대학도서관 예산의 항목별 배정비율은 인건비 50±10%, 자료비 40±10%, 기타운영비10% 내외로 구성하는 것이 바람직하다.

④ 대학도서관은 인건비의 1% 이상을 교육, 연수 등을 위한 인력개발비로 배정하여야 한다.

⑤ 대학도서관은 자료예산의 30% 이상을 전자자료 구입 및 온라인 접근 비용 또는 라이선스 비용으로 배정하는 것이 바람직하다.

⑥ 대학도서관 자료예산의 단행본 대 학술지 배정비율은 대학의 지향성, 학문적 성격, 출판경향, 그리고 자료인용 및 이용행태 등에 따라 달라야 한다. 다만 교육 및 취업기능을 중시하는 학부중심 대학의 도서관은 6(5) : 4(5), 전문대학은 8(7) : 2(3)으로 배정하고 교수와 대학원생의 학술연구 활동을 지원하는 대학원(연구)중심 대학의 도서관은 4(3) : 6(7)로 배정하는 것이 바람직하다.

⑦ 대학도서관 자료예산의 학문영역별 단행본 대 학술지의 배정비율은 그 이용률을 감안하여 인문과학계 7 : 3, 사회과학계 5(6) : 5(4), 자연기술과학계 3 : 7로 설정하는 것이 바람직하다.

⑧ 대학도서관 자료예산의 교수 대학원생 대 학부생의 배정비율은 대학
원(연구) 중심대학의 도서관은 7(6) : 3(4), 학부중심대학의 도서관은
4(5) : 6(5), 전문대학은 3(4) : 7(6) 정도가 바람직하며, 학과와 전공에
따라 탄력적으로 적용할 수 있다.

1. 예산의 원칙을 5가지만 들고 설명하시오.

2. 예산편성기법 중 성과별 예산을 설명하시오.

3. 예산편성기법 중 계획예산(PPBS)을 설명하시오.

4. 예산편성기법 중 영기준예산(ZBB)을 설명하시오.

5. 품목별 예산의 특징을 구체적으로 설명하시오.

제10장 지휘·리더십·동기부여

10.1 지휘와 리더십(leadership)

지휘(directing)란 조직 목적 달성을 위해 구성원들이 의욕적이고 적극적으로 일할 수 있도록 동기를 부여하고 감독하는 경영관리 기능으로서 리더십, 동기부여, 의사소통을 포함한다. 경영자는 리더십을 발휘하여 구성원들을 이해하고, 통솔하며, 일할 수 있는 동기를 부여함으로써 조직의 목적을 달성할 수 있도록 이끌어 가야 한다. 경영자의 역할은 직원들을 관리하고(to administer = to manage), 안내하고(to guide), 도와주고(to aim), 조정통제(to control)하는 일이다.

조직과 인력의 활성화를 위해서는 경영자가 리더십(leadership)과 통솔력을 충분히 발휘하여야 한다. 경영자는 지도자로서의 자질과 통솔력을 갖추고, 동기화를 위한 조직 내 여건을 조성하며, 상호이해를 위한 의사소통을 원활하게 유지해야 한다. 하버드대 경영대학에서는 지도자의 자질을 리더(leader)의 철자를 이용하여 다음과 같이 요약 제시한 바 있다.

| **leader** | listen, explain, assist, discuss, evaluate, respond |

지휘에는 다음과 같은 3가지 측면이 있다.

- 동기부여(motivation): 부하들이 일할 수 있는 여러 가지 조건 조성.
- 지도(leading): 조직의 상황에 알맞은 리더십 발휘.
- 커뮤니케이션(communication): 직원들과 상호이해를 위한 활발한 의사소통.

리더의 권력과 영향력의 원천, 즉 공식적 지도력의 원천으로는 다음과 같은 것이 있다.

- 보상적 권력: 가치 있고 긍정적인 대가를 제공하는 능력에 따라 발생하는 권력, 즉 상훈권(賞勳權)이라고도 한다. 부하직원의 업적에 대하여 칭찬, 격려하고 상여금, 급여인상, 승진 등 부하에게 이익이 돌아가게 할 수 있는 권한이다.
- 강제적 권력: 질책, 파면, 좌천, 감봉 등 징벌권(懲罰權)을 말한다. 상사는 부하직원의 잘못이나 부실한 업적에 대하여 질책, 좌천, 감봉, 정직, 파면 등 불이익을 줄 수 있는 권한을 가진다.
- 합법적 권력: 공식적인 지위에 부여된 권력이다. 즉 법률이나 규정에 따라 한 기관의 공식적 직위에 부여한 권력으로서 조직의 위계질서에 따라 상위직의 명령을 부하직원이 따라야 한다는 것이다. "자리가 일한다"는 말이 여기에 해당된다.
- 전문적 권력: 전문적 기술이나 지식을 가지고 다른 사람을 통제할 수 있는 권력이다, 상사가 업무에 대하여 실무자보다 더 많은 전문지식(專門知識)이 있다고 부하직원이 인정할 때 따르게 된다.
- 준거적 권력: 관리자의 총체적 인격이 구성원들에게 존경심을 갖게 하여 부하직원의 준거 모델이 될 때 발생된다. 즉 닮고 싶은 사람이 될 때 부하직원들이 따르게 된다.

지휘를 실행하는 경영층은 조직계층에 따라 최고경영층, 중간관리층, 일선감독자로 나누어 볼 수 있다.

- 최고경영층(관장, 부관장): 조직의 전반적인 기능 수행에 대하여 책임을 진다.
- 중간관리층(부서장): 조직의 특정 하위 단위나 특정 기능 부문에 책임을 진다.
- 일선감독자: 조직 목표 달성을 위해 근로자와 인접하여 그들의 활동을 지휘한다.

조직의 지휘와 통제는 조직의 합법적, 공식적 요소를 근간으로 이루어지지만 인간적인 요소도 이에 못지않게 중요하다. 경영 관리자가 조직 내의 인간관계를 원활히 유지하기 위하여 명심해야 할 인간적 요소는 다음과 같다.

- 조직 구성원들의 개인적 차이를 인정해야 한다. 즉 개개인의 인간성, 경험, 학력, 지식 등을 고려하여야 한다.
- 인간을 평가할 때는 부분적인 면보다 전체적인 면을 고려해야 한다.
- 구성원이 행동을 유발한 원인에 대하여 이해하려고 노력해야 하며 일 자체보다는 인간의 가치를 중요시해야 한다.

■ 리더십의 기능

지도력(리더십)은 어떤 조직이나 집단의 목적을 효과적으로 달성하기 위해 지도자가 집단의 구성원들에게 영향력을 행사하는 과정으로서 다음과 같은 기능을 갖는다.

- 조직의 목표설정기능: 지도력을 통해 조직이 추구해야 될 목표설

정과정 주도.

- 조직의 과업달성기능: 구성원들에게 각자 맡은 과업을 성실히 수행하도록 촉진.
- 조직의 유지발전기능: 지도력을 발휘하여 조직 구성원의 응집력 강화.
- 환경에 대한 적응기능: 지도자가 조직 내외의 상황에 대처하여 문제를 해결하고 외부환경에 적응해 나가는 기능.

10.2 리더십 이론

10.2.1 리더십 연구의 변천

- 특성(자질)이론(1940~50년대): 지도자의 요소로 개인적인 자질 또는 특성 강조.
- 행동이론(1950~70년대): 여러 상황에서 리더가 어떻게 행동하느냐에 초점을 둠.
- 상황이론(1970~80년대): 지도력의 효과는 지도자의 행동스타일 뿐만 아니라 리더십 환경의 상황에 의해서도 결정된다. 상황요소는 리더와 부하의 특성, 과업성격, 집단구조 등을 포함한다.
- 뉴리더십 이론(1980~현재): '변혁적 리더십'으로 기존의 리더십이론들이 리더와 직원들 간의 거래적 리더십에 치중해 왔다는 비판에서 출발, 직원들에게 장기적 비전과 철학을 제시하고, 그 비전의 달성을 위해 함께 매진할 것을 호소하여 직원들을 차기 지도자로 만드는 비전을 강조.

10.2.2 특성이론(trait theory)

리더십에 대한 특성이론은 1930~1950년대 스톡딜(Stogdill)이 중심이 되어 주장한 이론으로 리더는 보통 사람과 구별되는 개인의 육체적, 심리적, 사회적 특성을 가지고 있다는 것으로 심리학적 입장에서 접근한 이론이다. 즉 리더의 특성은 개인의 에너지와 적극성, 인내심, 진취정신, 외모, 신장, 학력, 지식, 판단력 등에 의해 결정된다는 것이다. 따라서 지도력은 선천적 자질이기 때문에 리더의 자질과 능력을 갖춘 사람을 리더로 임명해야 한다는 것이다. 이 이론의 한계는 지도자들의 공통적인 특성을 추출하는 것은 불가능하며, 성공적인 지도력과 지도자의 특성 간에 관련성을 발견할 수 없다는 것이다.

특성이론을 좀 더 발전시킨 것으로 1938년 미국에서 레빈의 지도하에 리피트 및 화이트가 리더십 특성에 대한 연구를 수행하였다. 이들은 지도력에 관하여 처음으로 행동과학적 접근을 시도하였다. 이들은 지도력의 유형은 다음 3가지로 구분하였다.

- 권위형(authoritarian): 의사결정과정에 구성원을 참여시키지 않고 지도자가 독단적으로 결정.
- 민주형(democratic): 구성원의 자발적 참여에 의한 집단토의를 통해서 의사 결정.
- 방임형(laisser fair style): 의사결정에 구성원 개인이 자유롭게 결정하도록 완전한 자율을 허락해 주는 유형.

10.2.3 행동이론

1950년대부터 1960년대 사이에 조직의 업무를 수행하는 지도자의 지속적인 행동양식의 관계를 규명하고자 등장한 이론으로 지도자를 직무중심적 지도자와 인간중심적 지도자로 분류하였다.

- 지도자의 과업에 대한 관심: 직무 중심적(구조 중심적, 과업 지향적) 지도자.
- 지도자의 인간에 대한 관심: 인간 중심적(구성원 중심적, 관계 지향적) 지도자.

▌Ohio 주립대학 기업연구소 연구

- 리더의 행동, 즉 무엇을 하고, 무엇을 강조하며, 부하를 어떻게 관리하는가를 연구함.
- 리더가 다른 사람과 차이를 보이는 행동을 분석하여 인화 중심적 지도자와 구조 중심적 지도자로 구분하였다. 인화 중심적 지도자는 배려(consideration, 고려)하는 지도자로서 리더와 구성원 간의 관계에 있어서 우정과 상호신뢰, 존경 및 온정을 나타내 보이는 지도자이다. 반면 구조 중심적 지도자는 구조주도(構造主導 initation structure)형 지도자로서 조직 목적 달성을 위하여 조직하고, 목적을 주도하며, 최종 기한을 강조하고, 방향을 설정하는 행동을 보이는 지도자이다. 경영자의 행동 특성인 인간성에 대한 배려와 일의 추진력은 독립적으로 작용하므로 두 요소가 다 높을 수도 있고 다 낮을 수도 있다고 본다.

▌미시건대학 조사연구소의 연구

경영자들의 감독 스타일과 그것이 직원의 생산성에 미치는 효과를 파악하고자 한 것으로, 많은 근로자들은 자신들의 직무를 좋아하고, 생산적이기를 바라며, 자신들의 직무에 대해 어느 정도 통제가 주어지면 생산적이 될 것이라는 가정 아래서 연구가 수행되었다. 연구결과 경영자의 유형은 3가지로 정리되었다.

- 주로 생산 중심적 경영자: 생산성 극대화를 위해 효과적인 작업 설계와 보상제도 확립에 역점.
- 주로 직원 중심적 경영자: 인간관계 개선을 통하여 성과를 향상시키고자 함.
- 혼합 방식의 경영자: 위의 두 가지를 혼합하여 관리하는 경영자.

미시건대학의 연구는 직원 중심적 경영자의 부서는 생산성이 높은 반면, 생산 중심적 경영자의 부서는 생산성이 낮았으며, 자유방임적 경영자는 직원의 방종과 부주의를 초래한다는 결론을 내렸다.

▌관리격자(the managerial grid) 이론(텍사스대 연구)
1964년 블레이크와 무톤(Robert R. Blake & Jane S. Mouton)이 텍사스 대학에서 수행한 연구로서 지도력은 전개되는 상황도 중요하지만, 지도자 자신의 관심사에 따라서도 적지 않은 영향을 받는다고 하였다. 이들은 지도자의 관심사를 생산성에 대한 관심과 인간에 대한 관심으로 나누고 이들을 조합하여 지도자의 유형을 분석하였다. 그 결과 다음과 같이 리더의 유형을 제시하였다.

- (1,1) 무기력형: 생산이나 인간에 대한 관심이 거의 없는 유형.
- (1,9) 친목형(인기형): 인간에 대한 관심이 지대한 유형(컨추리클럽 경영상태).
- (9,1) 과업형: 생산에 대하여는 관심이 지대하나 인간에 대한 관심이 건의 없는 유형.
- (5,5) 절충형: 생산과 인간에 대한 관심이 모두 적당한 정도로 유지되는 균형적 유형. 절충형(5.5)이 실제로 실현가능성이 있고 또 어느 기관이나 최소한으로 그 정도는 도달해야 하는 목표이다.
- (9,9) 단합형(이상형): 가장 효과적인 리더십 유형.

▌관리격자 모형(managerial grid)

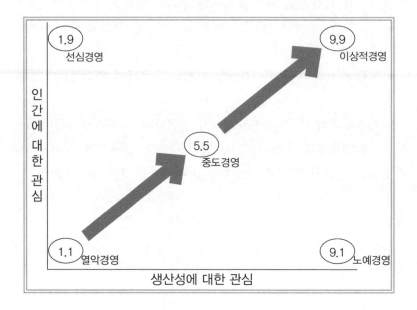

▌리커트(Likert)의 경영 이론

리커트는 구성원에 대한 강력한 통제는 운영의 효율성이나 생산성 향상에 최선의 관리가 아니라는 생각에서 조직목표와 개인목표를 충족시키는 효과적인 조직형태를 제안하였다. 그는 각각의 조직형태는 동기요인, 커뮤니케이션, 의사결정, 생산성, 개인에 영향을 미치는 구조나 실적 등과 같은 요인에 차이가 있다고 가정하고 4가지 모델의 경영스타일을 제시하였다.

(1) 착취적 권위시스템:
  - 구성원을 전혀 신임하지 않음, 관리자는 전제적.
  - 모든 의사결정이 최고관리자에 의하여 결정됨.
  - 의사소통은 거의 없거나 전적으로 하향적.

- 맥그리거의 X이론에 해당, 직무 중심적 리더.

(2) 자비적(관용적) 권위 시스템
- 협조적 직원에 대해 대등한 입장을 취함(온정적 직원대우).
- 극히 제한된 수준의 의사결정에 대해서만 자율권 부여.

(3) 자문적 시스템
- 부하직원에 대한 상당한 신뢰(완전한 신뢰는 아님).
- 아직 거의 모든 의사결정을 최고관리자가 행함.
- 상향적 & 하향적 의사소통이 가능함.

(4) 참여적 시스템
- 의사결정: 조직의 모든 층에서 이루어짐.
- 커뮤니케이션: 상향적, 수평적, 하향적 의사소통이 가능함.
- 구성원은 조직의 목표를 위하여 의욕적인 동기가 부여됨.
- 맥그리거의 Y이론, 가장 효과적인 조직, 종업원 중심적 리더.

참여적 시스템에서는 직무중심과 인간중심의 양극으로만 생각했던 두 요소를 합하여 인간존중과 생산성 제고의 이상적인 결과를 낼 수 있다고 본다. 인간중심적 행동을 사용하는 것이 직무 중심적 행동보다 생산성 향상에 더 효과적이며, 엄격한 관리방식보다는 유연한 관리방식이 높은 생산성과 상관성이 있다. 그러나 지도자의 행동은 상황에 따라 그 적합성이 달라질 수 있다는 점을 간과하였다는 비판이 있다. 현재 대부분 도서관 조직은 시스템 (2), (3)에 해당된다.

10.2.4 상황적응 리더십(contingency leadership)

상황적응 리더십 이론은 어떤 상황에서, 어떤 유형의 지도력 형태가 보다 효과적인가를 연구하는 데에 목적을 둔다. 피들러(Fiedler)가 주창한 상황적응이론은 어떤 상황에 어떤 유일한 이상적 리더의 유형은 존재하지 않으며, 상황에 따라 어떤 유형의 지도력 형태가 보다 효과적인가가 결정된다고 하였다. 이는 지도자의 성격과 상황의 복잡성에 대한 두 가지 요인을 중심으로 개발된 것으로 리더십의 유효성은 리더와 집단구성원의 상호작용 스타일과 상황의 호의성에 따라 결정된다는 것이다.

피들러는 특정 상황에서 리더에게 얼마나 호의적인가를 결정해 주는 상황변수를 정의적 관계, 과업구조, 직위권한 등 3가지로 분류하였다.

- 정의적 관계: 리더와 구성원들의 관계로서 지도자가 구성원에게 수용되고 존경받는 정도.
- 과업구조: 과업이 상세하게 규정되고, 단계적인 방법으로 내용이 계획되어 있는 정도, 업무의 내용이나 방법이 상부의 지지를 받는 정도.
- 직위권한: 지도자가 공적 지위를 차지함으로 생기는 권력(보상, 처벌권 등).

이 3가지 상황변수들이 어떻게 결합되는가에 따라 지도자의 상황 유리성이 결정되고 효과적인 지도력 유형은 다르게 나타난다고 본다. 그러나 어느 상황에서도 바람직한 경영스타일은 인간위주와 참여경영이 바람직하다고 결론을 내렸다.

10.2.5 Z이론

오우치(W. Ouch, 1978)가 기존의 미국식 경영 이론에 일본식 관리방식인 QC(quality circles)를 모방, '산업적 씨족제'를 주창했는데, 이를 X이론과 Y이론에 대하여 Z이론이라고 부르게 되었다. 이는 미국사회의 규범과 문화적 장점을 그대로 유지하면서 일본의 경영방식을 혼합한 것이다. Z이론은 미국의 경영특성인 종업원의 단기 계약고용, 능률 성과급제, 전문경력관리, 개인의사결정 등에 비하여 종업원의 종신고용, 연공서열, 일반경력관리, 공동의사결정, 장기평가, 일반통제관리 등을 특징으로 한다. 기존의 X이론적 인간관을 Y이론적 인간관으로 전환한다하더라도 생산성 향상에는 한계가 있다고 본 것이다. 즉 조직의 안정과 원만성, 협조적인 분위기를 조성하는 일본식 경영이 생산성을 높일 수 있다는 것이다.

▌변혁적 리더십

번스(Burns, 1978)에 의해 개발되고, 배스(Bass, 1985)에 의해 일반화한 것으로 다른 리더십 이론들이 리더와 구성원 간의 거래적 관계에 치중해 왔다는 비판에서 출발하였다. 이는 구성원들에게 장기적 비전과 철학을 제시하고, 그 비전의 달성을 위해 함께 매진할 것을 호소해야 한다는 것이다. 변혁적 리더십의 특징은 다음과 같다.

- 현실에 안주하지 않고 비전 달성을 위해 변혁을 적극 주도한다.
- 구성원들의 바람직한 가치관과 태도를 공식적인 이념을 중심으로 변화시키고 나아가 자신감을 불어넣어 준다.
- 구성원들이 개인적 이해를 버리고 조직전체의 이익을 위해서 전력을 다하도록 유도한다.
- 구성원들의 자아실현욕구와 같은 고차원적 욕구가 발현되도록 유도한다.
- 구성원들이 기존의 합리적인 틀의 한계를 뛰어넘어 보다 창의적인 관점을 개발하도록 한다.

변혁적 경영(transformational management)이란 경영의 이념(philosophy)과 비전(vision)을 구성원들이 공유하고, 그 비전을 중심으로 조직의 모든 분야가 협력하여 경영성과를 제고하려 하는 것, 즉 비전과 이념을 존중하고 실천하는 경영이다.

- 비전: 조직의 미래상.
- 이념:
  - 존재이념: 조직의 사회적 존재이유로서 사명.
  - 경영이념: 의사결정에서 강조되는 경영의 원천(고객만족, 혁신추구, 인간존중).
  - 행동이념: 구성원들의 행동의 근간이 되는 정신자세(창의, 혁신, 협동).

10.3 직원의 동기화(motivation)

동기란 어떤 일이나 행동이 일어나는 계기이며, 동기화는 그런 계기를 만드는 일이다. 동기이론은 인간의 욕구에서 출발한다. 즉 인간은 정신적이든 물질적이든 욕구를 충족시키기 위해 행동하며, 행위의 결과 얻는 정신적, 물질적 보상이 다시 차기 행위로 연계된다.

10.3.1 욕구이론(needs theory)

▌에이브러햄 매슬로우(Abraham H. Maslow)의 욕구단계이론
매슬로우는 인간의 욕구에는 5단계가 있으며 하위수준의 욕구가 충족되어야만 그 다음 단계의 욕구가 일어난다고 가정한다. 욕구의 단계를 하위수준부터 상위수준으로 순차적으로 열거하면 다음과 같다.

- 생리적 욕구(physical needs): 음식, 물, 공기, 휴식, 성 등 원초적 욕구.

- 안전의 욕구(safety needs): 신체적 정신적 안전이 보장되는 생활, 즉 폭력, 전쟁, 공해 등으로부터 안전을 보장받으려는 욕구. 직업안정, 안전한 근로조건.
- 소속의 욕구(social needs): 사회적 존재로서 가족, 학교, 친구, 회사 동료와의 공동체 관계를 가지고 더불어 살려는 욕구.
- 존경의 욕구(esteem needs): 자기가 속한 사회에서 인정을 받으려는 욕구로서 사람은 자기를 알아주고 칭찬해 주기를 바란다는 것.
- 자아실현의 욕구(self actualization): 내면적, 정신적 욕구로서 개인의 궁극적 인생목표 달성의 욕구.

앨더퍼의 ERG 이론

앨더퍼는 매슬로우의 5단계 욕구이론을 존재·관계·성장이라는 3가지 키워드로 압축하여 욕구이론을 정리하였다.

- 존재욕구(existence needs): 매슬로우의 생리적욕구+안전욕구(대물적) 인간욕구.
- 관계욕구(relatedness needs): 매슬로우의 안전욕구(대인적)+소속욕구 +존경욕구(타인).
- 성장욕구(growth needs): 매슬로우의 존경의 욕구+자아실현욕구.

앨더퍼의 ERG 이론과 매슬로우의 욕구단계이론의 차이점

- 욕구출현방향; 매슬로우는 욕구단계는 상향일변도로 나아간다고 가정하나 앨더퍼는 상향 또는 하향 모두 가능하다고 가정.
- 매슬로우는 욕구가 순차적으로 충족된다고 보았으나 앨더퍼는 한 가지 이상의 욕구가 동시에 작용할 수 있다고 가정.
- 앨더퍼는 매슬로우의 상위수준의 욕구가 인간행위에 영향을 주기 전에는 반드시 하위수준의 욕구가 충족되어야 한다는 가정을 무시함.

▌헤르쯔버그의 욕구충족 2요인 이론(two factor theory)

매슬로우의 욕구충족이론의 영향을 받아 프레데릭 헤르쯔버그(Frederick Herzberg)가 주장한 것으로 종업원의 불만요인과 만족요인은 동일한 연장선상에 있지 않다는 이론이다.

- 불만요인은 위생요인(hygiene factors)이라고도 하며 물리적 작업조건, 급여, 안정성, 인사정책, 인간관계 등이 해당된다. 따라서 이들이 미흡할 경우에 불만이 생기지만, 충족된다고 하더라도 동기요인으로 발전하지는 않는다고 본다.
- 만족요인(satisfiers)은 동기요인(motivators)이라고도 하며 개인적 성취, 타인의 인정, 책임감, 일 자체의 의미 등 스스로 인간적 성장을 느끼는 요인이다. 이는 근로자를 만족시키고 동기화 하는 힘을 발휘할 수 있다고 본다.
- 위생요인은 기본적으로 충족시켜야 할 요건으로서 종업원의 불만을 예방하며, 동기요인은 직원의 성장 욕구를 도와주는 요인으로서 별도차원의 경영관리 노력이 필요하다고 본다.

구분	동기요인 존재	동기요인 부재
위생요인 존재	상황1 행복하면서 불행하지 않음	상황2 행복하지 않으나 불행하지 않음
위생요인 부재	상황3 행복하나 불행함	상황4 행복하지 않으면서 불행함

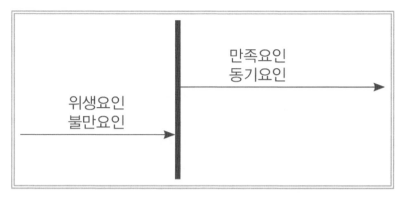

※ 위생요인(불만요인)이 충족되면 불만은 없어지나 새로운 동기요인이 일어나지는 않음

10.3.2 기대이론(expectancy theory)

기대이론은 보상을 얻기 위한 행동과정에 초점을 두는 이론으로 개인의 동기화는 그가 원하는 결과와 그것을 얻기 위해 수행하는 자신의 능력에 대한 기대 및 실행수단에 대한 기대가 일치할 때 동기화가 된다는 것이다.

▌빅터 브룸(Victor H. Vroom)의 기대이론

동기부여를 위한 최선의 방법은 없다는 가정아래 매슬로우와 헤르쯔버그의 이론을 수정하였다. 즉 개인의 동기화는 그가 원하는 결과와 그것을 얻기 위해 수행하는 자신의 능력에 대한 기대에 따라 이루어진다. 어떤 결정이 일어나기 위해서는 어떤 일의 목적의 가치를 인정하고, 자신들이 하는 것들이 그 목적 달성에 공헌하리라는 것을 알고 있을 경우에 일을 하고자 하는 동기가 부여된다는 것이다. 즉 동기화 = 목표달성에 대한 가치(유의성) X 행위에 결과에 대한 기대(기대감) X 행위수단에 대한 기대(수단성)이며, 이들 3가지 중 하나라도 0(zero)이 되면 곱셈공식이므로 동기화도 0(zero)이 된다는 것이다. 예를 들면 영어 교육동기는 영어 교육의 가치 인정 X 자신의 능력에 대한 기대 X 교육 프로그램에 대한 기대 등 3가지가 모두 있어야만 일어난다.

▍포터(Porter)와 로울러(Lawler) 기대이론

포터와 로울러는 브룸의 기대이론을 기초로, 작업 관련 변수들을 고려하여 통합적인 모형을 개발하였다. 동기부여가 곧바로 성과에 직결되지는 않으며, 능력, 특성, 역할지각 등 작업과 관련된 변수들이 동기요인으로 작용한다고 하였다. 또한 성과를 내고자 하는 행동은 직무만족에 대한 기대감에 의하여 조성되며, 이때의 만족은 성과에 따른 인정, 승진과 같은 내적 보상과 임금, 작업조건과 같은 외적 보상에 의하여 발생될 수 있다고 보았다.

10.3.3 보강이론

▍버러스 프레데릭 스키너(B. F. Skinner)의 보강이론(reinforcement theory): 행위수정의 동기화

직원이 한 일에 대하여 어떤 방법으로 보강해 주는지를 가지고 구분한다.

- 긍정적 보강(positive reinforcement): 잘 한 부분에 대하여 칭찬과 보상을 줌으로써 그 행위를 반복하도록 한다. 칭찬하면 신(神)이 나서 점점 더 잘하게 됨.
- 부정적 보강(negative reinforcement): 직원의 잘못한 부분을 지적하고 질책함으로써 그 행위를 반복하지 않도록 하는 것.
- 보강중단(extinction): 개인의 일에 대해서 칭찬이나 보상을 중단하여 자신의 행위가 바람직한 것이 아님을 깨닫게 하는 것(예: 화나면 말이 없음).

- 징벌(punishment): 잘못한 일에 대한 불이익을 당하게 하여 재발 방지.
- 가장 좋은 동기화의 도구는 긍정적인 보강이며 가장 좋지 않은 것은 징벌이다. 그러나 신입직원은 처음부터 질서를 잘 잡아야 한다. 좋은 게 좋다는 식의 관리로는 기강을 바로 세울 수 없다.

10.3.4 여러 가지 이론들

▌맥그리거(McGregor)의 X, Y이론

맥그리거는 인간의 본성을 부정과 긍정으로 분류하여 업무와의 연관성을 파악하려고 하였다. 그는 인간의 본성을 부정적으로 보는 입장을 X이론, 긍정적으로 보는 입장을 Y이론으로 구분하였다. X이론은,

- 사람은 본질적으로 일을 싫어하고, 가능한 한 일을 피하려 한다.
- 사람은 다른 사람으로부터 지시 받기를 좋아하며 책임을 회피하려 한다.
- 사람들은 비교적 적은 야망을 가지며 무엇보다도 안정되기를 바란다.
- 인간은 변화를 거부하는 존재이다.
- 관리자의 역할은 강요, 통제, 지시, 처벌한다고 위협해야 하며, 비동기화 되어있는 구성원들의 노력을 종용하는 것이다.

Y이론은,

- 사람들은 자신이 맡고 있는 목표수행을 위해 자기지시 및 자기통제를 사용한다.
- 인간은 업무에 책임지기를 좋아하고, 자기만족과 자기실현을 최상의 보상으로 생각한다.

- 인간의 본성에 대하여 낙관적이고 동태적이며 융통성 있는 입장을 취한다.
- 개인적 욕구와 조직적 욕구의 통합과 자율을 강조한다.
- 관리자의 역할은 구성원들이 자기조절과 자기통제의 욕구와 동기를 발현하도록 하고, 부하직원들의 노력을 촉진, 지원하기 위하여 조직의 조건과 운영방법을 끊임없이 정비해야 하는 것이다. 또한 가능한 한 직접적 통제를 하지 않고 부하들의 자율적 통제에 맡긴다.

X, Y이론은 결국 Y이론을 중심으로 구성원들의 조직목표설정에 참여하도록 해야 한다는 것으로, 구성원 스스로 실행목표를 결정하여 자기통제에 의해 자발적인 목표달성에 이바지 하도록 하는 관리 방법에 관심을 기울인 것이다. 즉,

- 경영자들이 근로자들의 잠재적인 가능성을 간과해 왔음을 인식하도록 하였다.
- 사람들은 스스로 동기를 부여하고 성숙할 수 있는 잠재력을 가지고 있음을 인식하도록 하였다.
- Y이론의 가정은 직원들의 직무만족도와 상관관계가 높다.

▌아지리스(Argyris)의 미성숙·성숙이론

아지리스는 조직의 관리방식이 구성원의 행동이나 개인적 성장에 어떤 영향을 미치는가를 연구하였다. 그 결과 구성원들에게 책임의 폭을 넓혀주고, 믿음으로 대해 주며, 성장할 수 있는 기회를 부여하게 되면 구성원의 자아실현 욕구가 충족됨과 동시에 조직의 목표도 쉽게 달성된다고 보았다. 즉 조직의 가치와 성숙된 인간의 가치 사이에 존재하는 부조화와 갈등을 설명한 이론으로, 조직경영에 있어서는 사

람들의 성숙도에 알맞은 대접을 해야 하며, 성숙도에 따라서 창의력, 자율성 및 적극성을 발휘하도록 유도해야 한다는 것이다.

미성숙·성숙이론은 인간성 발달을 조직과 직접적으로 연결시킨 최초의 이론으로서 고전적인 관리에서는 구성원들을 미성숙 단계로 보았기 때문에 갈등과 좌절을 초래하였으나 성숙이론의 관리방식에서는 자기통제, 권한위양 등을 통해 능률을 제고할 수 있다고 보았다.

- 인간의 변화는 연속적으로 이루어진다.
- 건강한 인성의 소유자는 그 연속선을 따라 미성숙 상태에서 성숙 상태로 발전한다.
- 따라서 개인에 대한 지나친 간섭이나 규제는 지양되어야 하고,
- 자발적, 민주적, 참여적 경영을 통해 개인과 조직의 통합을 이루어야 조직성과가 향상될 수 있다.

미성숙한 인간(유아)	성숙한 인간(성인)
• 수동적 상태	• 능동적, 적극적 활동
• 의존성	• 독립성
• 제한된 방법, 행동	• 다양한 행동
• 우연적 변덕스런 관심	• 더 깊고 강한 관심
• 단기적 전망	• 현재, 과거, 미래를 포함하는 시간 전망
• 종속적 입장	• 대등, 우월한 입장
• 자아인식결여	• 자신인식, 자신통제

동기부여이론을 내용이론과 과정이론으로 나누기도 한다.

- 내용이론: 사람들이 가지고 있는 욕구나 충동이 무엇이며 그것의 우선순위가 어떤가를 확인하는데 주로 관심을 두는 이론.
- 과정이론은 인간이 목표를 달성하기 위해 노력하는 행동과정에

관계되는 요인이 무엇이며, 그들이 어떻게 상호관계 되는가를 밝히려는 이론.

내용이론	과정이론

• Maslow의 욕구단계이론
• Alderfer의 ERG이론
• Herzberg의 2요인이론
• McGregor의 X, Y이론
• Argyris의 성숙-미성숙이론
• Likert의 관리체제 이론
	• Vroom의 기대이론
	  (expectancy theory)
	• Porter와 Lawler의 기대이론
	• Adams의 공정성이론
	  (equity theory)
	• Heider, Fritz의 귀인이론

▌공정성이론

조직 내에서의 개인은 자신의 공헌을 그에 대한 보상과 비교하고, 그 둘 사이의 비율을 다른 사람과 비교하여 공정한 대우를 받았는지 판단한다.

- 자신과 다른 사람의 보상 비율이 같다고 느낄 때: 공정한 상태로 인식하여 현 상태를 유지하려 한다.
- 보상을 더 적게 받는다고 느낄 때: 부정적인 불공정성을 인식하고 노력의 수준을 낮출 것이다.
- 보상을 더 많이 받는다고 느낄 때: 긍정적인 불공정성을 인식하고 더욱 노력하여 직무를 열심히 수행할 것이다.

이처럼 개인이 불공정성을 인식하면 직무에 대한 노력을 변화시키거나, 자신 또는 타인에 대한 인식을 변화시키거나, 부서 또는 회사를 이동함으로써 상황을 이탈하게 된다.

▌귀인이론(attribution theory)

사람들이 자신 또는 타인의 행동의 원인을 설명하는 방식에 대한 이론이다. 사람들이 사건의 원인을 따지는 방법을 '외적 요인(환경요인)'으로 돌리는 경우(예: 날씨)와 '내적 요인(기질적 요인)'으로 돌리는 경우(예: 지능 수준, 발생한 사건에 대한 책임 등)로 구분한다. 하이더(Fritz Heider)는 인간의 행동을 기본적으로 능력과 의사 등 내적 요소와 상황 및 우발적 사건 등 외부 요소의 두 가지로 귀인하는 것이 가능하며, 내적 요인과 외적 요인이 상호 관련이 있다고 하였다. 귀인이론은 사회 심리학의 인식 분야에서 많이 연구되고 있으며, 최근에는 인지 심리학의 방법론과 이론을 이어받은 연구가 진행되고 있다.

10.4 커뮤니케이션

커뮤니케이션이란 유기체들의 기호를 사용하여 정보와 메시지를 전달하고 서로 공통된 의미를 수립한 후 그 결과로 행동의 변화가 일어나는 일련의 과정이라 할 수 있다. 바나드(C. J. Barnard)는 커뮤니케이션을 조직의 중심적인 목적을 달성하기 위해 조직 구성원들을 함께 연결하는 수단이라고 말한 바 있다. 커뮤니케이션의 목적은 조직 구성원들의 상호이해를 촉진시키고, 조직의 불균형이나 문제점을 시정하여 조직의 사기를 높여 일체감을 조성함으로써 생산력을 향상시키는 데 있다. 커뮤니케이션은 일반적으로 정보전달 기능, 동기유발 기능, 통제기능(의사소통은 조직 구성원들의 행동이 특정한 방향으로 움직이도록 통제), 정서기능(구성원들이 자신의 감정을 표현하고 사회적 욕구를 충족시킴)을 가지고 있다.

▋커뮤니케이션의 원칙

- 명료성의 원칙: 내용이 분명하고 명확하여야 함.
- 일관성의 원칙: 앞뒤의 내용이 일치하여야 함.
- 적시성의 원칙: 필요한 정보는 적시에 이루어져야 함.
- 적정성의 원칙: 소통되어야 할 정보의 양과 규모는 적당해야 함.
- 배포성의 원칙: 대외비를 제외한 내용은 모든 사람에게 공개.
- 적응성의 원칙: 내용은 환경에 알맞게 신축성과 융통성을 가져야 함.
- 수용성의 원칙: 수신자가 수용할 수 있어야 함.
- 통합성의 원칙: 조직의 목적과 통합될 수단이 되어야 함.
- 비공식 조직 활용의 원칙: 공식 조직 내의 비공식 조직을 활용한다.

▋커뮤니케이션의 요소

- 정보원(source): 메시지의 발신자.
- 메시지(message): 정보. 이해 가능한 형태로 부호화해야 함.
- 경로(channel): 정보원과 수신자 사이의 링크, 정보가 전달되는 길.
- 수신자(receiver): 메시지의 수취인. 정보를 해독해야 함.
- 잡음(noise): 커뮤니케이션을 방해하는 요소.
- 피드백(feedback): 메시지에 대한 응답으로 쌍방향 커뮤니케이션을 가능하게 함.

▋향상된 경영 커뮤니케이션 체제 구비 조건

- 공식적인 커뮤니케이션은 공식채널을 통해서만 유통되어야 한다.
- 공적인 것과 사적인 것을 구별해야 한다.
- 공적인 것은 개방을 원칙으로 한다.
- 기관 내에서의 비공식 커뮤니케이션 채널이 반드시 있다는 것을 유의.
- 강요나 명령이 아닌 설득이나 동의를 유도하는 분위기에서 경영

자가 직원들의 말을 경청하는 태도가 요구됨.

※ 커뮤니케이션은 조직의 응집력을 높이고 방향성을 제시해 주는 요소이다.

10.4.1 커뮤니케이션의 흐름

- 하향적 커뮤니케이션

  상의하달 의사소통으로 위계 또는 명령계통에 따른 지시적 의사소통이 중심이며, 특정 직무를 지시하고, 조직, 절차 및 실행에 대한 정보를 주며, 부하의 업무성과에 대해 언급하며, 조직목표를 주입시킨다. 전달방식으로는 직무명령, 과업정보, 조직절차 정보, 성과의 피드백, 이데올로기적 특성의 정보, 목적에 대한 교화 등이 있다. 이 방법은 문서에 의한 방법이나 기계적 방법에 지나치게 의존하는 경우가 많으며, 많은 조직에서 메시지 과다로 어려움을 겪고 있다. 또한 언제나 정보의 여과 문제가 따르게 된다.

- 상향적 커뮤니케이션

  아래에서 위로의 의사전달로서 쌍방적 의사소통을 가능하게 하고, 하향적 의사소통의 문제점을 시정할 수 있다. 보고, 내부결재, 직원여론조사, 개별면접, 인사상담, 제안제도 등이 여기에 해당된다. 그러나 상향적 커뮤니케이션은 조직의 특성 및 분위기에 따라 그 활성화가 좌우된다. 조직계층 간 부하직원과 상사 사이에 존재하는 커뮤니케이션 장벽을 '스칼라 커튼'이라고 부른다.

- 수평적 커뮤니케이션

  위계수준이 동일한 부서 간에 이루어지는 의사소통으로서 과업조정, 문제해결, 정보공유, 갈등해소 등을 목적으로 한다. 경쟁적인 조직인 경우 전문화된 조직부서 간의 갈등을 야기할 수 있다.

■ 사선 또는 대각선 커뮤니케이션

조직구조상 집단을 달리하는 사람들 사이의 의사소통으로 계선 조직의 한 부분과 참모조직 사이에 일어나는 의사소통을 들 수 있다.

■ 비공식적 커뮤니케이션

학연, 지연 등 조직 내부의 인간적 접촉에 의해 자생적으로 형성되는 커뮤니케이션으로 복잡한 포도덩굴을 닮았다고 하여 '그레이프바인(grapevine: 포도덩굴, 소문, 유언비어)' 또는 '비밀정보망'이라고 부르기도 한다. 지적인 경영자는 그레이프바인 존재를 인정하고 자신에게 유리하도록 활용한다. 비공식적 커뮤니케이션은 대체로 조직 구성원이 불안하거나 변화에 직면 했을 때 사용된다.

장점으로는,
● 전달속도가 빠르고, 정보전달에 있어서 선택적이고 임의적임.
● 하급자의 스트레스를 해소시켜 준다.
● 공식적인 의사소통이 전달하지 못하는 유익한 정보를 제공해 준다.
● 하급자의 태도나 성과, 아이디어 등 가치 있는 정보를 제공해 준다.

단점으로는,
● 파벌을 형성하여 공식 조직의 목표달성을 저해할 수 있다.
● 무책임한 정보가 흐를 경우 전달속도가 너무 빨라 관리자의 통제가 어렵다.
● 정보가 전달과정에서 왜곡될 가능성이 많다.

비공식 커뮤니케이션의 단점을 방지하기 위해서는 공식적 통로를 통하여 신속하고 정확한 정보를 유통시켜야 한다.

10.4.2 커뮤니케이션 네트워크

- 쇠사슬형: 수직적 커뮤니케이션(라인조직), 수평적 커뮤니케이션. 정보수집과 문제해결이 비교적 느리며 주변에 위치한 구성원들의 만족감이 비교적 낮다.
- 집중형(수레바퀴형): 정보전달이 중심인물이나 집단의 지도자에게 집중되는 형태로서 구성원 간에 중심인물이 존재하고 있는 경우 흔히 나타난다. 신속한 정보수집, 정확한 상황파악(중심인물이 정보를 종합)으로 문제해결을 신속하게 한다. 단점은 간단하고 일상적일 때만 유효하고, 복잡하고 어려운 때는 유효성이 적는 점이다.
- Y형: 확고한 중심인물이 존재하지 않지만 다수를 대표하는 지도자가 존재하는 경우에 나타나는 유형. 계선과 막료가 혼합되어 있는 집단에서 흔히 나타나며, 세력집단이 커뮤니케이션의 중심 역할을 한다.
- 원형: 구성원 간에 뚜렷한 서열이 없는 경우에 발생하는 의사소통 유형으로 목적과 방향이 없이 구성원들 사이에 정보가 전달된다. 지역적으로 분리되어 있거나 자유방임적 상태에서 흔히 나타난다. 정보수집과 전달은 가장 느리지만 의사소통 목적이 명백할 경우 구성원의 만족도는 비교적 높다.
- 망형(상호 연결형): 구성원들 사이의 정보교환이 완전히 이루어지는 가장 바람직한 의사소통 유형이다. 상황판단의 정확성이 높고, 복잡하고 어려운 문제나 구성원의 창의성이 요구되는 문제에 가장 효과적이며, 구성원의 만족도도 가장 높게 나타난다.

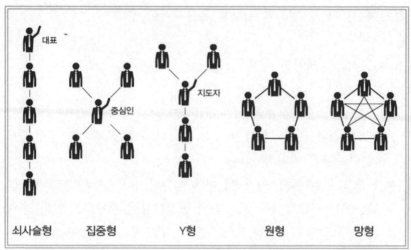

| 쇠사슬형 | 집중형 | Y형 | 원형 | 망형 |

<출처: 오세덕 외 3인. 2013.『행정관리론』. 서울: 대영문화사. 225쪽 참조>

▌동기화에서 고려할 점

■ 직원의 개인차를 인정할 것: 적재적소의 원칙.

■ 실현 가능한 목표를 설정: 감독자와 직원의 합의 도출, 능력도 없
는데 무리한 목표의 요구는 곤란.

■ 성과와 보상을 연결 짓고 업무별로 개별화할 것.

■ 제도의 공정성을 점검할 것: 공정한 룰(rule)은 어디서나 필수.

■ 물질적 보상의 힘을 무시하지 말 것.

1. 지도력의 원천을 설명하시오.

2. 리더십의 기능을 설명하시오.

3. 블레이크와 무톤의 관리격자이론을 설명하시오.

4. 상황적응리더십을 구체적으로 설명하시오.

5. 욕구충족 2요인이론을 설명하시오.

6. 브룸의 기대이론을 예를 들어 설명하시오.

7. 맥그리거의 X, Y이론을 설명하시오.

8. 아지리스의 미성숙·성숙이론을 설명하시오.

9. 커뮤니케이션의 원칙을 설명하시오.

10. 비공식 커뮤니케이션의 특성과 장단점을 설명하시오.

제11장 도서관의 지역협력과 마케팅

11.1 도서관의 지역협력

11.1.1 의의와 필요성

도서관은 규모가 크든 작든 단독의 힘으로는 지역사회의 정보요구를 완벽하게 충족할 수 없다. 100만 권 이상의 대규모 장서를 보유하는 도서관이라도 이용자가 필요로 하는 자료가 없는 경우가 허다한 것은 누구나 체험하고 있는 현실이다. 이러한 문제를 해소하기 위해서는 크고 작은 도서관들이 서로 협력하여 장서와 서비스를 광범하게 이용할 수 있는 효율적인 시스템을 가동하지 않으면 안 된다. 도서관의 지역협력은 모든 시민의 정보요구를 빈틈없이 충족시켜주기 위한 지역, 광역, 국가도서관들의 협동전략이라 할 수 있다.

도서관의 지역협력 필요성은 기본적으로 단위 도서관들이 보유하는 제한된 자원과 서비스를 보다 효율적으로 활용함으로써 이용자서비스를 충족시키는 데 있다. 도서관이 지역협력체제를 구축함으로써 얻을 수 있는 장점은 다음과 같이 요약해 볼 수 있다.[1]

---

1) 국립중앙도서관. 2001. 『도서관 협력망 협력사업 표준모델 개발연구』. 8~9쪽 참조.

- 이용자에게 정보접근의 가능성을 향상시켜줄 수 있다.
  협력체제 내의 도서관들이 보유하고 있는 정보자원을 서로 공유하고 개방함으로써 이용자는 하나의 도서관에서 다른 많은 도서관의 정보자료에 접근할 수 있는 기회를 갖게 된다.
- 각 도서관이 보유하고 있는 제한된 자원을 십분 활용할 수 있다.
  단위도서관이 위치한 지역에서는 이용되지 않는 정보 자료들을 다른 지역에서 필요로 하는 경우 사장된 정보의 이용이 활성화될 수 있고, 자관에는 없는 자료를 다른 도서관을 통해 활용할 수 있는 기회가 확대된다.
- 협력체제 내의 도서관직원들의 업무능력이 향상될 수 있다.
  각 도서관의 직원들이 업무를 분담하고 노하우를 교류함으로써 직원들의 전문성이 향상될 수 있고, 전반적인 업무의 품질을 높일 수 있다. 한 도서관 내에서 일하는 것 보다 협력시스템 내에서 일을 수행하게 되면 도서관 봉사에 대한 직원들의 시야가 넓어질 수 있다.
- 개별 도서관의 홍보 및 벤치마킹이 촉진될 수 있다.
  도서관의 위치, 도서관의 서비스를 도서관이 소재하는 지역을 넘어서 인근, 광역, 전국에 홍보할 수 있는 장점이 있고, 다른 지역의 도서관이 개발한 서비스도 용이하게 벤치마킹 할 수 있다. 요즘은 인터넷의 발달로 도서관마다 홈페이지를 개설하여 자기 도서관을 홍보하고 있으나 도서관 협력망이 구축된 도서관 간에는 홈페이지에 공개하는 정보 이상의 구체적이고 실제적인 정보를 교류할 수 있다.
- 도서관직원들 간의 유대가 강화될 수 있다.
  각 도서관직원들 간의 정보교류와 유대가 강화될 수 있고 전문성이 있는 직원을 상호 발굴할 수 있으며, 이들 전문가들을 도서관직원, 자원봉사자, 이용자를 위한 교육 프로그램에 초청하여 도서관 평생교육 프로그램의 질을 높일 수 있다.

11.1.2 도서관 협력의 형태

도서관의 협력체제는 메시지와 문헌이 어떤 방향으로 움직이느냐에 따라 분산형 협동체제, 집중형 협동체제, 계층형 협동체제로 구분할 수 있다.[2]

- 분산형 협동체제
  협력 도서관들이 특정도서관을 경유하지 않고 직접 상대 도서관을 선정하여 교류와 협력을 할 수 있는 유형이다. 협력체제 내에 있는 도서관은 어느 도서관이든지 자유롭게 상대 도서관을 골라서 필요한 협력을 주고받을 수 있다.
- 집중형 협동체제
  집중형 협동체제는 정보자원을 보다 많이 가진 큰 도서관이 중심이 되고 소규모의 도서관들이 상호 지원 협력하는 형태의 협력체제이다. 소규모 도서관들 간의 교류가 필요한 경우라도 큰 도서관의 중계가 필요한 시스템이어서 도서관 간의 커뮤니케이션이 지연되기 쉽다.
- 계층형 협동체제
  계층형의 협동체제는 피라미드 조직처럼 계층을 형성하면서 보다 상위에 있는 도서관이 하위에 있는 도서관을 지원하고 지도하는 계층적 협력시스템이다. 분산형 협동체제와 집중형 협동체제의 협력의 흐름은 수평적인 반면에 계층형 협동시스템은 협력의 흐름이 수직적이라는 특성이 있다. 예를 들면 우리나라 도서관법

---

[2] 최성진. 1994. 『도서관학통론』. 아세아문화사. 219~222쪽.

제19조의 국립중앙도서관 업무 가운데 하나는 "도서관직원의 교육훈련 등 국내 도서관에 대한 지도, 지원 및 협력" 및 "독서문화진흥법에 따른 독서진흥 활동을 위한 지원 및 협력"업무가 포함되어 있다. 또한 도서관법 제23조 지역대표도서관의 업무에는 "지역의 각종 도서관 지원 및 협력사업 수행"과 "국립중앙도서관의 도서관자료 수집활동 및 도서관협력사업 등 지원" 항목이 포함되어 있다. 따라서 전국의 공공도서관 지원과 협력 업무는 국립중앙도서관이 정점에 있고 지역대표도서관은 광역단위에서 각 단위도서관들을 지원 협력하는 계층구조를 형성하고 있다.

국가 전체적으로 볼 때 이상적인 도서관 협력은 일방적인 것보다는 양방향적인 것이 좋으며, 단일 협력체제가 아니라 다중 협력체제의 성격을 띠도록 구성하는 것이 바람직하다. 한 도서관이 다른 도서관에 더 많은 지원과 혜택을 주는 방식은 '퍼주기'라는 의식 때문에 혜택을 주는 쪽이 협력을 중단하기 쉽다. 또한 피라미드식의 상의하달(top-down)적 계층구조는 관료제의 역기능 요소가 작용할 수 있어 도서관 경영의 자율성을 제약하기 쉽다.

따라서 같은 관종의 도서관들뿐 아니라 종류가 다른 도서관들과도 교류 협력을 해야만 정보요구에 대한 간극을 최소화할 수 있다. 예를 들어 어느 공공도서관 이용자가 의학에 관련한 특정 논문을 요청할 때 그 공공도서관이 지역 의과대학도서관과 협동체제 내에 속해 있다면 이용자의 요구를 충족시킬 가능성이 그만큼 높아진다.

11.1.3 협동체제 내 도서관의 협력업무

도서관의 협동업무는 이론적으로는 도서관 업무의 전 분야를 대상으로 할 수 있다. 그러나 도서관 서비스의 모든 부문을 포괄적으로 협력한다는 것은 현실적으로 거의 불가능하다. 따라서 여기서는 그동안 실시되어 온 협력 가능한 업무를 몇 가지만 살펴보기로 하겠다.

▌상호대차

상호대차는 협동체제 내의 도서관들이 이용자의 요청에 의거 자관에 소장되어 있지 않은 자료를 다른 도서관에 요청하여 대출해주는 것으로 가장 전통적인 협력 업무에 속한다. 요즘은 인터넷의 발달과 OPAC의 개방으로 상호대출의 환경이 개선되었지만 실제 실물 상호대차는 우편 운반을 위한 포장과 해체, 이에 따른 자료의 손상 등으로 크게 확대되지는 않고 있다. 상호대차제도는 이용자 입장에서는 교통비를 들여 멀리 가지 않고도 가까운 도서관에서 원하는 자료를 대출받아 이용할 수 있는 점에서 편리하다. 국립중앙도서관에서는 '책바다' 서비스라는 이름으로 전국 공공도서관 간 상호대차제도를 시행하고 있다.

또 다른 방법은 도서관들이 협동체제 내의 어느 도서관에서도 이용 가능한 공동회원카드를 발행하여 주는 것이다. 이 경우 이용자들은 도서관 홈페이지에 탑재된 OPAC검색을 통해 원하는 자료가 소장되어 있는 도서관에 가서 자료를 대출 받을 수 있다. 이 방법은 도서관직원이 직접 실물을 포장, 수발하는 번거로움을 덜 수 있는 장점이 있으며, 이용자들이 거주 지역과 동일한 행정단위 내에 있는 도서관들을 편리하게 이용할 수 있는 방법이다. 실제로 경기도 고양시의 공공도서관들은 아람누리도서관, 마두도서관, 대화도서관 등 시내 전 공공도서관에서 이용할 수 있는 대출카드 공용시스템을 운용하고 있다.

▌원문복사서비스

원문복사서비스는 원본자료를 대출하지 않고 내용을 복사하여 우편이나 팩스로 보내주는 서비스이다. 이용자가 대출을 시행하지 않는 정부간행물, 행정자료, 논문자료 등을 요청할 경우 소장하는 도서관에 원문복사요청을 하고 복사본을 접수하면 이용자에게 전달하는 서비스로서 우편 또는 팩스를 활용할 수 있다. 이용자가 다른 지역의 향토자료나 민속자료 등을 필요로 할 경우 그 지역에 가지 않고도 자료를 습득할 수 있어 편리하다.

▍분담수집(협동수집)

분담수집은 공동수서 또는 협동수서와 동일한 의미로 사용되고 있다. 분담수집이란 협력도서관 간 자료구입의 중복을 피하면서 각 도서관이 자관의 장서개발정책에 따라 중점을 두는 분야의 자료를 집중 구입하고 다른 도서관과 자료를 공유함으로써 예산을 절감하고 지역 내에서 자료를 효과적으로 이용할 수 있게 하는 방법이다. 이 방법이 성공을 거두기 위해서는 소속도서관들의 충실한 협력실천의지와 자료의 공동 활용에 대한 약속 이행이 필수적으로 요구된다. 따라서 분담수서와 자원공용에 대한 도서관 간의 명문화된 협약 체결이 전제되어야 한다.

▍협동편목

협동편목은 분담편목과 동일한 의미로 사용되고 있다. 협동편목은 동일한 자료에 대해서는 한 도서관이 작성한 목록을 다른 도서관에서 그대로 복사하여 이용함으로써 편목 업무를 각 도서관이 제각기 수행하는 데 따른 업무의 중복을 피하기 위한 것이다. 이는 협력도서관 시스템 내에서 분류와 목록에 대한 규칙이 통일되어 있어야 가능하다. 호환성이 없는 시스템에서는 공동편목이 불가능하고 따라서 상호대차 등 다른 협력 업무에도 혼란을 줄 수 있다. 또한 자료의 분담수서가 잘 수행되는 지역이라면 자료의 중복구입을 지양하기 때문에 협동편목의 의미는 감소된다.

▌협동보존

"도서관은 성장하는 유기체이다"(랑가나탄의 도서관학 5법칙 중 제5법칙). 각 도서관은 설립 후 역사가 쌓이다 보면 새로운 자료가 계속 수집되므로 도서관장서는 늘어나게 되어 있다. 그러나 이용자들은 오래된 도서관 장서를 무한정 이용하지는 않는다. 출판된 후 세월이 감에 따라 오래된 자료는 이용이 점점 줄다가 종국에는 이용되지 않고 역사자료로서의 가치만 남게 된다. 보존을 전용으로 하는 국가 도서관이라면 보존서고를 계속 증축하거나 자료를 디지털화하면서 보존을 위한 공간문제를 해결해 나가야 한다. 그러나 이용을 위주로 하는 공공도서관에서는 시설공간을 계속 늘리기 보다는 자료의 폐기를 적절히 시행하여 공간부족을 해소하고 자료의 최신성을 유지함으로써 이용의 편의를 도모해야 한다. 이렇게 별로 이용되지 않는 자료는 폐기절차에 들어가지만 폐기기준에 따르더라도 보존이 필요하다고 판단되는 자료는 공동 보존소로 옮겨 보존하는 것이 중복 보존을 피할 뿐 아니라 지역 및 국가적으로 보존의 효율성을 기할 수 있다.[3] 도서관법 제23조 제4항 '지역대표도서관의 업무'에서는 "지역의 도서관 자료 수집 지원 및 다른 도서관으로부터 이관 받은 도서관 자료의 보존" 업무를 규정하고 있어 광역단위 공동보존 도서관을 운용하도록 하고 있다.

11.1.4 협동체제의 장애요인

도서관 협력체제를 구축, 운용하는 데는 현실적으로 몇 가지 장애요인이 있다. 이것은 지역사회의 문제, 도서관직원의 문제, 이용자의 문제가 복합되어 있다.

---

3) 경기도. 2008. 『경기도 대표도서관 운영 기본계획 연구』. 58쪽.

- 각 도서관은 해당 지역사회에서 시민의 요구를 만족시킬 수 있는 수준의 자료를 소장해야 한다는 목표를 가지고 있다. 나아가 도서관직원이나 이용자들은 자기 지역의 가까운 도서관을 두고 다른 도서관들로부터 자료를 빌려오고 반납하는 번거로움을 원하지 않는다. 도서관마다 중복 구입을 하더라도 '지금, 여기서, 빨리' 자료를 얻기를 바란다.

- 소장자료의 규모는 세계 공통으로 도서관 평가의 중요한 요소에 포함된다. 인구 1인당 장서 수는 질적인 문제를 떠나서 도서관 평가요소로 자리 잡은 지 오래다. 평가를 낮게 받는 것을 감수하고 예산절감을 이유로 장서를 확충하지 않는 도서관 경영자는 없을 것이다.

- 상호대출을 효과적으로 시행하기 위해서는 각 개별도서관이 중점을 두는 충분한 양의 장서를 확보할 필요가 있다. 그런데 공공도서관은 지역의 전 계층 주민을 대상으로 하기 때문에 도서관마다 자료의 특화는 그 지역의 향토자료 이외에는 거의 없으며, 어떤 주제만을 특화하는 것은 다양한 계층에 봉사하는 공공도서관의 목적에 비추어 불합리하기 때문에 한계가 있을 수밖에 없다.

- 도서관의 정치적, 행정적 문제도 협동체제의 장애요인이 될 수 있다. 우리나라의 경우 공공도서관은 오래 전부터 지방자치단체 소속의 도서관과 교육청소속의 도서관으로 이원화되어 있는데 소속이 다르면 예산의 출처와 감독기관이 달라 상호협력을 추진하기가 어렵다.

▌도서관 협력사례
- 파밍턴 플랜(farmington plan): 1942년 미국 커넥티커트(connecticut)주의 파밍턴에서 개최된 회의를 계기로 1948년 연구도서관협회의 지원 하에 시작된 최초의 야심찬 분담수집계획으로 1960년대에는 60개

이상의 대학도서관이 참가하여 포괄적으로 수집하였다. 그러나 미의회도서관이 주도한 국가수서편목계획(national program for acquisitions cataloging)의 실현으로 1972년에 해체되었다.

■ RLG의 협동장서개발계획: 1978년 미국 연구도서관그룹(Research Libraries Group)이 협동장서개발을 위해 장서개발위원회를 설치하면서 시작되었다. 1980년에는 장서개발 및 분담수집에 관한 최종방침을 결정하였고, 이러한 목표를 달성하기 위하여 분담수집을 지원하는 장서평가시스템인 'RLG Conspectus'를 개발하였다. 이는 협동장서개발(collaborative collection development)의 근간이 되었다.

■ SSG-Plan: 제2차세계대전후 독일연구협회(deutsche forschungsgemeinschaft)에서 개발한 분담수집계획(SSG-Plan: sondersammelgebiets-plan)이다. 1949년 독일연구협회의 재정지원 아래 전국의 24개 학술도서관(국립도서관 2개, 대학도서관 12개, 공과대학도서관 8개, 연구소도서관 2개)은 전쟁으로 소실된 외국의 주요한 학술문헌을 독일 내에 적어도 한 권씩 확보하려는 의도에서 모든 학문분야를 28개 그룹, 105개 소주제로 나누어 1939년 이후의 외국문헌을 수집하기 시작하였다. 1985년에는 36개 도서관이 110개 수집분야를 분담하였으며, 현재는 수집 자료의 형태가 도서와 학술지는 물론 레코드와 마이크로자료로 확대되었다.

■ 스칸디아 플랜(scandia plan): 북유럽의 스칸디나비아반도와 인근지역에 위치하는 덴마크, 핀란드, 노르웨이, 스웨덴의 도서관들이 구축한 협동수집계획이다. 1956년 4개국 도서관회의의 결정에 기초하여 1957년에 구체화된 협동수집계획으로서 그 특징은 다국적 협력체제라는 점이다.

11.2 도서관의 마케팅

11.2.1 도서관 마케팅의 의의와 필요성

마케팅은 시장 활동이다. 시장(市場)은 문자 그대로 '시민의 마당'이다. 시민들은 상업적이든 아니든 그들의 필요와 욕구를 충족시키기 위해 시장으로 모이는 것이다. 그리고 시민들은 각자의 필요에 따라 장소를 옮겨 다니며 그들이 당면한 욕구를 충족하려 한다. 따라서 시장은 물품과 서비스의 수요 공급이 이루어지는 곳이다. 수요 공급이 활발하게 이루어지면 시장은 활성화되지만 그러하지 못하면 시장은 침체된다. 경영학의 마케팅 이론에서는 마케팅을 다음과 같이 정의하고 있다.

"마케팅이란 제품, 서비스, 아이디어를 창출하고 이들의 가격을 결정하고 이들에 관한 정보를 제공하고, 이들을 배포하여 개인 및 조직체의 목표를 만족시키는 교환을 성립하게 하는 일련의 인간 활동이다."4)

이처럼 시장의 개념정의에는 영리·비영리의 구분이 없다. 영리든 비영리든 시민의 욕구를 충족시켜 주는 곳이 시장이다. 이런 의미에서 도서관도 시장이다. 특히 공공도서관은 각계각층의 시민들에게 완전히 개방된 '공설시장'이다. 도서관 서비스를 생산하고, 제공하고, 환경과 장소를 개선하며, 시민들의 정보 수요를 파악하고 충족시켜주기 위해 마련된 정보의 시장인 것이다.

---

4) 김성영·정동희. 2006. 『마케팅론』. 한국방송통신대학출판부. 2쪽.

11.2.2 도서관 마케팅의 도구

▌마케팅조사

공공도서관은 서비스를 계획할 때 서비스 대상 지역사회를 먼저 파악해야 한다. 해당 지역사회의 인구구성, 인구밀도, 교육수준 등 인구학적 조사는 물론 정치, 경제, 사회, 문화, 교육, 기술여건 등 시민의 인문사회 환경 전반을 조사해야 한다. 또한 도서관 내부적인 측면에서도 도서관의 역사와 역할, 조직구조, 직원의 전문성, 고객에 대한 태도, 열람, 대출, 프로그램 등 이용실적 통계, 이용자들의 호응도와 만족도 등 경영의 기초 자료들을 수집, 검토하여 지역사회와 도서관의 관계를 매년 분석하고 차기 계획을 수립해야 한다.

▌시장 세분화

시장 세분화(market segmentation)란 특정 제품 및 서비스에 대한 태도, 의견, 구매행동 등에 있어 비슷한 성향을 가진 사람들을 다른 성향을 가진 집단과 분리하여 하나의 집단으로 묶는 과장이다. 즉 연령별, 성별, 직업별 등 봉사대상 인구가 다양하게 분포되므로 고객을 유사성을 기준으로 그룹화하는 것을 의미한다. 이렇게 고객을 그룹화함으로 도서관은 각 그룹에 대하여 가장 적절한 장서와 프로그램 등 도서관 서비스를 개발, 제공할 수 있어 고객의 필요와 욕구를 더 효과적으로 만족시킬 수 있다. 예를 들면, 취학 전 어린이, 초등학교 저학년 어린이, 초등학교 고학년 어린이, 학부모, 중학생, 고등학생, 대학생, 일반인, 직장인, 가정주부, 노인 등으로 고객을 그룹화함으로 그들의 요구에 알맞은 맞춤서비스를 개발, 제공할 수 있게 된다. 이와 같은 고객 차별화 전략은 지역사회에서 도서관의 가치와 역할을 제고하는 데 도움이 될 것이다. 마케팅전략이 성공하기 위해서는 세분된 시장 상호 간에 이질성이 극대화되어야 하고 세분시장 내에서는 동질성이 극대화되어야 한다.

‖ 마케팅 믹스5)

경영학의 마케팅 이론에서는 마케팅의 주요 요소는 제품, 가격, 장소, 촉진 4가지로 들고 있으며 이들 요소들이 고객에 맞도록 배합되어야 한다는 의미에서 마케팅 믹스라고 부르고 있다. 도서관의 마케팅도 이들 요소를 응용하고 있다.

▌마케팅 믹스 4P's
- product(제품): 고객의 필요와 욕구를 충족시키는 제품, 서비스.
- price(가격): 제품이나 서비스를 얻기 위해 지불하는 금전적 대가.
- place(유통 장소): 고객이 제품과 서비스를 획득하는 장소와 시설.
- promotion(촉진): 고객과 도서관 사이의 의사소통의 수단. 홈페이지, 블로그, 소식지, 브로슈어, 리플렛, 이벤트, 언론홍보 등이 포함된다.

▌마케팅 믹스의 확대

4P	6P	7P
• product(제품)	• product(제품)	• product(제품)
• price(가격)	• price(가격)	• price(가격)
• place(유통 장소)	• place(유통 장소)	• place(유통 장소)
• promotion(촉진)	• promotion(촉진)	• promotion(촉진)
	• plan(계획)	• people(사람)
	• people(사람)	• physical evidence (물리적 환경)
		• process(과정)

---

5) 김성영·정동희. 앞의 책. 8쪽.

상기 마케팅 믹스의 개념은 도서관의 입장에서는 도서관 중심으로 생각할 가능성이 높다. 그러나 마케팅을 도서관의 입장에서 보다는 이용자인 고객의 입장에서 역지사지(易地思之) 할 때 고객의 욕구를 더욱 효과적으로 만족시킬 수 있다.[6]

▌4P's에서 4C's로의 개념 전환

- product에서 consumer로: 고객의 관점에서 시설, 장서, 프로그램 등 개발.
- price에서 cost로: 고객의 비용부담을 우선적으로 고려.
- place에서 convenience로: 관리자의 편의보다는 고객의 편의를 고려.
- promotion에서 communication으로: 일방적 홍보보다는 고객과의 진정한 소통.

▌PR(publiction relation)

PR이란 특정 조직과 다양한 이해관계자들 사이에 호의(goodwill)를 구축하는데 이용되는 마케팅 커뮤니케이션의 도구로서 마케팅 믹스 중 촉진(promotion) 믹스의 중요한 요소가운데 하나이다. PR이 광고, 판매 촉진, 인적 판매 등과 효과적으로 통합되면 긍정적 효과를 가져온다. PR은 비용을 지불하지 않고 조직의 제품이나 서비스에 대한 정보를 각종 언론매체에 기사 형태로 다루도록 함으로써 수요를 자극하는 커뮤니케이션의 수단이라 할 수 있다. 그러나 PR은 광고와는 달리 조직이 그 시기와 내용을 통제할 수 없다는 한계가 있다. 도서관은 비영리기관이므로 광고예산의 규모가 빈약하기 때문에 PR을 통한 홍보에 집중함으로써 큰 효과를 거둘 수 있다.

---

6) 김성영·정동희. 앞의 책. 8~10쪽.

▌마케팅 평가

마케팅의 평가는 도서관 경영평가 가운데 고객만족 평가에 해당된다. IFLA 공공도서관 가이드라인에서는 마케팅 평가 방법을 2가지로 제시하고 있다. 첫째는 도서관 서비스에 대한 고객의 행태 변화를 조사하는 것이다. 다른 하나는 이용자 만족도를 조사해 보는 것이다. 예를 들면, 도서관 서비스의 요구 충족도, 도움이 된 정도, 참여 했던 서비스나 프로그램에 다시 참여할 의도 등을 조사하여 보는 것이다. 이렇게 함으로써 차기의 도서관 마케팅 계획에 반영할 수 있다. 평가에 대해서는 다음 장에서 자세히 다루기로 하겠다.

주관식 문제

1. 도서관 지역협력의 효과를 설명하시오..

2. 도서관 협력체제의 장애요인을 설명하시오.

3. 도서관 마케팅의 의의와 필요성을 설명하시오.

4. 시장 세분화의 필요성을 설명하시오.

5. 도서관의 마케팅 믹스를 예를 들어 설명하시오.

12.1 평가의 필요성과 목적

12.1.1 평가의 개념과 목적

경영은 계획, 실행, 평가의 선순환 사이클로 구성되므로 평가는 경영 사이클의 마지막 단계이다. 따라서 평가 결과의 피드백을 통해 다시 새로운 경영 사이클이 시작되기 때문에 평가는 경영개선을 위해 가장 필요하고도 중요한 최종단계이자 준비과정이라 하겠다. "평가 없이 진전 없다(without measure, no progress)"라는 말이 있듯이 개인(인간경영)이건 조직(조직경영)이건 평가의 과정이 없으면 발전의 포인트를 발견하지 못해 헤맬 수밖에 없다. 평가는 제품과 서비스를 지속적으로 개선하는 하나의 방법으로서 보다 나은 경영을 위한 실천과 반성의 수단이라 할 수 있다. 도서관 경영평가 역시 도서관의 서비스를 지속적으로 개선함으로써 지역사회에서 도서관의 사명과 목적을 달성하기 위한 중요한 반성과 실천 수단인 것이다.

▌평가의 의의
- ■ 도서관의 계획사항에 대한 실행결과의 장단점과 가치를 판단하고 목적이나 목표의 달성과 관련하여 그 효과성을 측정하여 의사

결정에 반영하는 수단적 행위로서 서비스나 시설의 효과성, 효율성, 유용성, 적절성을 판단하는 과정이다.

- 평가는 일종의 경영진단으로서 계획−실행−평가로 이어지는 경영관리의 필수과정이다. 경영은 모든 인적 및 물적 가용자원을 동원하여 조직의 목적과 목표를 효율적 또는 효과적으로 달성하는 일련의 활동이며, 평가는 경영에 가치를 부여하는 행위이다.
- 측정과 평가의 효용성 척도는 예산요구의 정당성, 장서규모의 적절성, 정보봉사의 만족도, 투입 산출의 효율성, 도서관의 위상과 정체성 등을 들 수 있다.

▌평가의 주요과정
- 평가 목적의 설정: 가장 중요하면서도 최초의 단계.
- 대상(범주)의 결정: 무엇을 어느 범주에서 평가할 것인가를 정한다.
- 평가지표 및 척도의 개발: 평가를 위한 지표와 척도를 개발한다.
- 데이터의 수집과 분석: 적정 데이터의 수집과 데이터의 객관적인 분석 필수.
- 평가 척도와 실행 결과의 비교 분석 및 요인 평가.
- 설정된 목적과 결과의 비교평가− 투입과 산출, 비용과 효과, 비용과 편익 평가.

『한국도서관기준』의 공공도서관 평가 기준 2003년 판에서는 다음과 같이 정하고 있으나 2013년 판에서는 이 규정이 제외되어 있다. 그러나 공공도서관의 범주에 속하는 장애인도서관이나 병원도서관 등에는 평기에 관한 규정이 포함되어 있다. 다음은 한국도서관기준 2003년판의 공공도서관 평가에 관한 일반원칙이다.

공공도서관 평가기준(『한국도서관기준』, 2003년 판)

▬ 일반원칙

- 공공도서관의 평가는 공공도서관 경영과정의 일부이므로 조직적이고 연속적인 성과평가 프로그램을 유지하여야 한다.
- 공공도서관은 본연의 존재이유와 지역사회의 요구를 반영한 목적과 목표를 설정하고, 이들을 구현하기 위한 서비스를 개발하고, 그것을 실행한 후에 성과를 측정하여 목적에 재 반영하여야 한다.

12.1.2 자체평가와 외부평가

경영평가는 자체평가와 외부평가로 구분할 수 있다. 자체평가는 개별 도서관 자체적으로 경영계획을 수립, 실행하고 그 결과를 평가함으로서 여러 가지 경영요소 중에서 우선 개선의 요인을 찾아내어 신속히 개선하려는 데 목적을 둔다.

▌자체평가

경영평가는 자체평가가 매우 중요하다. 자체평가는 도서관의 업무를 자체적, 자발적, 실질적으로 개선하기 위아여 객관적 평가기준을 마련하고 평가를 수행하기 때문에 업무개선과 고객만족에 실질적인 도움을 줄 수 있다. 자체평가에서 주의할 점은 체계적인 도서관 경영과 내부·외부 고객의 만족을 목표로 치밀하고 과학적인 평가를 실시해야 한다는 것이다.

▌외부평가

외부평가는 중앙정부, 지방자치단체, 모기관 등이 여러 대상 도서관에 대하여 평가기준을 미리 제시해 놓고 일정 기간마다 평가를 실시하여 평가결과를 발표하고 우수한 평가를 받은 도서관을 시상함으로써 도서관간의 경쟁력을 높여주고 국가 전체 도서관들의 수준을 향상시키는 데 목적을 두고 있다.

우리나라의 도서관에 대한 외부평가는 1994년 대학종합평가인정제도 실시에 따라 대학도서관을 대상으로 먼저 실시되었고, 공공도서관에 대한 외부평가로는 1998년부터 문화기반시설 관리운영 평가가 실시되다가 3년 만에 폐지된 바 있다. 전국도서관에 대한 종합적인 평가제도는 2007년 대통령소속 도서관정보정책위원회의 발족으로 체계화되기 시작하였다. 현행 도서관법 제12조에 의하면 도서관정보정책위원회의 임무 중의 하나로 '도서관 운영평가에 관한 사항'이 명시되어 있으며, 이에 따라 동 위원회는 매년 전국 도서관을 대상으로 평가기준을 마련하고 평가를 실시하고 있다. 2013년도 도서관평기지표는 다음과 같다.

▌2013 평가지표 총괄

4개 관종 27개 영역 118개 평가지표로, 공공도서관 9개 영역 36개 지표, 학교도서관 5개 영역 18개 지표, 전문도서관 5개 영역 38개 지표, 병영도서관 8개 영역 26개 지표(2013 도서관운영평가위원회 심의·확정).

도서관평가지표 총괄표

구 분	평가영역	배 점	총 점
공공도서관	1. 계획	100	900점 (소규모도서관 500점)
	2. 서비스	230	
	3. 전자서비스	100	
	4. 장서관리	140	
	5. 인적 자원	110	
	6. 시설	40	
	7. 홍보	70	
	8. 교류협력	50	
	9. 지역사회유대	60	
학교도서관	1. 시설·설비	50	500점
	2. 자료	100	
	3. 인적 자원	90	
	4. 정보·교육서비스	150	
	5. 운영·예산	110	
전문도서관	1. 도서관 경영	15	100점
	2. 인적 자원	15	
	3. 시설환경	10	
	4. 정보자원	25	
	5. 정보서비스	35	
병영도서관	1. 계획	5	100점
	2. 재정	5	
	3. 서비스	20	
	4. 장서관리	20	
	5. 인적 자원	15	
	6. 시설	10	
	7. 교류협력	10	
	8. 지원 및 활동	15	

공공도서관부문 세부지표

영역		세부평가지표	배점	A그룹		B 그룹	
Ⅰ.계획 (100)		(1) 지역사회 구성원의 특성 파악	20	20	O	-	X
		(2) 중장기 발전계획의 수립(정성평가)	50	50	O	-	X
		(3) 도서관 운영개선을 위한 자체평가 실시 여부	10	10	O	-	X
		(4) 경영혁신 및 운영개선(정성평가)	20	20	O	20	O
Ⅱ.서비스 (230)		(5) 이용자 서비스 헌장(행정서비스헌장) 제정 및 이행 실태	10	10	O	10	O
		(6) 봉사대상 인구 1인당 대출 권 수	40	40	O	40	O
		(7) 자료실 개관 일수	10	10	O	10	O
		(8) 다양한 참고봉사 실시 여부	20	20	O	-	X
		(9) 상호대차 실시 여부	10	10	O	-	X
		(10) 문화프로그램 실적 및 우수성(정성평가)	40	40	O	-	X
		(11) 도서관 및 독서 관련 프로그램 실적 및 우수성(정성평가)	40	40	O	-	X
		(12) 노인 및 장애인, 저소득층, 다문화가족 등 특수계층을 위한 서비스 우수성(정성평가)	30	30	O	30	O
		(13) 도서관 이용교육 실시 현황	30	30	O	30	O
Ⅲ.전자 서비스 (100)	정보안내 서비스	(14) 자료정보	10	10	O	10	O
		(15) 문화행사	10	10	O	10	O
		(16) 지역정보	10	10	O	10	O
	이용자 서비스	(17) 게시판 운영	10	10	O	10	O
		(18) 커뮤니티 운영	10	10	O	10	O
		(19) 온라인 참고서비스 제공	10	10	O	-	X
		(20) 모바일 서비스	10	10	O	-	X
	전자자료	(21) 전자자료 제공 종류와 규모	30	30	O	30	O
Ⅳ.장서 관리 (140)		(22) 자료구입 예산	50	50	O	50	O
		(23) 장서구성의 주제 다양성	40	40	O	40	O
		(24) 연간 장서증가율	20	20	O	20	O
		(25) 명문화된 장서개발 지침 수립 여부	30	30	O	-	X
Ⅴ.인적 자원 (110)		(26) 최고 관리자의 전문성 및 경력	30	30	O	-	X
		(27) 사서 및 직원 현황	30	30	O	30	O
		(28) 전문성 증진을 위한 직원 교육훈련 체계	50	50	O	-	X
Ⅵ.시설(40)		(29) 도서관 자료실 면적(자료 공간, 이용자 공간) 비율	20	20	O	20	O

	(30) 장애인을 위한 편의시설	20	20	O	20	O
VII.홍보(70)	(31) 도서관 홍보 활동 실시 현황(정성평가)	40	40	O	40	O
	(32) 도서관 소식지 또는 간행물 발간 여부	30	30	O	–	X
VIII.교류 협력(50)	(33) 타 관종 도서관과의 협력	20	20	O	–	X
	(34) 작은도서관(문고)과의 연계서비스 (정성평가)	30	30	O	–	X
IX.지역 사회유대 (60)	(35) 지역사회 유대 활동의 우수성(정성 평가)	30	30	O	30	O
	(36) 도서관 운영위원회 구성 및 실적	30	30	O	30	O
총계		900	900	–	500	–

외부평가는 개별 도서관의 입장에서는 상부 기관에서 제시한 기준에 따라 강제적으로 평가하므로 개별 도서관 자체적으로는 불필요한 요소라도 평가를 받기 위해서는 형식적으로 자료를 만들어야 하는 등 실제적이지 못한 면이 있다는 비판이 있을 수 있다.

그러나 국가적인 도서관 평가제도는 평가요소가 도서관 경영의 전 부문에 걸쳐있고, 매년 사회문화적 현실을 반영하여 지표를 개선함으로써 도서관 발전의 종합적인 가이드라인이 되고 있다. 또한 개별도서관은 이러한 외부평가를 통해 다른 도서관들과 비교·분석하고 벤치마킹을 실시하여 경영개선을 할 수 있는 계기를 마련할 수 있으며 나아가 해당 지방자치단체, 지방의회, 유관단체에 설명력 있는 객관적인 근거자료를 제시하여 지원과 협조를 이끌어낼 수 있다는 점에서 외부평가의 유용성이 있다고 하겠다.

12.1.3 정량평가와 정성평가

도서관 평가를 평가기법에 따라 구분하면 수량적 통계데이터로 평가하는 정량적 방법과 고객만족도와 같은 질적인 문제를 평가하는 정성적 평가로 나눌 수 있다. 정량적 평가는 수량 통계를 기반으로 하기 때문에 객관성을 확보할 수 있는 장점이 있지만 수량적 데이터만으로는 서비스의 질적 수준이 나타나지 않으며, 수량적으로 많은 것이 반드시 효율적이고 효과적이라는 것을 보장하지 못한다는 단점이 있다.

정성적 평가는 도서관의 이용자 만족이나 사회적 효과와 같이 도서관의 품질수준을 측정, 공표함으로서 도서관의 사회적 역할과 위상을 제고할 수 있다는 점에서 평가의 가치와 필요성이 매우 높은 부분이다. 그러나 질적 평가를 위한 객관적 기준 및 지표의 설정이 어렵다는 단점이 있다. 도서관의 평가는 정량적 평가와 정성적 평가를 종합적으로 고려해야만 도서관 경영의 효율성과 효과성을 아울러 평가할 수 있다. 『한국도서관기준』의 평가기준을 보면 대부분이 정량적 기준으로 제시되어 있고, 질적 평가기준은 이용자 만족도의 설문조사 항목만이 포함되어 있을 뿐이다.

2003년 판 『한국도서관기준』의 공공도서관 평가기준(2013년판에는 공공도서관 평가기준이 누락되어 있음)

■ 평가기준

■ 공공도서관에 적용될 수 있는 평가지표는 다음과 같다.

1) 자료: 도서, 연속간행물, 시청각자료, 전자자료 등으로 구분한 각 자료의 종류, 범위, 최신성, 봉사대상 인구 대비 총 자료량, 연간증가량, 단말기/개인용 컴퓨터의 제공, 전체 자료 수 대비 이용 자료 수, 참고 정보봉사 제공건수 등

2) 인적 자원: 직원의 질(교육, 전문성, 자질 등), 봉사수준(친절정도, 봉사태도), 구성비율(사서직원, 보조직원 등), 봉사 대상인구 대비 사서 직원 수 전체 직원 수, 전체 직원 수 대비 참고 정보봉사제공 건수

---

3) 품질: 반드시 이용자의 만족도에 대한 설문이 포함되어야 함.

4) 이용: 접근성(자료 탐색 시 충족률), 봉사의 신속성(요구처리 소요시 간), 봉사대상 인구 대비 도서관 등록자 수, 도서관 이용횟수, 연간 대출(관외) 수, 관내자료 이용횟수, 봉사대상 인구 대비 참고 정보봉 사 처리건수, 참고 정보봉사 제공 완성도 등

5) 비용: 봉사대상 인구 대비 도서관 예산 총액, 연간증가예산, 자료비, 이용자료 수, 참고 정보봉사 제공건수, 도서관의 기능(도서처리, 프 로그램 제공)당 단위비용, 인건비, 서비스 단위비용 등

또한 앞서 언급한 도서관정보정책위원회의 공공도서관 평가지표 역시 양적인 지표를 위주로 구성하고 있으며 질적인 평가는 2009년 도 평가부터 고객만족도 조사 부분이 추가되어 시행되고 있다.

12.2 도서관 서비스의 질적 평가

고객만족을 포함한 도서관 서비스의 질적인 문제를 평가하기 위해 서는 경영학의 마케팅 분야에서 개발된 서비스 품질 평가기법을 도 입하여 도서관에 알맞게 적용할 수 있다. 지금까지 알려진 공공도서 관의 품질평가 기법은 경영학의 서비스품질 평가기법을 응용한 것으 로서 서비스의 특성과 품질의 정의 및 이에 따른 측정도구들이 제안 되어왔다.[1]

---

1) 이종권. 2005. 『공공도서관의 서비스 질 평가모델 연구』. 한국학술정보(주).

12.2.1 서비스의 특성

서비스의 특성은 첫째, 서비스는 무형(intangible)이다. 서비스는 업무수행이나 경험이기 때문에 미리 보여줄 수 없고 감지할 수도 없으며 산출결과도 무형적이다. 둘째, 서비스는 이질적(heterogeneous)이라는 것이다. 서비스는 제공자에 따라, 고객에 따라, 시점에 따라 모두 다르게 나타난다. 셋째, 서비스는 생산과 소비를 분리할 수 없다(inseparable)는 것이다. 서비스는 생산자와 소비자 사이의 상호작용을 통한 전달 과정에서 동시에 이루어진다는 것이다.[2]

이러한 서비스의 기본적 특성으로 인해 제품의 품질에서처럼 객관적인 기준을 제시할 수 없어 서비스 질의 개념을 쉽게 정의하기가 어려웠다. 따라서 서비스의 질은 객관적인 차원이 아니라 고객의 인지적, 주관적 차원에서 개념정의가 이루어졌다. 마케팅 분야에서 패러슈러만 등은 서비스의 질은 고객이 서비스에 대하여 기대하는 수준을 충족하거나 능가하는 정도, 즉 서비스에 대한 '고객의 기대와 지각 사이의 불일치의 정도'라고 정의하고, 서비스 질을 측정하기 위한 서브퀄(SERVQUAL: service quality) 척도를 개발하였다.

---

2) Valarie A. Zeithaml, A. Parasurman & Leonard L. Berry. 1990. *Delivering Quality Services Balancing Customer Perception and Expectations*. New York: The Free Press. p. 15.

패러슈러만의 SERVQUAL 척도

차원	번호	척도문항
유형성	1	현대적 장비와 시설
	2	물리적 시설의 시각적 매력
	3	종업원들의 용모 단정
	4	팸플릿 등 설명 자료들의 시각적 매력
신뢰성	5	고객과의 약속을 잘 지킴
	6	고객의 문제 해결에 성의 있는 관심을 보임
	7	처음부터 올바른 서비스를 제공
	8	약속한 시간에 서비스를 제공
	9	정확한 업무처리와 기록 유지
반응성	10	종업원들은 언제 서비스가 제공될 것인가를 정확하게 알려줌
	11	종업원들은 고객에게 즉각적인 서비스를 제공
	12	종업원들은 항상 고객에게 기꺼이 도움을 줌
	13	종업원들은 아무리 바빠도 고객의 요청에 응답
보증성	14	종업원들의 직무관련 행위는 고객에게 신뢰감을 줌
	15	고객들은 행동에 편안함을 느낌
	16	종업원들은 고객에게 항상 예의바르고 공손함
	17	종업원들은 고객의 질의에 답변할 지식을 가지고 있음
공감성	18	회사는 고객에게 개별적인 관심을 기울임
	19	회사는 모든 고객에게 편리한 시간에 운영
	20	종업원은 고객에게 개인적인 관심을 기울임
	21	회사는 고객의 최선의 이익을 도모함
	22	종업원은 고객의 특수한 요구를 이해함

서비스 품질은 주관적이고 추상적인 개념이기 때문에 측정의 방법도 고객을 대상으로 그들의 기대와 지각을 조사하는 인지적 접근 방법에 의존하고 있다. 패러슈러만 등은 서비스 질의 속성을 분류하여 추상적인 서비스의 질을 구체적으로 측정하기 위한 5개의 차원을 설정하였다. 서비스 질의 5개 차원은 유형성, 신뢰성, 반응성, 보장성,

공감성 등 5개의 기준으로 구분하였다.

- 유형성(tangibles): 물리적 시설, 장비, 사람, 커뮤니케이션 도구의 외형.
- 신뢰성(reliability): 약속된 서비스를 정확하고 믿음성 있게 수행하는 능력.
- 반응성(responsiveness): 고객을 도와 즉각적인 서비스를 제공하려는 의지.
- 보증성(assurance): 종업원의 지식 및 정중함, 진실과 확신을 전달하는 능력.
- 공감성(empathy): 고객에 대한 개별적인 관심과 배려.

패러슈러만 등은 이러한 5개의 차원에 따라 서비스의 품질을 측정하기 위한 22개 항목의 SERVQUAL 척도를 개발하였다.[3] 이들은 고객에 의한 서비스 질 평가는 고객의 기대와 고객의 지각 사이의 갭(gap)을 측정하여 이를 줄이는 방법을 제안하였다.

12.2.2 도서관 서비스 質평가 측정의 갭 이론(gap theory)

마케팅 분야의 서비스 질 평가를 위한 갭 이론은 고객의 서비스의 기대와 현재의 서비스 수준에 대한 고객의 지각간의 격차를 서비스 질로 정의하고 기대와 지각간의 갭이 큰 요인들을 찾아내어 개선할 수 있는 방법론을 제공하는 점에서 각종의 서비스 분야에 광범위하게 활용되고 있다.

그러나 마케팅 분야에서 개발된 서브퀄(SERVQUAL: service quality) 척

---

3) 이종권. 2005. 앞의 책. 25쪽.

도는 일반적인 서비스 기업을 대상으로 한 것이기 때문에 모든 서비스 업종에 통용될 수 없다는 한계를 지니고 있다. 따라서 도서관은 각 도서관의 속성에 따른 서브퀄 척도를 설계하여 사용할 수 있다. 다음은 필자가 설계한 공공도서관의 서브퀄 척도로서 이러한 척도를 설문 문항으로 구성하여 각 문항별로 고객관점의 서비스 중요도와 서비스 만족도의 격차를 측정하여 격차가 클수록 서비스 질이 낮고 격차가 없으면 서비스 질이 높은 것으로 평가할 수 있다.[4]

이러한 갭 이론에 바탕을 둔 공공도서관 서비스 질 측정 척도를 개별도서관에서 해당 도서관에 알맞게 문항을 가감하여 연 1회 정도 설문조사를 통해 자체 조사 분석을 해본다면 해당 도서관의 서비스 항목 가운데 고객의 기대와 실제 수준의 갭을 알아낼 수 있어 갭이 큰 요소부터 우선적으로 개선해 나가는 방법으로 업무 개선을 할 수 있을 것이다.

한편 최근에는 도서관의 서비스 질 평가를 위한 척도를 라이브퀄 (LIBQUAL: library quality)이라는 용어로 사용하고 있다. 다음은 필자가 설계한 공공도서관의 라이브퀄 척도이다.

서비스 분야	서비스 질 요인	서브퀄차원
안내·홍보	1. 도서관 홈페이지 내용 충실성 2. 외부 길거리 안내표지의 충분성 3. 도서관 안내데스크의 친절성 4. 도서관 내부 안내 표지의 정확성 5. 도서관 홍보자료의 다양성 6. 대중교통의 편리성	공감성
건물·시설	1. 주차공간의 충분성 2. 도서관의 건물 규모의 적절성 3. 도서관 내부 환경의 쾌적성 4. 도서관 내부 냉·난방의 적정성	유형성

---

4) 이종권. 2005. 앞의 책. 26쪽.

	5. 도서관 내부시설 배치의 편리성 6. 도서관의 비품의 충분성 7. 도서관의 식수대 배치의 충분성 8. 도서관의 구내식당의 청결성 9. 도서관의 휴게실의 청결성 10. 도서관의 화장실의 청결성	
장서관리	1. 자료의 구성의 다양성 2. 장서수의 충분성 3. 연속간행물의 다양성 4. 장서의 최신성 5. 희망자료 신청처리의 신속성 6. 소장자료의 상태의 완전성 7. 전자자료, 비도서자료의 다양성 8. 자료 보존상태의 완전성	신뢰성
장비	1. 복사기의 편리성 2. 비디오 플레이어의 편리성 3. 컴퓨터 프린터의 편리성	유형성
온라인 목록	1. 인터넷 컴퓨터 수의 충분성 2. 인터넷 컴퓨터의 최신성 3. 목록검색용 컴퓨터의 충분성 4. 목록검색 처리속도의 신속성 5. 목록내용 구성의 충실성 6. 목록기능(대출, 예약 등)의 다양성	반응성
직원	1. 직원배치의 적정성 2. 직원의 예의바름 3. 직원의 능력의 전문성 4. 직원의 활동의 적극성 5. 직원의 고객태도 친절성	보증성
대기시간	1. 개관시간의 충분성 2. 대출 대기시간의 신속성 3. 복사 대기시간의 신속성	반응성
불만처리	1. 건의 및 불만제기의 용이성 2. 건의 및 불만처리 신속성	반응성
문화행사	1. 문화행사의 다양성 2. 문화프로그램의 내용 충실성	공감성
합 계	45 문항	

이상과 같이 도서관의 경영평가는 자체평가와 외부평가, 수량적 평가와 정성적 평가로 나누어 각 도서관의 실정에 따라 종합적으로 평가를 시행해야 한다. 이렇게 함으로써 개별도서관은 물론 국가 전체적으로 공공도서관의 지속적인 경영개선을 도모할 수 있으며 나아가 공공도서관의 사회적 사명과 목적을 달성할 수 있을 것이다.

1. 도서관 평가의 의의와 필요성을 논하시오.

2. 도서관의 평가에 있어 자체평가와 외부평가의 장단점을 설명하시오.

3. 정량평가와 정성평가를 비교하여 그 의의와 유의점을 설명하시오.

4. 서비스의 특징을 구체적으로 설명하시오.

5. 서브퀄(SERVQUAL)의 개념과 적용방법을 구체적으로 설명하시오.

부 록

도서관법
도서관법 시행령
도서관법 시행규칙
작은도서관 진흥법
작은도서관 진흥법 시행령
학교도서관 진흥법
학교도서관 진흥법 시행령
국회도서관법

도서관법

[시행 2012.8.18] [법률 제11310호, 2012.2.17, 일부개정]
문화체육관광부(도서관정보정책기획단 도서관정책과), 02-3704-2715

제1장 총칙

제1조(목적) 이 법은 국민의 정보 접근권과 알 권리를 보장하는 도서관의 사회적 책임과 그 역할 수행에 필요한 사항을 규정하여, 도서관의 육성과 서비스를 활성화함으로써 사회 전반에 대한 자료의 효율적인 제공과 유통, 정보접근 및 이용의 격차해소, 평생교육의 증진 등 국가 및 사회의 문화발전에 이바지함을 목적으로 한다.

제2조(정의) 이 법에서 사용하는 용어의 정의는 다음과 같다. 〈개정 2009.3.25〉

1. "도서관"이라 함은 도서관자료를 수집·정리·분석·보존하여 공중에게 제공함으로써 정보이용·조사·연구·학습·교양·평생교육 등에 이바지하는 시설을 말한다.

2. "도서관자료"란 인쇄자료, 필사자료, 시청각자료, 마이크로형태자료, 전자자료, 그 밖에 장애인을 위한 특수자료 등 지식정보자원 전달을 목적으로 정보가 축적된 모든 자료(온라인 자료를 포함한다)로서 도서관이 수집·정리·보존하는 자료를 말한다.

3. "도서관 서비스"라 함은 도서관이 도서관자료와 시설을 활용하여 공중에게 제공하거나 지원하는 대출·열람·참고서비스, 각종 시설과 정보기기의 이용서비스, 도서관자료 입수 및 정보해득력 강화를 위한 이용지도교육, 공중의 독서활동 지원 등 일체의 유·무형의 서비스를 말한다.

4. "공공도서관"이라 함은 공중의 정보이용·문화활동·독서활동 및 평생교육

을 위하여 국가 또는 지방자치단체가 설립·운영하는 도서관(이하 "공립 공공도서관"이라 한다) 또는 법인(「민법」이나 그 밖의 법률에 따라 설립된 법인을 말한다. 이하 같다), 단체 및 개인이 설립·운영하는 도서관(이하 "사립 공공도서관"이라 한다)을 말한다. 다음 각 목의 시설은 공공도서관 의 범주 안에 포함된다.

가. 공중의 생활권역에서 지식정보 및 독서문화 서비스의 제공을 주된 목 적으로 하는 도서관으로서 제5조에 따른 공립 공공도서관의 시설 및 도서관자료기준에 미달하는 작은도서관

나. 장애인에게 도서관 서비스를 제공하는 것을 주된 목적으로 하는 장애 인도서관

다. 의료기관에 입원 중인 사람이나 보호자 등에게 도서관 서비스를 제공 하는 것을 주된 목적으로 하는 병원도서관

라. 육군, 해군, 공군 등 각급 부대의 병영 내 장병들에게 도서관 서비스를 제공하는 것을 주된 목적으로 하는 병영도서관

마. 교도소에 수용 중인 사람에게 도서관 서비스를 제공하는 것을 주된 목 적으로 하는 교도소도서관

바. 어린이에게 도서관 서비스를 제공하는 것을 주된 목적으로 하는 어린 이도서관

5. "대학도서관"이라 함은 「고등교육법」 제2조에 따른 대학 및 다른 법률의 규정에 따라 설립된 대학교육과정 이상의 교육기관에서 교수와 학생, 직원 에게 도서관 서비스를 제공하는 것을 주된 목적으로 하는 도서관을 말한다.

6. "학교도서관"이라 함은 「초·중등교육법」 제2조에 따른 고등학교 이하의 각급 학교에서 교사와 학생, 직원에게 도서관 서비스를 제공하는 것을 주 된 목적으로 하는 도서관을 말한다.

7. "전문도서관"이라 함은 그 설립 기관·단체의 소속 직원 또는 공중에게 특 정 분야에 관한 전문적인 도서관 서비스를 제공하는 것을 주된 목적으로 하는 도서관을 말한다.

8. "납본"이라 함은 도서관자료를 발행하거나 제작한 자가 일정 부수를 법령에서 정한 기관에 의무적으로 제출하는 것을 말한다.

9. "온라인 자료"란 정보통신망(「정보통신망 이용촉진 및 정보보호 등에 관한 법률」, 제2조제1항제1호의 정보통신망을 말한다. 이하 같다)을 통하여 공중송신(「저작권법」, 제2조제7호의 공중송신을 말한다. 이하 같다)되는 자료를 말한다.

10. "온라인 자료 제공자"란 온라인 자료를 정보통신망을 통하여 공중송신하는 자를 말한다.

11. "기술적 보호조치"란 「저작권법」에 따라 보호되는 저작권 등의 권리에 대한 침해행위를 효과적으로 방지 또는 억제하기 위하여 그 권리자나 권리자의 동의를 얻은 자가 적용하는 기술적 조치를 말한다.

제3조(적용범위) 이 법은 정보관·정보센터·자료실·자료센터·문화센터 및 이와 유사한 명칭과 기능이 있는 시설 중 대통령령이 정하는 바에 의하여 문화체육관광부장관이 인정하는 시설에 대하여도 적용한다. 〈개정 2009.3.25〉

제4조(국가 및 지방자치단체의 책무) 국가 및 지방자치단체는 국민이 자유롭고 평등하게 지식정보에 접근하고 이를 이용할 수 있도록 도서관의 발전을 지원하여야 하며 이에 필요한 시책을 강구하여야 한다.

제5조(도서관의 시설 및 도서관자료) ① 도서관은 도서관자료의 보존·정리와 이용자의 편의를 위하여 적합한 시설 및 도서관자료를 갖추어야 한다. 〈개정 2009.3.25〉

② 제1항에 따른 도서관의 시설 및 도서관자료의 기준은 대통령령으로 정한다. 〈개정 2009.3.25〉

제6조(사서 등) ① 도서관은 대통령령이 정하는 바에 따라 도서관 운영에 필요한 사서, 「초·중등교육법」 제21조제2항에 따른 사서교사 및 실기교사를 두어야 하며, 도서관 운영에 필요한 전산직원 등 전문직원을 둘 수 있다. 〈개정 2009.3.25, 2012.2.17〉

② 제1항에 따른 사서의 구분 및 자격요건과 양성에 관하여 필요한 사항은 대통령령으로 정한다. 〈개정 2009.3.25, 2012.2.17〉

③ 국가 및 지방자치단체는 도서관직원의 전문적 업무수행 능력향상을 위하여 노력하고 이에 따른 교육기회를 제공하여야 한다.

제7조(도서관의 이용·제공 등) ① 도서관은 도서관자료의 유통·관리 및 이용 등에 관한 업무의 효율성을 높이고 지식정보의 공동이용을 위하여 다른 도서관과 협력하여야 한다. 〈개정 2009.3.25〉

② 도서관은 주민에게 다양한 서비스를 제공하기 위하여 박물관·미술관·문화원·문화의 집 등 각종 문화시설과 교육시설, 행정기관, 관련 단체 및 지역사회와 협력하여야 한다.

③ 대학도서관·학교도서관·전문도서관 등은 그 설립 목적의 수행에 지장이 없는 범위 안에서 공중이 이용할 수 있도록 시설 및 도서관자료를 제공할 수 있다. 〈개정 2009.3.25〉

제8조(이용자의 개인정보보호) 도서관은 도서관이용자의 개인정보 보호를 위하여 다음 각 호의 시책을 강구하여야 한다.
 1. 이용자의 정보수집과 관리, 공개 등에 관한 규정의 제정에 관한 사항
 2. 도서관직원에 대한 관련 교육의 실시에 관한 사항

3. 그 밖에 이용자의 개인정보보호와 관련하여 도서관장이 필요하다고 판단한 사항

제9조(금전 등의 기부) ① 누구든지 도서관의 설립·시설·도서관자료 및 운영을 지원하기 위하여 금전 그 밖의 재산을 도서관에 기부할 수 있다. 〈개정 2009.3.25, 2011.4.5〉

② 국가 또는 지방자치단체가 설립한 도서관은 제1항에 따른 기부가 있을 때에는 「기부금품의 모집 및 사용에 관한 법률」에도 불구하고 이를 접수할 수 있다. 〈신설 2011.4.5〉

제10조 삭제 〈2009.3.25〉

제11조(다른 법률과의 관계) 도서관에 관하여는 다른 법률에 특별한 규정이 있는 경우를 제외하고는 이 법이 정하는 바에 의한다.

제2장 도서관정책의 수립 및 추진체제

제12조(도서관정보정책위원회의 설치) ① 도서관정책에 관한 주요사항을 수립·심의·조정하기 위하여 대통령 소속하에 도서관정보정책위원회(이하 "도서관위원회"라 한다)를 둔다.

② 도서관위원회는 다음 각 호의 사항을 수립·심의·조정한다. 〈개정 2009.3.25〉
1. 제14조의 종합계획의 수립에 관한 사항
2. 도서관 관련 제도에 관한 사항

3. 국가와 지방의 도서관 운영체계에 관한 사항

4. 도서관 운영평가에 관한 사항

5. 도서관 및 도서관자료의 접근·이용격차의 해소에 관한 사항

6. 도서관 전문인력 양성에 관한 사항

7. 그 밖에 도서관정책을 위하여 대통령령으로 정하는 사항

③ 도서관위원회의 사무를 지원하기 위하여 위원회에 사무기구를 두고, 제2항에 따른 기능을 수행하기 위하여 문화체육관광부에 기획단을 둔다. 〈개정 2009.3.25〉

④ 도서관위원회의 사무기구 및 기획단 설치·운영 등에 관하여 필요한 사항은 대통령령으로 정한다.

⑤ 위원장은 사무기구 및 기획단의 업무수행을 위하여 필요한 경우에는 관계 행정기관의 공무원 또는 관련 단체의 임직원의 파견을 요청할 수 있다. 이 경우 요청받은 기관의 장은 특별한 사유가 없는 한 이에 응하여야 한다.

제13조(도서관위원회의 구성) ① 도서관위원회는 위원장 1인과 부위원장 1인을 포함한 30인 이내의 위원으로 구성한다.

② 위원장은 도서관에 관한 전문지식 및 경험이 풍부한 사람 중에서 대통령이 위촉하고, 부위원장은 문화체육관광부장관이 된다. 〈개정 2011.4.5〉

③ 위원은 다음 각 호의 사람이 된다. 〈신설 2011.4.5, 2012.2.17〉

1. 대통령령으로 정하는 관계 중앙행정기관의 장 및 이에 준하는 기관의 장

2. 도서관에 관한 전문지식과 경험이 풍부한 사람 또는 국민의 지식정보 증

진에 관한 전문지식과 경험이 풍부한 사람 중 위원장이 위촉하는 사람. 다만, 초대위원은 부위원장이 위촉한다.

④ 위원장은 회의를 소집·주재한다. 〈개정 2011.4.5〉

⑤ 위원장은 필요한 경우에 부위원장으로 하여금 직무를 대행하게 할 수 있다. 〈개정 2011.4.5〉

⑥ 제3항제2호에 따른 위원의 임기는 2년으로 하되, 1차에 한하여 연임할 수 있다. 〈개정 2009.3.25, 2011.4.5〉

⑦ 위원이 사고로 직무를 수행할 수 없거나 궐위된 때에는 지체없이 새로운 위원을 임명하여야 한다. 이 경우 보임된 위원의 임기는 전임위원의 잔여기간으로 한다. 〈개정 2011.4.5〉

⑧ 도서관위원회의 운영 등에 관하여 필요한 사항은 대통령령으로 정한다. 〈개정 2011.4.5〉

제14조(도서관발전종합계획의 수립) ① 도서관위원회위원장은 도서관의 발전을 위하여 5년마다 도서관발전종합계획(이하 "종합계획"이라 한다)을 수립하여야 한다.

② 종합계획에는 다음 각 호의 사항이 포함되어야 한다. 〈개정 2012.2.17〉
 1. 도서관정책의 기본방향에 관한 사항
 2. 도서관정책의 추진목표와 방법에 관한 사항
　 가. 도서관의 역할강화에 관한 사항
　 나. 도서관의 환경개선에 관한 사항

다. 제43조에 따른 지식정보 취약계층에 대한 도서관 서비스 증진에 관한
   사항

라. 도서관의 협력체계 활성화에 관한 사항

마. 그 밖에 도서관정책의 주요 시책에 관한 사항

3. 역점 추진과제 및 관계 부처 등의 협조에 관한 사항

제15조(연도별 시행계획의 수립 등) ① 중앙행정기관의 장과 특별시장·
광역시장·특별자치시장·도지사 및 특별자치도지사(이하 "시·도지사"
라 한다)는 종합계획에 기초하여 매년 12월말까지 연도별 시행계획(이
하 "시행계획"이라 한다)을 수립하여 추진하여야 한다. 〈개정
2009.3.25, 2012.2.17〉

② 시행계획을 수립·추진함에 있어서 시·도지사는 해당 지역의 교육감과
협의할 수 있다. 〈신설 2009.3.25〉

③ 시행계획의 수립 및 추진에 관하여 필요한 사항은 대통령령으로 정한
다. 〈개정 2009.3.25〉

제16조(재원의 조달) ① 국가 및 지방자치단체는 종합계획 및 시행계획의
추진을 위하여 필요한 재원을 확보하여야 한다.

② 도서관발전을 위하여 필요한 재원의 전부 또는 일부를 「문화예술진흥
법」 제16조에 따른 문화예술진흥기금에서 출연 또는 보조할 수 있다.
〈개정 2009.3.25〉

제17조(도서관 관련 협회등의 설립) ① 문화체육관광부장관은 도서관 상호
간의 도서관자료교환, 업무협력과 운영·관리에 관한 연구, 관련국제단

체와의 상호협력, 도서관 서비스 진흥 및 도서관의 발전, 직원의 자질향
상과 공동이익의 증진을 위하여 필요한 경우에 도서관 관련 협회 등(이
하 "협회 등"이라 한다)의 법인 설립을 허가할 수 있다. 〈개정 2009.3.25〉

② 국가는 제1항에 따른 협회 등의 운영에 필요한 경비를 보조할 수 있다.
〈개정 2009.3.25〉

③ 협회 등에 관하여 이 법에 규정된 것을 제외하고는 「민법」 중 비영리법
인의 규정을 준용한다.

제3장 국립중앙도서관

제18조(설치 등) ① 문화체육관광부장관은 그 소속하에 국가를 대표하는
도서관으로서 국립중앙도서관을 둔다. 〈개정 2009.3.25〉

② 국립중앙도서관은 국가대표도서관으로서 효율적인 업무처리 및 지역
간 도서관의 균형발전을 위하여 필요한 경우에 지역별·분야별 분관을
둘 수 있다.

③ 그 밖에 국립중앙도서관의 조직 및 운영 등에 관하여 필요한 사항은
대통령령으로 정한다.

제19조(업무) ① 국립중앙도서관은 다음 각 호의 업무를 수행한다. 〈개정
2009.3.25〉
1. 종합계획에 따른 관련 시책의 시행
2. 국내외 도서관자료의 수집·제공·보존관리

3. 국가 서지 작성 및 표준화

4. 정보화를 통한 국가문헌정보체계 구축

5. 도서관직원의 교육훈련 등 국내 도서관에 대한 지도·지원 및 협력

6. 외국도서관과의 교류 및 협력

7. 도서관발전을 위한 정책 개발 및 조사·연구

8. 「독서문화진흥법」에 따른 독서 진흥 활동을 위한 지원 및 협력

9. 그 밖에 국가대표도서관으로서 기능을 수행하는데 필요한 업무

② 제1항에 따른 업무수행에 관하여 필요한 사항은 대통령령으로 정한다. 〈신설 2009.3.25〉

③ 제1항제7호의 업무수행을 위하여 국립중앙도서관에 도서관연구소(이하 "연구소"라 한다)를 둔다. 〈개정 2009.3.25〉

④ 연구소의 설립·운영 및 업무에 관하여는 대통령령으로 정한다. 〈개정 2009.3.25〉

⑤ 국립중앙도서관은 그 업무를 효율적으로 수행하기 위하여 국회도서관과 협력하여야 한다. 〈개정 2009.3.25〉

제20조(도서관자료의 납본) ① 누구든지 도서관자료(온라인 자료를 제외한다. 이하 이 조에서 같다)를 발행 또는 제작한 경우 그 발행일 또는 제작일부터 30일 이내에 그 도서관자료를 국립중앙도서관에 납본하여야 한다. 수정증보판인 경우에도 또한 같다. 〈개정 2009.3.25〉

② 국립중앙도서관은 제45조제2항제3호에서 규정한 업무를 수행하기 위하여 필요한 경우 도서관자료를 발행 또는 제작한 자에게 이를 디지털

파일형태로도 납본하도록 요청할 수 있다. 요청을 받은 자는 특별한 사유가 없는 한 이에 응하여야 한다. 〈개정 2009.3.25〉

③ 국립중앙도서관은 제1항 및 제2항에 따라 도서관자료를 납본한 자에게 지체 없이 납본 증명서를 발급하여야 하며 납본한 도서관자료의 전부 또는 일부가 판매용인 경우에는 그 도서관자료에 대하여 정당한 보상을 하여야 한다. 〈개정 2009.3.25, 2012.2.17〉

④ 납본대상 도서관 자료의 선정·종류·형태·부수와 납본 절차 및 보상 등에 관하여 필요한 사항은 대통령령으로 정한다. 〈개정 2009.3.25〉

제20조의2(온라인 자료의 수집) ① 국립중앙도서관은 대한민국에서 서비스되는 온라인 자료 중에서 보존가치가 높은 온라인 자료를 선정하여 수집·보존하여야 한다.

② 국립중앙도서관은 온라인 자료가 기술적 보호조치 등에 의하여 수집이 제한되는 경우 해당 온라인 자료 제공자에게 협조를 요청할 수 있다. 요청을 받은 온라인 자료 제공자는 특별한 사유가 없는 한 이에 응하여야 한다.

③ 수집된 온라인 자료에 본인의 개인정보가 포함된 사실을 알게 된 자는 대통령령으로 정하는 방식에 따라 국립중앙도서관장에게 해당 정보의 정정 또는 삭제 등을 청구할 수 있다.

④ 제3항에 따른 청구에 대하여 국립중앙도서관장이 행한 처분 또는 부작위로 인하여 권리 또는 이익의 침해를 받은 자는 「행정심판법」에서 정하는 바에 따라 행정심판을 청구하거나 「행정소송법」에서 정하는 바에

따라 행정소송을 제기할 수 있다.

⑤ 국립중앙도서관은 제1항에 따라 수집하는 온라인 자료의 전부 또는 일
부가 판매용인 경우에는 그 온라인 자료에 대하여 정당한 보상을 하여
야 한다.

⑥ 수집대상 온라인 자료의 선정·종류·형태와 수집 절차 및 보상 등에 관
하여 필요한 사항은 대통령령으로 정한다.

제21조(국제표준자료번호) ① 도서 또는 연속간행물을 발행하고자 하는 공
공기관, 개인 및 단체는 그 도서 또는 연속간행물에 대하여 국립중앙도
서관으로부터 국제표준자료번호(이하 "자료번호"라 한다)를 부여받아야
한다.

② 국립중앙도서관은 제1항의 규정에 따른 업무를 효율적으로 수행하기
위하여 출판 등 관련 전문기관·단체 등과 상호 협력하여야 한다.

③ 자료번호의 부여에 필요한 사항은 대통령령으로 정한다.

제4장 지역대표도서관 〈개정 2009.3.25〉

제22조(설치 등) ①특별시·광역시·특별자치시·도·특별자치도(이하 "시·
도"라 한다)는 해당지역의 도서관시책을 수립하여 시행하고 이와 관련
된 서비스를 체계적으로 지원하기 위하여 지역대표도서관을 지정 또는
설립하여 운영하여야 한다. 〈개정 2009.3.25, 2012.2.17〉

②제1항에 따른 지역대표도서관의 설립·운영에 관하여 필요한 사항은 대통령령으로 정한다. 〈개정 2009.3.25〉

제23조(업무) 지역대표도서관은 다음 각 호의 업무를 수행한다. 〈개정 2009.3.25〉
1. 시·도 단위의 종합적인 도서관자료의 수집·정리·보존 및 제공
2. 지역의 각종 도서관 지원 및 협력사업 수행
3. 도서관 업무에 관한 조사·연구
4. 지역의 도서관자료수집 지원 및 다른 도서관으로부터 이관받은 도서관자료의 보존
5. 국립중앙도서관의 도서관자료 수집활동 및 도서관 협력사업 등 지원
6. 그 밖에 지역대표도서관으로서 필요한 업무

제24조(지방도서관정보서비스위원회의 설치 등) ①시·도는 관할지역 내에 있는 도서관의 균형 있는 발전과 지식정보격차의 해소에 관한 주요사항을 심의하기 위하여 지방도서관정보서비스위원회(이하 "지방도서관위원회"라 한다)를 둔다.

② 지방도서관위원회는 다음 각 호의 사항을 심의한다.
1. 지방도서관의 균형발전에 관한 사항
2. 지방도서관의 지식정보격차 해소에 관한 사항
3. 그 밖에 지방도서관정책을 위하여 지방도서관위원회에서 필요하다고 인정하는 사항

③ 지방도서관위원회는 위원장 1인과 부위원장 1인을 포함한 15인 이내의 위원으로 구성한다.

④ 위원장은 시·도지사가 되고, 부위원장은 지역대표도서관장이 되며 위원은 도서관에 관한 전문지식과 경험이 풍부한 자 중 위원장이 위촉하는 자가 된다.

⑤ 위원장은 회의를 소집·주재한다.

⑥ 위원장은 필요한 경우에 부위원장으로 하여금 직무를 대행하게 할 수 있다.

⑦ 지방도서관위원회의 운영에 관하여 필요한 사항은 당해 지방자치단체의 조례로 정한다.

제25조(운영비의 보조) 국가는 도서관 협력체계의 효율적 운영을 위하여 지역대표도서관을 설치한 시·도에 대하여 그 사업비의 일부를 보조할 수 있다.

제26조(도서관자료의 제출) ① 지방자치단체가 자료를 발행 또는 제작한 경우에는 그 발행일 또는 제작일부터 30일 이내에 그 도서관자료를 관할지역 안에 있는 지역대표도서관에 제출하여야 한다. 수정증보판인 경우에도 또한 같다. 〈개정 2009.3.25〉

② 제출대상 도서관자료의 종류·부수 및 제출 절차 등에 관하여 필요한 사항은 대통령령으로 정한다. 〈개정 2009.3.25〉

제4장의2 공공도서관 〈신설 2009.3.25〉

제27조(설치 등) ① 국가 또는 지방자치단체는 대통령령이 정하는 바에 따라 공립 공공도서관을 설립·육성하여야 한다. 〈개정 2009.3.25〉

② 누구든지 사립 공공도서관을 설립·운영할 수 있다. 〈개정 2009.3.25〉

③ 제1항에 따라 설립된 공립 공공도서관은 "도서관"이라는 명칭을 사용하여야 한다. 〈개정 2009.3.25〉

제28조(업무) 공공도서관은 정보 및 문화, 교육센터로서 수행하여야 할 기능을 발휘할 수 있도록 다음 각 호의 업무를 수행한다. 〈개정 2009.3.25〉
 1. 도서관자료의 수집·정리·보존 및 공중에 이용 제공
 2. 공중에 필요한 정보의 제공 및 지방행정에 필요한 정보의 제공
 3. 독서의 생활화를 위한 계획의 수립 및 실시
 4. 강연회, 전시회, 독서회, 문화행사 및 평생교육 관련 행사의 주최 또는 장려
 5. 다른 도서관과의 긴밀한 협력 및 도서관자료의 상호대차
 6. 지역 특성에 따른 분관 등의 설립 및 육성
 7. 그 밖에 공공도서관으로서의 기능수행에 필요한 업무

제29조(공립 공공도서관의 운영 및 지원 등) ① 국가 및 지방자치단체는 도서관의 설립·운영 및 도서관자료수집에 관하여 필요한 경비의 일부를 보조하는 등 공립 공공도서관의 균형 있는 발전과 효율적 운영을 위하여 필요한 지원을 할 수 있다. 〈개정 2009.3.25〉

② 지방자치단체가 설립·운영하는 공립 공공도서관에 대하여는 당해 지방자치단체의 일반회계에서 그 운영비를 부담하여야 한다. 〈개정 2009.3.25〉

③ 「지방교육자치에 관한 법률」 제32조에 따라 교육감이 설립·운영하는 공립 공공도서관에 대하여는 해당지방자치단체의 일반회계 예산의 범위 안에서 그 운영비의 일부를 부담하여야 한다. 〈개정 2006.12.20, 2009.3.25〉

제30조(공립 공공도서관의 관장 및 도서관운영위원회) ① 공립 공공도서관의 관장은 사서직으로 임명한다.

② 공립 공공도서관은 해당도서관의 효율적인 운영을 도모하고 각종 문화시설과 긴밀히 협조하기 위하여 도서관운영위원회를 두어야 한다.

③ 제2항에 따른 도서관운영위원회의 구성 및 운영에 관하여 필요한 사항은 당해 지방자치단체의 조례로 정한다. 〈개정 2009.3.25〉

제31조(사립 공공도서관의 등록 및 폐관) ① 누구든지 사립 공공도서관을 설립하고자 할 때에는 제5조 및 제6조에 따른 시설·도서관자료 및 사서 등에 관한 기준을 갖추고 대통령령이 정하는 바에 따라 특별자치시장·특별자치도지사·시장·군수·자치구의 구청장(이하 "시·군·구청장"이라 한다)에게 등록신청을 할 수 있다. 이 경우 시·군·구청장은 등록증을 발급하여야 한다. 〈개정 2009.3.25, 2012.2.17〉

② 제1항에 따라 등록한 자가 그 등록사항을 변경하려면 변경등록을 하여야 한다. 〈신설 2009.3.25〉

③ 제1항에 따라 등록한 사립 공공도서관의 설립자가 당해 도서관을 폐관하고자 할 때에는 시·군·구청장에게 등록증을 반납하여야 한다. 〈개정 2009.3.25〉

제31조의2(등록의 취소 등) ① 시·군·구청장은 제31조제1항에 따라 등록한 사립 공공도서관이 다음 각 호의 어느 하나에 해당하면 등록을 취소하거나 기한을 정하여 시정을 요구하거나 6개월 이내의 기간을 정하여 운영정지를 명할 수 있다.

1. 거짓이나 그 밖의 부정한 방법으로 등록을 한 경우
2. 제31조제2항에 따른 변경등록을 하지 아니한 경우
3. 제5조 및 제6조에 따른 시설 및 도서관자료기준 등을 유지하지 못하여 제28조에 따른 업무를 수행할 수 없다고 인정되는 경우
4. 그 밖에 이 법에 따른 도서관의 설립목적을 위반하여 관리·운영한 경우

② 제1항에 따라 등록이 취소된 때에는 그 도서관의 대표자는 시·군·구청장에게 1개월 이내에 등록증을 반납하여야 한다.

제31조의3(청문) 시·군·구청장이 제31조의2에 따라 등록을 취소하거나 운영정지를 명하려는 경우에는 청문을 실시하여야 한다. 〈개정 2012.2.17〉

제32조(사립 공공도서관의 지원 등) ① 국가 및 지방자치단체는 제31조제1항에 따라 등록한 사립 공공도서관의 균형 있는 발전과 효율적 운영에 필요한 지원을 할 수 있다. 〈개정 2009.3.25, 2011.4.5〉

② 국가 및 지방자치단체의 장은 사립 공공도서관의 조성 및 운영에 필요하다고 인정하는 경우 「국유재산법」 또는 「공유재산 및 물품 관리법」 등의 관계 규정에도 불구하고 국유·공유 재산을 무상으로 사용하게 하거나 대부할 수 있다. 〈신설 2011.4.5〉

제33조(사용료 등) 공공도서관은 대통령령이 정하는 바에 따라 그 이용자에게서 사용료 등을 받을 수 있다. 〈개정 2009.3.25〉

제5장 대학도서관

제34조(설치) 「고등교육법」 제2조에 따른 대학 및 다른 법률의 규정에 따라 설립된 대학교육과정 이상의 교육기관에는 대학도서관을 설치하여야 한다. 〈개정 2009.3.25〉

제35조(업무) 대학도서관은 교수와 학생의 연구 및 교육활동과 교직원 등의 지식정보 함양에 필요한 다음 각 호의 업무를 수행한다.
 1. 대학교육에 필요한 각종 정보자료의 수집·정리·보존 및 서비스 제공
 2. 효율적 교육 과정의 수행을 위한 지원
 3. 다른 도서관 및 관련 기관과의 상호협력과 서비스 제공
 4. 그 밖에 대학도서관으로서의 기능수행에 필요한 업무

제36조(지도·감독) 대학도서관은 「고등교육법」과 「사립학교법」 및 그 밖의 법률의 규정에 따른 해당대학의 지도·감독이나 교육기관의 감독청의 지도·감독을 받아야 한다.

제6장 학교도서관

제37조(설치) 「초·중등교육법」 제2조에 따른 학교에는 학교도서관을 설치하여야 한다. 〈개정 2009.3.25〉

제38조(업무) 학교도서관은 학생 및 교원 등의 교수, 학습활동을 지원하기 위하여 다음 각 호의 업무를 수행한다. 〈개정 2009.3.25〉
 1. 학교교육에 필요한 도서관자료의 수집·정리·보존 및 이용서비스 제공
 2. 학교소장 교육 자료의 통합관리 및 이용 제공

3. 시청각자료 및 멀티미디어 자료의 개발·제작 및 이용 제공

4. 정보관리시스템과 통신망을 이용한 정보공유체제의 구축 및 이용 제공

5. 도서관 이용의 지도 및 독서교육, 협동수업 등을 통한 정보 활용의 교육

6. 그 밖에 학교도서관으로서 해야 할 기능수행에 필요한 업무

제39조(지도·감독) 학교도서관은 「초·중등교육법」과 「사립학교법」 및 그 밖의 법률의 규정에 따른 해당학교의 감독청의 지도·감독을 받는다.

제7장 전문도서관

제40조(등록 및 폐관) ① 국가, 지방자치단체, 법인, 단체 또는 개인은 전문 도서관을 설립할 수 있다.

② 누구든지 전문도서관을 설립(이하 "사립 전문도서관"이라 한다)하고자 할 때에는 제5조 및 제6조에 따른 시설·도서관자료 및 사서 등에 관한 기준을 갖추고 대통령령이 정하는 바에 따라 시·군·구청장에게 등록 신청을 할 수 있다. 이 경우 시·군·구청장은 등록증을 발급하여야 한다. 〈개정 2009.3.25, 2012.2.17〉

③ 제2항에 따라 등록한 자가 그 등록사항을 변경하려면 변경등록을 하여야 한다. 〈신설 2012.2.17〉

④ 제2항에 따라 등록한 사립 전문도서관의 설립자가 해당도서관을 폐관하고자 할 때에는 시·군·구청장에게 등록증을 반납하여야 한다. 〈개정 2009.3.25, 2012.2.17〉

제41조(업무) 전문도서관은 다음 각 호의 업무를 수행한다. 〈개정 2009.3.25〉

1. 전문적인 학술 및 연구 활동에 필요한 도서관자료의 수집·정리·보존 및
   이용서비스 제공
2. 학술 및 연구 활동에 대한 신속하고 효율적인 지원
3. 다른 도서관과의 도서관자료공유를 비롯한 다양한 협력활동
4. 그 밖에 전문도서관으로서의 기능수행에 필요한 업무

제42조(준용) 제31조의2, 제31조의3 및 제32조는 제40조제2항에 따라 등록
된 사립 전문도서관에 대하여 이를 준용한다. 〈개정 2009.3.25, 2012.2.17〉

제8장 지식정보격차의 해소

제43조(도서관의 책무) ① 도서관은 모든 국민이 신체적·지역적·경제적·
사회적 여건에 관계없이 공평한 도서관 서비스를 제공받는 데에 필요한
모든 조치를 하여야 한다.

② 도서관은 장애인, 그 밖에 대통령령으로 정하는 지식정보 취약계층(이
하 "지식정보 취약계층"이라 한다)의 지식정보격차 해소를 위하여 다음
각 호의 조치를 하여야 한다.

1. 도서관자료의 확충, 제공 및 공동 활용체제 구축
2. 교육·문화 프로그램의 확충 및 제공
3. 도서관 편의시설 확충, 이용편의 제공 및 전문인력 배치
4. 다른 도서관 및 관련 단체와의 협력
5. 그 밖에 지식정보격차 해소를 위하여 필요한 사항

제44조(지식정보격차 해소 지원) ① 국가 및 지방자치단체는 지식정보 취

약계층이 도서관 시설과 서비스를 자유롭게 이용할 수 있도록 다음 각 호의 시책을 수립·시행하여야 한다. 〈개정 2012.2.17〉

1. 지식정보격차 해소를 위한 도서관자료의 확충, 제공 및 공동 활용체제의 구축에 관한 사항
2. 지식정보격차 해소를 위한 도서관 편의시설의 확충과 전문인력의 양성에 관한 사항
3. 그 밖에 지식정보격차 해소를 위하여 필요한 사항

② 국가 및 지방자치단체는 지식정보 취약계층의 지식정보격차 해소를 위하여 도서관이 추진하는 사업에 필요한 재원의 전부 또는 일부를 지원할 수 있다. 〈개정 2012.2.17〉

③ 국가 및 지방자치단체는 지식정보 취약계층이 도서관자료를 이용하는 경우 「저작권법」 제31조제5항에 따라 저작재산권자에게 지급하여야 하는 보상금에 대하여 예산의 범위에서 그 전부 또는 일부를 보조할 수 있다. 〈신설 2009.3.25〉

제45조(국립장애인도서관의 설립·운영) ① 국립중앙도서관장 소속하에 지식정보 취약계층 중에서 특히 장애인에 대한 도서관 서비스를 지원하기 위하여 국립장애인도서관을 둔다.

② 국립장애인도서관은 다음 각 호의 업무를 수행한다.
1. 도서관의 장애인서비스를 위한 국가 시책 수립 및 총괄
2. 장애인서비스를 위한 도서관 기준 및 지침의 제정
3. 장애인을 위한 도서관자료의 수집·제작·제작지원 및 제공
4. 장애인을 위한 도서관자료의 표준 제정·평가·검정 및 보급 등에 관한 사항
5. 장애인을 위한 도서관자료의 공유 시스템 구축 및 공동 활용

6. 장애인을 위한 도서관 서비스 및 특수설비의 연구·개발 및 보급

7. 장애인의 지식정보 이용을 위한 교육 및 문화 프로그램에 관한 사항

8. 장애인의 도서관 서비스를 담당하는 전문직원 교육

9. 장애인의 도서관 서비스를 위한 국내외 도서관 및 관련 단체와의 협력

10. 그 밖에 장애인에게 필요한 도서관 서비스에 관한 업무

③ 국립장애인도서관의 설립·운영 및 업무에 필요한 사항은 대통령령으로
정한다.

제9장 보칙

제46조(권한의 위임·위탁) 이 법에 따른 문화체육관광부장관의 권한은 그
일부를 대통령령으로 정하는 바에 따라 시·도지사 또는 소속 기관의 장
에게 위임하거나 협회 및 관련 단체에 위탁할 수 있다. 이 경우 문화체
육관광부장관은 위탁업무 수행을 위하여 협회 및 단체 등에 사업비를
포함한 운영비를 지원할 수 있다. 〈개정 2009.3.25, 2012.2.17〉

제47조(과태료) ① 제20조제1항을 위반한 자에게는 해당 도서관자료 정가
(그 도서관자료가 비매자료인 경우에는 해당 발행 도서관자료의 원가)
의 10배에 해당하는 금액 이하의 과태료를 부과한다.

② 제1항에 따른 과태료는 문화체육관광부장관이 부과·징수한다.

제48조 삭제 〈2009.3.25〉

부칙 〈법률 제8029호, 2006.10.4〉

제1조 (시행일) 이 법은 공포 후 6개월이 경과한 날부터 시행한다.

제2조 (도서관 등록 등에 관한 경과조치) 이 법 시행당시 종전의 「도서관 및 독서진흥법」의 규정에 따라 등록·신고된 도서관 및 문고는 이 법에 따른 것으로 본다.

제3조 (도서관협회 등에 대한 경과조치) 이 법 시행당시 종전의 「도서관 및 독서진흥법」 제14조의 규정에 따라 설립된 협회 등은 이 법에 따라 설립된 단체로 본다. 다만, "새마을문고 중앙회"에 대한 지도·감독은 문화관광부장관과 협의하여 행정자치부장관이 한다.

제4조 (행정처분 등에 관한 경과조치) 이 법 시행당시 종전의 규정에 따라 문화관광부장관 등의 행정기관이 행한 등록, 그 밖의 행정기관의 행위 또는 각종 신고, 그 밖의 행정기관에 대한 행위는 그에 해당하는 이 법에 따른 행정기관의 행위 또는 행정기관에 대한 행위로 본다.

제5조 (다른 법률의 개정) ① 저작권법 일부를 다음과 같이 개정한다.

제28조제1항 중 "도서관 및독서진흥법"을 "「도서관법」"으로 한다.

② 문화예술진흥법 일부를 다음과 같이 개정한다.

제20조제6호를 다음과 같이 한다.
 6. 그 밖에 도서관의 지원·육성 등 문화예술의 진흥을 목적으로 하는 문화시설의 사업이나 활동

제6조 (다른 법령과의 관계) 이 법 시행당시 다른 법령에서 「도서관 및 독

서진흥법」을 인용한 경우에는 「도서관법」을 인용한 것으로 본다.

부칙 〈법률 제9528호, 2009.3.25〉
① (시행일) 이 법은 공포 후 6개월이 경과한 날부터 시행한다.

② (작은도서관에 관한 경과조치) 이 법 시행 당시 등록·신고된 문고는 제2조제4호가목의 개정규정에 따른 작은도서관으로 본다.

부칙 〈법률 제10558호, 2011.4.5〉
이 법은 공포 후 3개월이 경과한 날부터 시행한다.

부칙 〈법률 제11310호, 2012.2.17〉

제1조(시행일) 이 법은 공포 후 6개월이 경과한 날부터 시행한다.

제2조(다른 법률의 개정) 학교도서관진흥법 일부를 다음과 같이 개정한다.

제2조제6호 중 ""사서직원"이란"을 ""사서"란"으로 한다.

제7조제2항제4호 중 "사서직원의"를 "사서의"로 한다.

제12조제2항 중 "사서직원(이하 "사서교사 등"이라 한다)"을 "사서(이하 "사서교사 등"이라 한다)를"로 한다.

도서관법 시행령

[시행 2013.3.23.] [대통령령 제24453호, 2013.3.23., 타법개정]

문화체육관광부(도서관정보정책기획단 도서관정책과), 02-3704-2715

제1조(목적) 이 영은 「도서관법」에서 위임된 사항과 그 시행에 관하여 필요한 사항을 규정함을 목적으로 한다.

제2조(인정요건 및 절차) ① 「도서관법」(이하 "법"이라 한다) 제3조에 따라 문화체육관광부장관은 정보관·정보센터·자료실·자료센터·문화센터 등의 시설 중 공중이 그 시설에서 보존하는 자료를 이용할 수 있는 검색·이용 및 대출에 관한 시설을 갖춘 시설을 직권 또는 신청을 받아 이 법의 적용을 받는 시설로 인정할 수 있다. 〈개정 2008.12.31〉

② 제1항에 따른 시설로 인정을 받으려는 자는 인정신청서에 보존하는 자료의 현황과 검색·이용 및 대출에 관한 시설의 현황에 관한 서류를 첨부하여 문화체육관광부장관에게 제출하여야 한다. 〈개정 2008.12.31〉

제3조(도서관의 시설과 도서관자료) 법 제5조제2항에 따라 도서관이 갖추어야 하는 시설과 도서관자료의 기준은 별표 1과 같다. 〈개정 2009.9.21〉

제4조(사서 등) ① 법 제6조제1항에 따라 도서관에 두는 사서의 기준은 별표 2와 같다. 〈개정 2012.8.13〉

② 법 제6조제2항에 따른 사서의 구분과 자격요건은 별표 3과 같다. 〈개정 2012.8.13〉

③ 문화체육관광부장관은 제2항에 따른 사서의 자격요건을 갖춘 자에게 문화체육관광부령으로 정하는 바에 따라 사서자격증을 발급하여야 한다. 〈개정 2008.12.31, 2012.8.13〉

제5조(도서관정보정책위원회의 심의·조정사항) 법 제12조제2항제7호에서 "대통령령으로 정하는 사항"이란 다음 각 호의 사항을 말한다. 〈개정 2009.9.21, 2012.8.13〉

1. 도서관 운영 및 이용 실태에 관한 사항
2. 법 제24조에 따른 지방도서관정보서비스위원회와의 협력에 관한 사항
3. 도서관 이용 등에 관한 민간 참여 및 자원봉사 활성화에 관한 사항
4. 도서관자료의 교환, 이관, 폐기 및 제적(제적 : 더 이상 이용가치가 없는 도서를 등록대장에서 제거하는 것을 말한다)의 기준과 범위에 관한 사항
5. 도서관의 시설 및 도서관자료 기준과 사서 배치 기준에 관한 사항
6. 제8조에 따른 연도별 시행계획의 수립지침 및 관계 행정기관의 의견조정에 관한 사항
7. 그 밖에 도서관의 주요 정책과 사업에 관한 사항으로서 법 제12조에 따른 도서관정보정책위원회(이하 "도서관위원회"라 한다)의 위원장이 회의에 부치는 사항

제6조(도서관위원회의 당연직 위원) ① 법 제13조제2항제1호에서 "대통령령이 정하는 관계 중앙행정기관의 장 및 이에 준하는 기관의 장"이란 기획재정부장관·미래창조과학부장관·교육부장관·법무부장관·국방부장관·안전행정부장관·문화체육관광부장관·산업통상자원부장관·보건복지부장관·여성가족부장관·국토교통부장관을 말한다. 〈개정 2008.12.31, 2009.9.21, 2010.3.15, 2013.3.23〉

② 도서관위원회의 회의는 재적위원 과반수의 출석으로 개의하고, 출석위

원 과반수의 찬성으로 의결한다.

③ 도서관위원회에 출석하는 위원, 관계 공무원 또는 관계 전문가 등에게
는 예산의 범위에서 수당, 여비 그 밖에 필요한 경비를 지급할 수 있다.
다만, 공무원이 그 소관 업무와 직접 관련하여 도서관위원회에 출석하
는 경우에는 그러하지 아니하다.

④ 이 영에서 정한 것 외에 도서관위원회의 운영에 필요한 사항은 도서관
위원회의 심의를 거쳐 도서관위원회의 위원장이 정한다.

제7조(실무조정회의) ① 도서관위원회의 심의 안건에 대한 관계 행정기관
의 실무협의 및 조정을 위하여 실무조정회의를 둘 수 있다.

② 실무조정회의의 구성과 운영에 필요한 사항은 문화체육관광부령으로
정한다. 〈개정 2008.12.31〉

제8조(연도별 시행계획의 수립·추진) ① 법 제15조에 따른 연도별 시행계
획(이하 "시행계획"이라 한다)의 효율적인 수립을 위하여 문화체육관광
부장관은 도서관위원회의 심의를 거쳐 다음 해의 시행계획 수립지침을
정하고, 이를 9월 30일까지 관계 중앙행정기관의 장과 특별시장·광역시
장·특별자치시장·도지사 및 특별자치도지사(이하 "시·도지사"라 한다)
에게 통보하여야 한다. 〈개정 2008.12.31, 2009.9.21, 2012.8.13〉

② 관계 중앙행정기관의 장과 시·도지사는 제1항의 시행계획 수립지침에
따라 11월 30일까지 다음 각 호의 사항이 포함된 다음 해의 시행계획을
수립하여 문화체육관광부장관에게 제출하여야 한다. 〈개정 2009.9.21〉
1. 해당 연도의 사업추진방향

2. 주요 사업별 추진방향

3. 주요 사업별 세부운영계획

4. 그 밖의 사업추진에 관하여 필요한 사항

③ 문화체육관광부장관은 제2항에 따라 제출된 다음 해의 시행계획을 종합하여 도서관위원회의 심의를 거쳐 확정한 후 이를 12월 31일까지 관계 중앙행정기관의 장 및 시·도지사에게 통보하여야 한다. 〈신설 2009.9.21〉

④ 관계 중앙행정기관의 장 및 시·도지사는 1월 31일까지 전년도 시행계획의 추진 실적을 문화체육관광부장관에게 제출하여야 하며, 문화체육관광부장관은 이를 종합하여 3월 31일까지 도서관위원회에 제출하여야 한다. 〈신설 2009.9.21〉

제9조(도서관직원의 교육훈련) ① 국립중앙도서관은 법 제19조제1항제5호에 따른 도서관직원의 교육훈련을 위하여 사서교육훈련과정을 설치하고 운영하여야 한다.

② 도서관의 장은 소속 직원이 5년에 1회 이상 제1항에 따른 사서교육훈련과정을 이수하도록 하여야 한다.

③ 국립중앙도서관장은 제1항에 따른 사서교육훈련과정의 일부를 다른 도서관·연수기관 또는 문헌정보학과나 도서관학과를 설치한 대학으로 하여금 실시하게 할 수 있다.

④ 제1항부터 제3항까지의 규정에서 정한 것 외에 도서관직원에 대한 교육훈련에 관하여 필요한 사항은 국립중앙도서관장이 정한다.

제10조(국립중앙도서관의 협력업무) 국립중앙도서관은 법 제19조제1항제5호 및 제6호에 따른 국내외 도서관과의 교류와 협력을 위하여 다음 각 호의 업무를 수행하여야 한다. 〈개정 2009.9.21〉

1. 국가문헌정보체계 구축을 통한 정보와 도서관자료의 유통
2. 분담수서(분담수서 : 도서관자료를 분담하여 수집하는 것을 말한다), 상호대차(상호대차 : 도서관간에 도서관자료를 상호교류하는 것을 말한다), 종합목록 및 도서관자료의 공동보존
3. 국내외 희귀 도서관자료의 복제와 배부
4. 도서관자료의 보존과 관련된 지원
5. 국제도서관기구에의 가입과 국제간 공동사업 수행에의 참여
6. 국내외 각종 도서관과의 업무협력 연계체제 구축을 위한 도서관협력망의 운용

제11조(국제교류를 위한 도서관자료의 제공) ① 국립중앙도서관장은 「공공기록물 관리에 관한 법률」 제3조제1호에 따른 공공기관이 발행하거나 제작한 자료 중 법 제19조제1항제6호에 따른 외국도서관과의 교류 및 협력을 위하여 필요한 도서관자료가 있는 경우에는 그 도서관자료의 제공을 요청할 수 있다. 〈개정 2009.9.21〉

② 제1항에 따라 도서관자료의 제공을 요청받은 기관은 해당 도서관자료가 「보안업무규정」에 따른 비밀에 속하는 등의 특별한 사유가 없는 한 도서관자료의 제공에 협조하여야 한다. 〈개정 2009.9.21〉

제12조(독서 진흥 활동을 위한 지원 및 협력) 국립중앙도서관은 법 제19조제1항제8호에 따른 독서 진흥 활동을 위한 지원 및 협력을 위하여 다음 각 호의 업무를 수행하여야 한다.

1. 공중의 독서활동 촉진을 위한 독서 자료(「독서문화진흥법」 제2조제2호에

따른 독서 자료를 말한다) 및 각종 프로그램의 개발과 보급

2. 제21조에 따른 지식정보 취약계층의 독서환경 개선

3. 독서 관련 시설·기관 및 단체와의 협력

제13조(도서관자료의 납본) ① 법 제20조제1항에 따라 국립중앙도서관에 납본(納本)하는 도서관자료는 다음 각 호의 도서관자료로 한다. 〈개정 2008.12.31, 2009.9.21〉

1. 도서

2. 연속간행물

3. 악보, 지도 및 가제식(加除式) 자료

4. 마이크로형태의 자료 및 전자자료

5. 슬라이드, 음반, 카세트테이프, 비디오물 등 시청각자료

6. 「출판문화산업 진흥법」 제2조제4호에 따른 전자출판물 중 콤팩트디스크, 디지털비디오디스크 등 유형물

7. 점자자료, 녹음자료 및 큰활자자료 등 장애인을 위한 특수자료

8. 출판 환경의 변화에 따라 새로운 형태로 발간되는 기록물로서 문화체육관광부장관이 인정하는 도서관자료

② 법 제20조제2항에 따라 국립중앙도서관에 디지털 파일형태로도 납본하도록 요청할 수 있는 도서관자료는 제1항 각 호의 도서관자료 중에서 장애인을 위한 특수자료로 변환 및 제작이 가능한 자료로 한다. 이 경우 디지털 파일형태는 국립중앙도서관장이 제13조의3에 따른 도서관자료 심의위원회의 심의를 거쳐 선정하여 고시한다. 〈개정 2009.9.21〉

③ 제1항에 따른 납본 대상 자료의 납본 부수는 2부로 하고, 제2항에 따른 디지털 파일형태로 된 자료의 납본 부수는 1부로 한다. 〈개정 2009.9.21〉

④ 법 제20조제1항 및 제2항에 따라 도서관자료를 납본하는 자는 문화체육관광부령으로 정하는 바에 따라 도서관자료 납본서를 국립중앙도서관장에게 제출하여야 한다. 다만, 납본한 도서관자료의 전부 또는 일부가 판매용인 경우에는 문화체육관광부령으로 정하는 바에 따라 보상청구서를 제출하여야 한다. 〈신설 2009.9.21〉

제13조의2(온라인 자료의 수집) ① 법 제20조의2제1항에 따라 국립중앙도서관이 수집하는 온라인 자료는 전자적 형태로 작성된 웹사이트, 웹자료 등으로서 국립중앙도서관장이 제13조의3에 따른 도서관자료심의위원회의 심의를 거쳐 선정하여 고시하는 자료로 한다.

② 국립중앙도서관장은 법 제20조의2제1항에 따라 수집하는 온라인 자료의 전부 또는 일부가 판매용인 경우에는 그 온라인 자료를 제공한 자에게 도서관자료 수집증명서를 발급(전자문서에 의한 발급을 포함한다)하여야 한다.

③ 제2항에 따라 도서관자료 수집증명서를 발급받은 온라인 자료 제공자는 문화체육관광부령으로 정하는 바에 따라 도서관자료 보상청구서를 국립중앙도서관장에게 제출(전자문서에 의한 제출을 포함한다)하여야 한다.

④ 국립중앙도서관장은 법 제20조의2제1항에 따라 수집하는 온라인 자료에 대하여 그 대가를 정당하게 보상하기 어려운 경우에는 도서관자료에서 해당 온라인 자료를 삭제하는 등의 조치를 할 수 있다.

제13조의3(도서관자료심의위원회 설치) ① 법 제20조에 따라 납본되는 도서관자료 및 법 제20조의2에 따라 수집되는 온라인 자료의 선정·종류·

형태 및 보상 등에 관한 주요 사항을 심의하기 위하여 국립중앙도서관에 도서관자료심의위원회(이하 "심의위원회"라 한다)를 둔다.

② 심의위원회는 위원장을 포함하여 15명 이내의 위원으로 구성한다.

③ 위원은 다음 각 호의 사람이 되고, 위원장은 제2호에 따라 위촉된 위원 중에서 호선한다. 〈개정 2013.3.23〉
 1. 교육부장관, 안전행정부장관 및 문화체육관광부장관이 지명하는 교육부, 안전행정부 및 문화체육관광부 소속 고위공무원 각 1명
 2. 도서관 및 관련 분야에 관한 전문지식과 경험이 풍부한 사람 중에서 국립중앙도서관장이 위촉하는 사람

④ 위원장은 심의위원회를 대표하며, 그 업무를 총괄한다.

⑤ 제3항제2호에 따라 위촉되는 위원의 임기는 2년으로 한다.

⑥ 심의위원회의 업무를 효율적으로 수행하기 위하여 분야별로 분과위원회를 둘 수 있다.

⑦ 제1항부터 제6항까지에서 규정한 사항 외에 심의위원회 및 분과위원회의 운영 등에 필요한 사항은 문화체육관광부령으로 정한다.

제13조의4(개인정보의 정정 또는 삭제 청구) ① 법 제20조의2제3항에 따라 개인정보의 정정 또는 삭제를 청구하려는 자는 개인정보 정정·삭제 청구서를 국립중앙도서관장에게 제출하여야 한다.

② 국립중앙도서관장은 제1항에 따른 정정 또는 삭제 청구를 받은 때에는

10일 이내에 필요한 조치를 한 후 정정·삭제조치 결과통지서를 청구인에게 송부하여야 한다. 이 경우 10일 이내에 필요한 조치를 할 수 없는 정당한 사유가 있을 때에는 그 사유를 통지하고 한 차례만 10일의 범위에서 그 기간을 연장할 수 있다.

③ 국립중앙도서관장은 제1항에 따른 정정 또는 삭제 청구에 대하여 정정 또는 삭제를 하지 아니하기로 결정하거나 청구의 내용과 다른 결정을 한 경우에는 그 결정의 내용 및 사유와 해당 결정에 대한 불복절차에 관한 사항을 적은 정정·삭제거부 등 결정통지서를 청구인에게 송부하여야 한다.

제14조(국제표준자료번호의 부여) ① 법 제21조제1항에 따른 국제표준자료번호(이하 "자료번호"라 한다)는 국제표준도서번호와 국제표준연속간행물번호로 구분하되, 국립중앙도서관장은 자료의 이용과 유통과정의 편의를 위하여 부가기호를 추가로 부여할 수 있다.

② 자료번호를 부여 받으려는 자는 문화체육관광부령으로 정하는 바에 따라 국립중앙도서관장에게 자료번호신청서를 제출하여야 한다. 〈개정 2008.12.31〉

③ 자료번호와 부가기호(이하 "한국문헌번호"라 한다)의 부여 대상, 절차 및 표시 방법 등은 국립중앙도서관장이 정하여 고시한다.

④ 국립중앙도서관장은 한국문헌번호를 부여 받은 자가 도서나 연속간행물에 한국문헌번호를 표시하지 아니한 경우에는 그 한국문헌번호의 부여를 취소하거나 사용을 금지할 수 있다.

제15조(지역대표도서관 설립·운영 등) ① 법 제22조제1항에 따라 시·도지사는 해당 특별시·광역시·특별자치시·도·특별자치도가 설립한 공공도서관이나 그 밖의 공공도서관 중 하나를 지정하여 지역대표도서관으로서의 업무를 수행하게 하여야 한다. 〈개정 2009.9.21, 2012.8.13〉

② 지역대표도서관의 장은 매년 11월 말까지 다음 각 호의 사항을 종합하여 시·도지사에게 보고하여야 한다.
1. 차년도 지역도서관 운영계획
2. 지역 내 도서관협력 및 국립중앙도서관과의 협력 현황
3. 지역 내 공공도서관 건립 및 공동 보존서고의 운영 현황
4. 지역 내 공공도서관 지원과 지역격차 해소 추진 실적
5. 지역 내 도서관활동의 평가 및 실태조사 분석결과

제16조(제출대상 도서관자료의 종류 등) 법 제26조제2항에 따라 지방자치단체가 지역대표도서관에 제출하여야 하는 도서관자료의 종류 등에 관하여는 제13조제1항 및 제3항(제1항에 따른 납본 대상 자료에 관한 부분으로 한정한다)을 준용한다. 〈개정 2009.9.21〉

제17조(공공도서관의 설립·육성) ① 법 제27조제1항에 따라 국가나 지방자치단체는 지역주민이 쉽게 접근할 수 있는 곳에 공공도서관을 설치하도록 노력하여야 한다.

② 공공도서관(법 제2조제4호 각 목의 도서관은 제외한다)은 지역주민에게 봉사하기 위하여 지역의 특성에 따라 작은도서관, 분관(分館), 이동도서관 등을 육성하고 지원하여야 한다. 〈개정 2009.9.21〉

제18조(사립 공공도서관의 등록 및 폐관 절차) ① 법 제31조제1항에 따라

사립 공공도서관을 등록하려는 자는 등록신청서에 시설명세서를 첨부하여 특별자치시장·특별자치도지사·시장·군수·자치구의 구청장(이하 "시·군·구청장"이라 한다)에게 제출(전자문서에 의한 제출을 포함한다. 이하 이 조에서 같다)하여야 한다. 〈개정 2012.8.13〉

② 법 제31조제2항에 따라 등록사항을 변경하려는 자는 그 등록사항이 변경된 날부터 14일 이내에 변경등록신청서에 시설명세서를 첨부하여 시·군·구청장에게 제출하여야 한다. 이 경우 변경등록신청을 받은 시·군·구청장은 변경된 등록증을 발급하여야 한다.

③ 법 제31조제3항에 따라 등록한 도서관을 폐관하려는 자는 폐관신고서에 등록증을 첨부하여 시·군·구청장에게 제출하여야 한다.

제19조(공공도서관의 사용료 등) 법 제33조에 따라 공공도서관이 이용자로부터 받을 수 있는 사용료 등의 범위는 다음 각 호와 같다. 〈개정 2009.9.21〉
 1. 도서관자료 복제 및 데이터베이스 이용 수수료
 2. 개인연구실·회의실 등 사용료
 3. 회원증 발급 수수료
 4. 강습·교육 수수료
 5. 도서관 입장료(사립 공공도서관의 경우에 한한다)

제20조(사립 전문도서관의 등록 및 폐관 절차) 법 제40조제2항부터 제4항까지의 규정에 따른 사립 전문도서관의 등록, 변경등록 및 폐관 절차에 관하여는 제18조를 준용한다. 〈개정 2012.8.13〉

제21조(지식정보 취약계층 등) 법 제43조제2항 각 호 외의 부분에서 "대통령령으로 정하는 지식정보 취약계층"이란 다음 각 호의 자를 말한다.

〈개정 2009.9.21, 2011.1.17, 2012.8.13〉

1. 「장애인복지법」에 따른 장애인

2. 「국민기초생활보장법」에 따른 수급권자

3. 65세 이상의 노인

4. 농어촌(「농어업인 삶의 질 향상 및 농어촌지역 개발촉진에 관한 특별법」 제3조제1호에 따른 농어촌을 말한다)의 주민

제22조(권한 등의 위임·위탁) ① 문화체육관광부장관은 법 제46조에 따라 법 제47조에 따른 과태료의 부과·징수에 관한 권한을 국립중앙도서관장에게 위임한다.

② 문화체육관광부장관은 법 제46조에 따라 제4조제3항에 따른 사서자격증 발급에 관한 업무를 법 제17조에 따라 설립된 도서관 관련 협회에 위탁할 수 있다.

③ 문화체육관광부장관은 제2항에 따라 업무를 위탁하는 경우에는 그 수탁자 및 위탁업무 등을 고시하여야 한다.

제23조 삭제 〈2009.9.21〉

부칙 〈대통령령 제19963호, 2007.3.27〉

제1조(시행일) 이 영은 2007년 4월 5일부터 시행한다.

제2조(사서자격증에 관한 경과조치) 이 영 시행 당시 종전의 「도서관 및 독서진흥법 시행령」 제5조제2항에 따라 사서자격증을 받은 자는 제4조의 개정규정에 따라 사서자격증을 발급받은 것으로 본다.

제3조(지정교육기관에 관한 경과조치) 이 영 시행 당시 종전의 「도서관 및 독서진흥법 시행령」 별표 3에 따라 문화관광부장관의 지정을 받은 교육기관은 별표 3의 개정규정에 따른 지정교육기관으로 지정받은 받은 것으로 본다.

제4조(다른 법령의 개정) ① 소음·진동규제법 시행령 일부를 다음과 같이 개정한다.

제2조제2항제2호중 "「도서관 및 독서진흥법」"을 "「도서관법」"으로 한다.

② 지방세법 시행령 일부를 다음과 같이 개정한다.

제96조제3호중 "「도서관 및 독서진흥법」"을 "「도서관법」"으로 한다.

③ 저작권법 시행령 일부를 다음과 같이 개정한다.

제2조제9호라목 및 제3조제1호중 "「도서관 및 독서진흥법」"을 각각 "「도서관법」"으로 한다.

④ 전기사업법 시행령 일부를 다음과 같이 개정한다.

제42조의2제1항제1호다목중 "「도서관 및 독서진흥법」"을 "「도서관법」"으로 한다.

⑤ 정보화촉진 기본법 시행령 일부를 다음과 같이 개정한다.

제22조제5호중 "「도서관 및 독서진흥법」"을 "「도서관법」"으로 한다.

⑥ 주택건설기준 등에 관한 규정 일부를 다음과 같이 개정한다.

제2조제3호중 "「도서관 및 독서진흥법」 제2조제2호의 규정에 의한 문고"를 "「도서관법」 제2조제4호가목에 따른 문고"로 하고, 제55조제5항중 "「도서관 및 독서진흥법 시행령」"을 "「도서관법 시행령」"으로 한다.

⑦ 사방사업법시행령 일부를 다음과 같이 개정한다.

제19조제3항제13호중 "도서관 및 독서진흥법"을 "「도서관법」"으로 한다.

⑧ 공공기관의 기록물관리에 관한 법률 시행령 일부를 다음과 같이 개정한다.

제34조제1항 각 호 외의 부분중 "도서관 및 독서진흥법"을 "「도서관법」"으로 한다.

⑨ 출판 및 인쇄진흥법 시행령 일부를 다음과 같이 개정한다.

제3조제2호중 "도서관 및 독서진흥법 제18조"를 "「도서관법」 제21조"로 하고, 제5조 및 제15조제3항 후단중 "도서관 및 독서진흥법시행령 제22조제4항" 을 각각 "「도서관법 시행령」 제14조제3항"으로 하며, 제15조제4항중 "도서 관 및 독서진흥법 제2조제1호의 규정에 의한 도서관 및 동법 제2조제2호의 규정에 의한 문고"를 "「도서관법」 제2조제1호에 따른 도서관 및 동조제4호 가목에 따른 문고"로 한다.

제5조 (다른 법령과의 관계) 이 영 시행 당시 다른 법령에서 종전의 「도서 관 및 독서진흥법 시행령」의 규정을 인용하고 있는 경우에 이 영 중 그

에 해당하는 규정이 있으면 종전의 규정에 갈음하여 이 영 또는 이 영의 해당 조항을 인용한 것으로 본다.

부칙 〈대통령령 제20506호, 2007.12.31〉 (전자적 업무처리의 활성화를 위한 국유재산법 시행령 등 일부개정령)

이 영은 공포한 날부터 시행한다.

부칙 〈대통령령 제20797호, 2008.6.5〉 (고등교육법 시행령)

제1조(시행일) 이 영은 공포한 날부터 시행한다.

제2조(다른 법령의 개정) ①부터 ⑧까지 생략

⑨ 도서관법 시행령 일부를 다음과 같이 개정한다.

별표 3 2급정사서의 자격요건란 제1호 중 "방송통신대학"을 "「고등교육법」 제2조제5호에 따른 원격대학"으로 하고, 같은 표 준사서의 자격요건란 제1호 및 제2호 중 "전문대학"을 각각 "전문대학(전문학사학위를 수여하는 사이버대학을 포함한다)"으로 한다.

⑩부터 〈18〉까지 생략

부칙 〈대통령령 제21214호, 2008.12.31〉 (행정안전부와 그 소속기관 직제)

제1조(시행일) 이 영은 공포한 날부터 시행한다. 〈단서 생략〉

제2조부터 제4조까지 생략

제5조(다른 법령의 개정) ①부터 〈93〉까지 생략

〈94〉 도서관법 시행령 일부를 다음과 같이 개정한다.

제6조제1항 중 "재정경제부장관·교육인적자원부장관·과학기술부장관·법무부
장관·국방부장관·행정자치부장관·문화관광부장관·정보통신부장관·보건복
지부장관·여성가족부장관·건설교통부장관·기획예산처장관 및 국가청소년
위원회위원장"을 "기획재정부장관·교육과학기술부장관·법무부장관·국방부
장관·행정안전부장관·문화체육관광부장관·지식경제부장관·보건복지가족
부장관·국토해양부장관"으로 한다.

제2조제1항·제2항, 제4조제3항, 제8조제1항, 제13조제1항제8호, 제22조, 제23
조제1항부터 제3항까지 중 "문화관광부장관"을 각각 "문화체육관광부장관"
으로 한다.

제4조제3항, 제7조제2항, 제13조제3항, 제14조제2항, 제22조, 제23조제4항 중
"문화관광부령"을 각각 "문화체육관광부령"으로 한다.

별표 3 1급정사서의 자격요건란 제3호 중 "문화관광부령이"를 "문화체육관광
부령으로"로 하고, 같은 란 제4호 중 "문화관광부장관"을 각각 "문화체육관
광부장관"으로 한다.

〈95〉부터 〈175〉까지 생략

부칙 〈대통령령 제21739호, 2009.9.21〉

제1조(시행일) 이 영은 2009년 9월 26일부터 시행한다.

제2조(다른 법령의 개정) ① 주택건설기준 등에 관한 규정 일부를 다음과 같이 개정한다.

제2조제3호 중 "문고"를 "작은도서관"으로 한다.

② 행정권한의 위임 및 위탁에 관한 규정 일부를 다음과 같이 개정한다.

제28조제4항 중 "「도서관법」 제48조"를 "「도서관법」 제47조"로 한다.

부칙 〈대통령령 제22075호, 2010.3.15〉 (보건복지부와 그 소속기관 직제)

제1조(시행일) 이 영은 2010년 3월 19일부터 시행한다. 〈단서 생략〉

제2조(다른 법령의 개정) ①부터 〈59〉까지 생략

〈60〉 도서관법 시행령 일부를 다음과 같이 개정한다.

제6조제1항 중 "보건복지가족부장관·여성부장관"을 "보건복지부장관·여성가족부장관"으로 한다.

〈61〉부터 〈187〉까지 생략

부칙 〈대통령령 제22625호, 2011.1.17〉 (농어업인 삶의 질 향상 및 농어촌지역 개발촉진에 관한 특별법 시행령)

제1조(시행일) 이 영은 2011년 1월 24일부터 시행한다.

제2조(다른 법령의 개정) ① 및 ② 생략

③ 도서관법 시행령 일부를 다음과 같이 개정한다.

제21조제4호를 다음과 같이 한다.
 4. 농어촌(「농어업인 삶의 질 향상 및 농어촌지역 개발촉진에 관한 특별법」
    제3조제1호에 따른 농어촌을 말한다)의 주민

④부터 ⑥까지 생략

부칙 〈대통령령 제24035호, 2012.8.13〉

제1조(시행일) 이 영은 2012년 8월 18일부터 시행한다.

제2조(사서의 자격요건에 관한 경과조치) 이 영 시행 당시 종전의 규정에
    따라 외국의 대학 등에서 학위를 취득하고 사서의 자격요건을 갖추어
    사서자격증을 발급받은 사람은 별표 3의 개정규정에 따른 자격요건을
    갖춘 것으로 본다.

제3조(다른 법령의 개정) ①문화체육관광부와 그 소속기관 직제 일부를 다
    음과 같이 개정한다.

제49조의 제목 "(국립장애인도서관지원센터)"를 "(국립장애인도서관)"으로 하
    고, 같은 조 제1항 중 "국립장애인도서관지원센터(이하 이 조에서 "지원센
    터"라 한다)를"을 "국립장애인도서관을"로 하며, 같은 조 제2항 및 제3항 중

"지원센터"를 각각 "국립장애인도서관"으로, "소장"을 각각 "관장"으로 하고, 같은 조 제4항 중 "지원센터"를 "국립장애인도서관"으로 한다.

② 학교도서관진흥법 시행령 일부를 다음과 같이 개정한다.

제7조제1항 중 "사서직원"을 "사서"로 한다.

③ 행정권한의 위임 및 위탁에 관한 규정 일부를 다음과 같이 개정한다.

제30조제2항을 삭제한다.

부칙 〈대통령령 제24453호, 2013.3.23〉 (문화체육관광부와 그 소속기관 직제)

제1조(시행일) 이 영은 공포한 날부터 시행한다.

제2조부터 제4조까지 생략

제5조(다른 법령의 개정) ①부터 ⑨까지 생략

⑩ 도서관법 시행령 일부를 다음과 같이 개정한다.

제6조제1항 중 "교육과학기술부장관"을 "미래창조과학부장관·교육부장관"으로, "행정안전부장관"을 "안전행정부장관"으로, "지식경제부장관"을 "산업통상자원부장관"으로, "국토해양부장관"을 "국토교통부장관"으로 한다.

제13조의3제3항제1호 중 "교육과학기술부장관, 행정안전부장관"을 "교육부장관, 안전행정부장관"으로, "교육과학기술부, 행정안전부"를 "교육부, 안전행

정부"로 한다.

⑪부터 〈16〉까지 생략

[별표 1] 도서관의 종류별 시설 및 도서관자료의 기준(제3조 관련)
[별표 2] 도서관의 사서 배치 기준(제4조제1항 관련)
[별표 3] 사서의 자격요건(제4조제2항 관련)

도서관법 시행규칙

[시행 2012.8.18] [문화체육관광부령 제126호, 2012.8.17, 일부개정]

문화체육관광부(도서관정보정책기획단 도서관정책과), 02-3704-2715

제1조(목적) 이 규칙은 「도서관법」 및 동법 시행령에서 위임된 사항과 그 시행에 관하여 필요한 사항을 규정함을 목적으로 한다.

제2조(도서관 인정신청서 등) ① 「도서관법 시행령」(이하 "영"이라 한다) 제2조제2항에 따른 도서관 인정신청서는 별지 제1호서식에 따른다. 〈개정 2009.9.25〉

② 문화체육관광부장관은 영 제2조제2항에 따라 인정신청을 받거나 직권으로 검토한 시설이 영 제2조제1항에 따른 인정요건을 갖추고 있다고 인정하는 경우에는 별지 제2호서식의 도서관 인정서를 발급하여야 한다. 〈개정 2009.9.25〉

제3조(자격증의 발급신청) ① 영 제4조제3항에 따라 사서자격증을 발급받으려는 자는 별지 제3호서식의 사서자격증(발급, 재발급, 기재사항 변경)신청서에 다음 각 호의 서류를 첨부하여 문화체육관광부장관(영 제22조제2항에 따라 업무를 위탁한 경우에는 그 업무를 위탁받은 협회를 말한다. 이하 같다)에게 제출하여야 한다. 〈개정 2009.9.25, 2012.8.17〉
1. 주민등록등본 또는 초본(외국인의 경우 외국인등록사실증명서를 말한다)
2. 영 제4조제2항에 따른 사서의 자격요건에 해당함을 증명하는 서류

② 대학·전문대학의 장 또는 영 별표 3에 따른 지정교육기관의 장(이하 "지정교육기관의 장"이라 한다)은 영 별표 3에 따른 자격요건을 갖춘 졸

업예정자 또는 교육과정이수예정자에 대하여 별지 제4호서식에 따른 사서자격증 발급신청서를 문화체육관광부장관에게 제출하여 자격증 발급을 신청할 수 있다. 〈개정 2009.9.25, 2012.8.17〉

③ 문화체육관광부장관은 제1항 또는 제2항에 따라 사서자격증 발급신청서를 접수한 경우에는 자격요건을 확인한 후 지체없이 별지 제6호서식에 따른 사서자격증을 해당자에게 발급하여야 한다. 〈개정 2009.9.25, 2012.8.17〉

제4조(연구경력의 인정기관) 영 별표 3의 1급정사서란의 제3호에서 "문화체육관광부령으로 정하는 기관"이란 다음 각 호의 기관을 말한다. 〈개정 2009.9.25〉
 1. 대학 및 전문대학
 2. 국가·지방자치단체 또는 법인이 설립한 연구기관

제5조(자격증의 재발급신청) 자격증을 받은 자가 자격증을 잃어 버렸거나 헐어 못쓰게 되어 자격증을 다시 발급받으려는 경우에는 별지 제3호서식의 사서자격증(발급, 재발급, 기재사항 변경)신청서를 문화체육관광부장관에게 제출하여야 한다. 〈개정 2009.9.25, 2012.8.17〉

제6조(자격증의 기재사항 변경신청) 자격증의 기재사항을 변경하려는 자는 별지 제3호서식의 사서자격증(발급, 재발급, 기재사항 변경)신청서에 사서자격증과 기재사항의 변경을 증명하는 서류를 첨부하여 문화체육관광부장관에게 제출하여야 한다. 〈개정 2009.9.25, 2012.8.17〉

제7조(실무조정회의) ① 영 제7조제2항에 따른 실무조정회의의 위원장은 「도서관법」(이하 "법"이라 한다) 제12조제3항에 따른 기획단장이 되고,

위원은 다음 각 호의 자로 한다. 〈개정 2009.9.25, 2012.8.17〉

1. 관계 중앙행정기관 및 특별시·광역시·특별자치시·도·특별자치도의 3급 공무원 또는 고위공무원단에 속하는 일반직공무원(이에 상당하는 공무원을 포함한다)

2. 그 밖에 실무조정회의 위원장이 지명하는 자

② 실무조정회의의 회의는 재적위원 과반수의 출석으로 개의하고, 출석위원 과반수의 찬성으로 의결한다.

③ 실무조정회의에 출석하는 위원, 관계 공무원 또는 관계 전문가 등에게는 예산의 범위에서 수당, 여비 그 밖에 필요한 경비를 지급할 수 있다. 다만, 공무원이 그 소관 업무와 직접 관련하여 실무조정회의에 출석하는 경우에는 그러하지 아니하다.

제8조(도서관자료 납본서 등) ① 영 제13조제1항에 따라 도서관자료를 납본하는 자는 별지 제9호서식의 도서관자료 납본서를 제출하여야 한다. 다만, 납본한 도서관자료의 전부 또는 일부가 판매용인 경우에는 별지 제9호서식의 보상청구서를 제출하여야 한다. 〈개정 2009.9.25〉

② 영 제13조제2항에 따라 디지털 파일형태로 된 도서관자료를 납본하는 자는 별지 제9호의2서식의 도서관자료 납본서를 제출하여야 한다. 다만, 납본한 디지털 파일형태로 된 도서관자료의 전부 또는 일부가 판매용인 경우에는 별지 제9호의2서식의 보상청구서를 제출하여야 한다. 〈신설 2009.9.25〉

③ 국립중앙도서관장은 보상금액을 산정하기 위하여 필요한 경우에는 납본을 하는 자에 대하여 보상금 산정에 필요한 자료의 제출을 요구할 수

있다. 〈개정 2009.9.25〉

④ 국립중앙도서관장이 법 제20조제3항에 따라 발급하는 도서관자료 납본
증명서는 다음 각 호의 서식에 따른다. 〈개정 2009.9.25〉
 1. 제1항에 따라 도서관자료를 납본한 자: 별지 제9호의3서식
 2. 제2항에 따라 디지털 파일형태로 된 도서관자료를 납본한 자: 별지 제9호
  의4서식

제8조의2(온라인 자료 수집증명서 등) ① 영 제13조의2제2항에 따라 국립
중앙도서관장이 발급하는 도서관자료 수집증명서는 별지 제10호서식에
따른다.

② 제1항에 따라 도서관자료 수집증명서를 발급받은 온라인 자료 제공자
가 국립중앙도서관장에게 제출하여야 하는 도서관자료 보상청구서는
별지 제10호의2서식에 따른다.

제8조의3(도서관자료심의위원회 운영) ① 영 제13조의3제1항에 따른 도서
관자료심의위원회(이하 "심의위원회"라 한다)의 위원장은 회의를 소집
하고 그 의장이 된다.

② 위원장이 부득이한 사유로 그 직무를 수행할 수 없을 때에는 위원장이
지명하는 위원이 그 직무를 대행한다.

③ 심의위원회의 회의는 위원장이 필요하다고 인정하거나 국립중앙도서
관장의 요청이 있는 경우에 위원장이 소집한다.

④ 심의위원회의 회의는 재적위원 과반수의 출석으로 개의하고, 출석위원

과반수의 찬성으로 의결한다.

⑤ 위원장은 영 제13조의3제1항에 따른 주요 사항을 심의하기 위하여 필요한 경우에는 관계 공무원 및 관계 전문가를 회의에 참석하게 하여 의견을 듣거나 자료를 제출하게 하는 등 협조를 요청할 수 있다.

⑥ 심의위원회의 회의에 출석하는 위원, 관계 공무원 또는 관계 전문가에게 예산의 범위에서 수당, 여비나 그 밖에 필요한 경비를 지급할 수 있다. 다만, 공무원이 그 소관 업무와 직접적으로 관련되는 회의에 출석하는 경우에는 그러하지 아니하다.

⑦ 그 밖에 심의위원회 운영에 필요한 사항은 심의위원회의 의결을 거쳐 위원장이 정한다.

제8조의4(분과위원회) ① 영 제13조의3제6항에 따른 분과위원회는 분야별로 10명 이내의 심의위원회의 위원으로 구성한다.

② 분과위원회는 다음 각 호의 사항을 심의한다.
 1. 심의위원회에서 심의할 안건의 검토
 2. 심의위원회로부터 위임받은 사항
 3. 그 밖에 심의위원회의 위원장이나 국립중앙도서관장이 회의에 부치는 사항

③ 그 밖에 분과위원회 운영에 필요한 사항은 심의위원회의 의결을 거쳐 심의위원회의 위원장이 정한다.

제8조의5(개인정보의 정정·삭제 청구 등) ① 영 제13조의4제1항에 따른 개인정보 정정·삭제 청구서는 별지 제11호서식에 따른다.

② 영 제13조의4제2항 전단에 따른 정정·삭제조치 결과통지서는 별지 제11호의2서식에 따른다.

③ 영 제13조의4제2항 후단에 따라 국립중앙도서관장이 정정·삭제조치의 기간을 연장하는 경우 그 통지서는 별지 제11호의3서식에 따른다.

④ 영 제13조의4제3항에 따른 정정·삭제거부 등 결정통지서는 별지 제11호의4서식에 따른다.

제9조(국제표준자료번호신청서) 영 제14조제2항에 따라 도서 또는 연속간행물에 대한 자료번호를 부여 받으려는 자는 다음 각 호의 어느 하나에 해당하는 서류를 국립중앙도서관장에게 제출하여야 한다.
 1. 도서: 별지 제12호서식(1)에 따른 신청서에 연간 출판(예정)목록과 출판사 신고필증(출판사등록증) 사본을 첨부할 것
 2. 연속간행물: 별지 제12호서식(2)에 따른 신청서에 간행물 견본(표지, 목차, 판권지)과 정기간행물등록증 사본을 첨부할 것

제10조(도서관설립등록신청서 등) ① 영 제18조제1항 또는 영 제20조에 따른 등록신청서 및 시설명세서는 각각 별지 제13호서식 및 별지 제14호서식에 따른다. 〈개정 2009.9.25〉

② 특별자치시장·특별자치도지사·시장·군수·자치구의 구청장은 영 제18조제1항 또는 영 제20조에 따라 도서관설립등록을 한 자에게 별지 제15호서식의 도서관 등록증을 발급(정보통신망에 의한 발급을 포함한다)하여야 한다. 〈개정 2007.12.13, 2009.9.25, 2012.8.17〉

③ 영 제18조제2항 또는 영 제20조에 따른 변경등록신청서 및 시설명세서

는 각각 별지 제13호서식 및 별지 제14호서식에 따른다. 〈신설 2009.9.25, 2012.8.17〉

④ 영 제18조제3항 또는 영 제20조에 따른 도서관 폐관신고서는 별지 제16호서식에 따른다. 〈신설 2009.9.25〉

제11조 삭제 〈2012.8.17〉
제12조 삭제 〈2009.9.25〉

부칙 〈문화관광부령 제161호, 2007.4.4〉

이 규칙은 2007년 4월 5일부터 시행한다.

부칙 〈문화관광부령 제177호, 2007.12.13〉 (전자정부 구현을 위한 공연법 시행규칙 등 일부개정령)

이 규칙은 공포한 날부터 시행한다.

부칙 〈문화체육관광부령 제41호, 2009.9.25〉

제1조(시행일) 이 규칙은 2009년 9월 26일부터 시행한다.

제2조(서식에 관한 경과조치) 이 규칙 시행 당시 종전의 규정에 따른 서식은 이 규칙 시행일부터 6개월 간 이 규칙에 따른 서식과 함께 사용하거나 그 일부를 수정하여 사용할 수 있다.

제3조(다른 법령의 개정) 법인세법 시행규칙 일부를 다음과 같이 개정한다.

제18조제1항제17호 중 "문고"를 "작은도서관"으로 한다.

부칙 〈문화체육관광부령 제126호, 2012.8.17〉

제1조(시행일) 이 규칙은 2012년 8월 18일부터 시행한다.

제2조(다른 법령의 개정) 문화체육관광부와 그 소속기관 직제 시행규칙 일부를 다음과 같이 개정한다.

제33조의 제목 "(국립장애인도서관지원센터)"를 "(국립장애인도서관)"으로 하고, 같은 조 각 호 외의 부분 중 "국립장애인도서관지원센터 소장"을 "국립장애인도서관 관장"으로 한다.

제48조제2항제11호 중 "장애인도서관지원센터 소장"을 "국립장애인도서관 관장"으로 한다.

별표 [서식 1] 도서관 인정신청서
별표 [서식 2] 도서관 인정서
별표 [서식 3] 사서자격증(발급, 재발급, 기재사항 변경)신청서
별표 [서식 4] 사서자격증 발급 신청
　　　[서식 5] 삭제 〈2012.8.17〉
별표 [서식 6] 사서자격증
　　　[서식 7] 삭제 〈2012.8.17〉
　　　[서식 8] 삭제 〈2012.8.17〉
별표 [서식 9] 도서관자료 납본서, 보상청구서 (법 제20조제1항에 따라 납본하는 도서관자료의 경우)
별표 [서식 9의2] 도서관자료 납본서, 보상청구서 (법 제20조제2항에 따라

디지털 파일형태로 납본하는 도서관자료의 경우)

별표 [서식 9의3] 도서관자료 납본 증명서 (법 제20조제1항에 따라 납본하는 도서관자료의 경우)

별표 [서식 9의4] 도서관자료 납본 증명서 (법 제20조제2항에 따라 디지털 파일형태로 납본하는 도서관자료의 경우)

별표 [서식 10] 도서관자료 수집 증명서 (온라인 자료의 경우)

별표 [서식 10의2] 도서관자료 보상청구서 (온라인 자료의 경우)

별표 [서식 11] 개인정보 정정·삭제 청구서

별표 [서식 11의2] 개인정보 정정·삭제조치 결과통지서

별표 [서식 11의3] 개인정보 정정·삭제조치 기간 연장통지서

별표 [서식 11의4] 개인정보 정정·삭제거부 등 결정통지서

별표 [서식 12] 국제표준도서번호(발행자번호)신청서, 국제표준연속간행물번호 신청서

별표 [서식 13] 도서관 (등록, 변경등록)신청서

별표 [서식 14] 도서관 시설명세서

별표 [서식 15] 도서관 등록증

　　　[서식 15의2] 삭제 〈2012.8.17〉

별표 [서식 16] 도서관 폐관신고서

작은도서관 진흥법

[시행 2012.8.18] [법률 제11316호, 2012.2.17, 제정]

문화체육관광부(도서관진흥과), 02-3704-2733

제1장 총칙

제1조(목적) 이 법은 작은도서관의 진흥에 필요한 사항을 규정함으로써 국민의 지식정보 접근성을 높이고 생활 친화적 도서관문화의 향상에 이바지함을 목적으로 한다.

제2조(정의) 이 법에서 "작은도서관"이란 「도서관법」 제2조제4호가목에 따른 도서관을 말한다.

제3조(국가 및 지방자치단체의 책무) ① 국가 및 지방자치단체는 작은도서관을 진흥하는 데 필요한 시책을 강구하여야 한다.

② 국가 및 지방자치단체는 제1항에 따른 책무를 수행하기 위하여 필요한 행정적·재정적 지원방안을 마련하여야 한다.

제4조(다른 법률과의 관계) 작은도서관의 조성과 운영 등에 관하여 이 법에서 규정한 것을 제외하고는 「도서관법」에서 정하는 바에 따른다.

제5조(작은도서관의 설치 및 운영) ① 국가, 지방자치단체, 법인·단체 또는 개인은 작은도서관을 설치·운영할 수 있다.

② 국가 및 지방자치단체는 법인·단체 또는 개인이 설치·운영하고자 하거

나 운영 중인 작은도서관에 대하여 예산의 범위에서 필요한 지원을 할
수 있다.

제2장 작은도서관의 육성 및 지원

제6조(작은도서관의 운영방향) ① 작은도서관은 주민의 참여와 자치를 기반
으로 지역사회의 생활문화 향상에 이바지할 수 있도록 운영하여야 한다.

② 특별자치시장·특별자치도지사·시장·군수 또는 자치구의 구청장(이하
"시장·군수·구청장"이라 한다)은 작은도서관의 설치·운영에 필요한 경
우 지역주민, 관계 전문가 및 이용자 등의 의견을 수렴하기 위하여 자치
운영위원회(이하 "위원회"라 한다)를 둘 수 있다.

③ 위원회의 구성, 운영 등에 관하여 필요한 사항은 특별자치시·특별자치
도·시·군 또는 자치구의 조례로 정한다.

제7조(다른 공공도서관과의 협력 등) ① 국가 및 지방자치단체는 작은도서
관의 기능 활성화와 도서관문화의 발전을 위하여 다른 공공도서관(「도
서관법」 제2조제4호에 따른 도서관을 말한다. 이하 이 조에서 같다)과
작은도서관 간의 도서관자료 및 업무 등의 협력을 위한 시책을 수립·시
행하여야 한다.

② 국가 및 지방자치단체는 공공도서관과 작은도서관 간에 도서 및 자료
등의 공동이용을 위한 정보공유시스템의 구축 및 운영에 필요한 시책을
강구하여야 한다.

제8조(작은도서관 육성 시범지구 지정·육성) ① 문화체육관광부장관은 작

은도서관을 진흥하기 위하여 직권 또는 해당 시장·군수·구청장의 신청
에 따라 작은도서관 육성 시범지구(이하 "시범지구"라 한다)를 지정할
수 있다.

② 국가 및 지방자치단체는 시범지구의 지정·육성에 필요한 비용을 예산
의 범위에서 지원할 수 있다.

③ 시범지구의 지정, 지원 기준 및 절차 등에 관하여 필요한 사항은 대통
령령으로 정한다.

제9조(국유·공유 재산의 무상 대부 등) 국가 및 지방자치단체는 「도서관법」
제31조제1항에 따라 등록한 사립 작은도서관의 조성 및 운영에 필요하
다고 인정하는 경우 「국유재산법」 또는 「공유재산 및 물품 관리법」 등
의 관계 규정에도 불구하고 국유·공유 재산을 무상으로 사용하게 하거
나 대부할 수 있다.

제10조(작은도서관에 대한 후원 등) ① 국가 및 지방자치단체는 작은도서
관의 설치 및 운영 활성화를 위한 민·관 협력활동을 지원하여야 한다.

② 국가 및 지방자치단체는 작은도서관의 설치·운영을 활성화하기 위하여
기업·단체 또는 개인의 후원을 장려하여야 한다.

③ 국가 및 지방자치단체는 작은도서관에 대한 기업 등의 후원을 진작하
기 위하여 필요한 지원을 할 수 있다.

제11조(작은도서관의 해외 보급) 국가는 작은도서관의 해외 보급을 위하여
필요한 행정적·재정적 지원을 할 수 있다.

제12조(작은도서관 운영 실태조사) ① 시장·군수·구청장은 매년 12월 31일까지 대통령령으로 정하는 바에 따라 관할 구역의 작은도서관 운영실태를 조사하여 그 결과를 「도서관법」 제12조에 따른 도서관정보정책위원회에 제출하여야 한다.

② 시장·군수·구청장 및 「도서관법」 제12조에 따른 도서관정보정책위원회 위원장은 제1항에 따른 조사, 평가 및 활성화 시책 마련 등을 위하여 필요한 경우 관계 행정기관, 기업, 연구·교육 기관 및 단체 등에 대하여 자료의 제출이나 의견의 진술을 요청할 수 있다. 이 경우 자료의 제출이나 의견의 진술을 요청받은 관계 행정기관 등은 정당한 사유가 없는 한 이에 따라야 한다.

제13조(작은도서관 관련 협회등의 설립·육성) ① 문화체육관광부장관은 작은도서관 종사자 간의 정보교류 촉진, 전문인력 육성 및 지역주민의 참여증진 등을 위하여 필요한 경우 작은도서관 관련 협회 등(이하 "협회 등"이라 한다)의 법인 설립을 허가할 수 있다.

② 국가는 협회 등의 운영에 필요한 경비를 보조할 수 있다.

③ 협회 등에 관하여 이 법에서 규정된 것을 제외하고는 「민법」 중 비영리법인의 규정을 준용한다.

제3장 보칙

제14조(포상) 문화체육관광부장관은 작은도서관의 진흥에 이바지한 공로가 인정되는 자를 선정하여 포상할 수 있다.

제15조(권한의 위임·위탁) 이 법에 따른 문화체육관광부장관의 권한은 그 일부를 대통령령으로 정하는 바에 따라 소속 기관의 장에게 위임하거나 관련 법인 또는 단체에 위탁할 수 있다.

부칙 〈법률 제11316호, 2012.2.17〉

이 법은 공포 후 6개월이 경과한 날부터 시행한다.

작은도서관 진흥법 시행령

[시행 2012.8.18] [대통령령 제24041호, 2012.8.13, 제정]

문화체육관광부(도서관진흥과), 02-3704-2733

제1조(목적) 이 영은 「작은도서관 진흥법」에서 위임된 사항과 그 시행에 필요한 사항을 규정함을 목적으로 한다.

제2조(지방자치단체의 책무) 지방자치단체는 「작은도서관 진흥법」(이하 "법"이라 한다) 제3조제2항에 따른 행정적·재정적 지원과 법 제5조제1 항에 따른 작은도서관의 설치·운영에 필요한 사항을 해당 지방자치단체 의 조례로 정할 수 있다.

제3조(다른 공공도서관과의 협력) 국가 및 지방자치단체는 법 제7조에 따른 시책을 수립·시행하기 위하여 다른 공공도서관(「도서관법」 제2조제4 호에 따른 도서관을 말한다. 이하 같다)에 협력을 요청할 수 있다.

제4조(시범지구의 지정기준) 법 제8조제1항에 따른 작은도서관 육성 시범 지구(이하 "시범지구"라 한다)의 지정기준은 다음 각 호와 같다.
 1. 시범지구의 지정이 작은도서관의 발전과 지역주민의 독서문화 향상에 이 바지할 수 있을 것
 2. 시범지구의 지정에 대한 해당 지역 다른 공공도서관 및 주민의 호응도가 높을 것
 3. 시범지구 사업의 재원(財源) 조달계획이 적정하고 실현 가능할 것

제5조(시범지구의 지정신청 등) ① 특별자치시장·특별자치도지사·시장·군 수 또는 자치구의 구청장(이하 "시장·군수·구청장등"이라 한다)이 법 제

8조제1항에 따라 시범지구의 지정을 신청할 때에는 다음 각 호의 서류를 문화체육관광부장관에게 제출하여야 한다. 이 경우 시장·군수 또는 자치구의 구청장은 관할 특별시장·광역시장·도지사(이하 "시·도지사"라 한다)와의 협의를 거친 후 해당 서류를 문화체육관광부장관에게 제출하여야 한다.

1. 사업목표, 추진전략, 추진체계 등이 포함된 시범지구 사업의 계획서
2. 제4조에 따른 지정기준에 적합함을 증명할 수 있는 서류
3. 시·도지사와의 협의 결과(시장·군수 또는 자치구의 구청장만 해당한다)
4. 시장·군수·구청장등이 시범지구에 지원할 수 있는 예산·인력 등의 명세

② 문화체육관광부장관은 시범지구의 지정에 관한 업무를 원활하게 수행하기 위하여 필요한 경우에는 관계 전문기관에 자문하거나 조사·연구를 의뢰할 수 있다.

제6조(시범지구의 지원 대상 사업) 국가 및 지방자치단체는 법 제8조제2항에 따라 예산의 범위에서 다음 각 호의 사업에 대하여 시범지구의 지정·육성에 필요한 비용을 지원할 수 있다.

1. 작은도서관 조성 사업
2. 다른 공공도서관과 작은도서관 또는 작은도서관 간의 도서관자료 상호대차 등 협력 사업
3. 주민을 대상으로 하는 작은도서관의 각종 문화프로그램 사업
4. 그 밖에 시범지구의 작은도서관 활성화를 위하여 문화체육관광부장관이 필요하다고 인정하는 사업

제7조(작은도서관 운영 실태조사) ① 시장·군수·구청장등은 법 제12조제1항에 따라 관할 구역의 작은도서관 운영실태를 조사하여 그 결과(이하 "조사결과"라 한다)를 「도서관법」 제12조에 따른 도서관정보정책위원회

(이하 "도서관정보정책위원회"라 한다)에 제출하여야 한다. 이 경우 시장·군수 또는 자치구의 구청장은 관할 시·도지사를 거쳐 해당 조사결과를 제출하여야 한다.

② 조사결과에는 다음 각 호의 사항이 포함되어야 한다.
 1. 작은도서관 설립 및 운영 주체
 2. 좌석 수, 시설 규모, 소장자료 등 작은도서관의 시설 및 자료에 관한 사항
 3. 정규 직원, 자원봉사자, 사서 등 작은도서관의 인력 현황에 관한 사항
 4. 작은도서관의 예산 및 지출 명세에 관한 사항
 5. 개관일 수, 이용자 수 등 작은도서관의 이용 현황에 관한 사항
 6. 다른 공공도서관이 실시하고 있는 작은도서관에 대한 지원사업에 관한 사항과 다른 공공도서관과 작은도서관 간의 도서관자료 및 업무 등의 협력사업에 관한 사항
 7. 그 밖에 도서관정보정책위원회의 위원장이 필요하다고 인정하는 사항

부칙 〈대통령령 제24041호, 2012.8.13〉

이 영은 2012년 8월 18일부터 시행한다.

학교도서관 진흥법

[시행 2013.3.23.] [법률 제11690호, 2013.3.23., 타법개정]

교육부(창의교수학습과), 02-2100-6737

제1조(목적) 이 법은 학교교육의 기본시설인 학교도서관의 설립·운영·지원 등에 관한 사항을 규정함으로써 학교도서관의 진흥을 통하여 공교육을 내실화하고 지역사회의 평생교육 발달에 이바지함을 목적으로 한다.

제2조(정의) 이 법에서 사용하는 용어의 정의는 다음과 같다. 〈개정 2012.2.17〉
 1. "학교"란 「초·중등교육법」 제2조 각 호에 따른 학교를 말한다.
 2. "학교도서관"이란 학교에서 학생과 교원의 학습·교수활동을 지원함을 주된 목적으로 하는 도서관이나 도서실을 말한다.
 3. "학교도서관지원센터(이하 "지원센터"라 한다)"란 특별시·광역시·도·특별자치도의 교육청(이하 "시·도교육청"이라 한다)에서 학교도서관의 업무를 효율적으로수행할 수 있도록 지원하는 조직을 말한다.
 4. "사서교사"란 「초·중등교육법」 제21조에 따른 사서교사 자격증을 지니고 학교도서관의 업무를 담당하는 사람을 말한다.
 5. "실기교사"란 문헌정보학 또는 도서관학을 이수하여 「초·중등교육법」 제21조에 따른 실기교사 자격증을 지니고 학교도서관의 업무를 담당하는 사람을 말한다.
 6. "사서"란 「도서관법」 제6조제2항에 따른 자격요건을 갖추고 학교도서관에서 근무하는 사람을 말한다.

제3조(국가와 지방자치단체의 책무) ① 국가와 지방자치단체는 학교도서관을 진흥하는데 필요한 시책을 강구하여야 한다.

② 국가와 지방자치단체는 학교도서관의 진흥에 필요한 행정적·재정적 지원을 하여야 한다.

제4조(다른 법률과의 관계) 학교도서관에 관하여는 다른 법률에 특별한 규정이 있는 경우를 제외하고는 이 법으로 정하는 바에 따른다.

제5조(설치) 특별시·광역시·도·특별자치도의 교육감(이하 "교육감"이라 한다)은 학교에 학교도서관을 설치하여야 한다.

제6조(학교도서관의 업무) ① 학교도서관은 「도서관법」 제38조에 따른 업무를 수행한다.

② 학교도서관은 제1항에 따른 업무수행에 지장이 없는 범위 안에서 지역사회를 위하여 개방할 수 있다.

③ 학교도서관은 학교와 지역사회의 실정에 맞게 학부모·노인·장애인, 그 밖의 지역주민을 위한 프로그램을 개발·보급할 수 있다.

④ 학교의 장은 제1항부터 제3항까지의 규정에 따른 업무를 수행함에 있어서 「초·중등교육법」 제31조에 따른 학교운영위원회(이하 "학교운영위원회"라 한다)와 협의하여야 한다.

제7조(학교도서관진흥기본계획) ① 교육부장관은 「도서관법」 제14조에 따른 도서관발전종합계획에 따라 학교도서관 진흥을 위하여 학교도서관진흥기본계획(이하 "기본계획"이라 한다)을 수립·시행하여야 한다. 이 경우 미리 관계 중앙행정기관의 장과 협의하여야 한다. 〈개정 2008.2.29, 2013.3.23〉

② 기본계획은 다음 각 호의 사항을 포함하여 5년마다 수립하여야 한다.
   〈개정 2012.2.17〉
   1. 학교도서관의 진흥에 관한 종합계획
   2. 학교도서관의 설치와 시설·자료의 확충과 정비
   3. 학교도서관의 진흥에 관한 연구
   4. 사서교사·실기교사·사서의 확보·양성·교육
   5. 그 밖에 학교도서관의 진흥을 위하여 필요한 사항

③ 기본계획은 제8조에 따른 학교도서관진흥위원회의 심의를 거쳐야 한다. 이를 변경하고자 할 때에도 또한 같다.

④ 기본계획의 수립·시행에 필요한 사항은 대통령령으로 정한다.

제8조(학교도서관진흥위원회) ① 학교도서관에 관한 주요 사항을 심의하기 위하여 교육부장관 소속으로 학교도서관진흥위원회(이하 "진흥위원회"라 한다)를 둔다. 〈개정 2008.2.29, 2013.3.23〉

② 진흥위원회는 다음 각 호의 사항을 심의한다.
   1. 기본계획의 수립·시행에 대한 평가
   2. 학교도서관과 관련하여 관계 중앙행정기관과 지방자치단체의 장이 요청하는 사항
   3. 학교도서관과 관련하여 교육감, 제10조에 따른 학교도서관운영위원회, 전문단체와 전문가가 요청하는 사항
   4. 그 밖에 학교도서관의 진흥을 위하여 필요한 사항

③ 진흥위원회는 위원장 1인을 포함한 9인 이상 11인 이내의 위원으로 구성한다.

④ 진흥위원회의 위원장과 위원은 학교도서관의 업무와 관련된 학식과 경험이 풍부한 사람과 시민단체(「비영리민간단체 지원법」 제2조에 따른 비영리민간단체를 말한다)에서 추천한 사람 중에서 교육부장관이 임명하거나 위촉한다. 〈개정 2008.2.29, 2013.3.23〉

⑤ 위원의 임기는 3년으로 한다.

⑥ 그 밖에 진흥위원회의 운영 등에 필요한 사항은 대통령령으로 정한다.

제9조(시·도의 시행계획과 학교도서관발전위원회) ① 교육감은 기본계획에 따라 해당 지역의 실정과 특성에 맞는 시행계획을 수립·시행하여야 한다.

② 지역의 학교도서관에 관한 주요사항을 심의하기 위하여 교육감 소속으로 학교도서관발전위원회(이하 "발전위원회"라 한다)를 둔다.

③ 발전위원회의 구성·운영과 업무에 필요한 사항은 대통령령으로 정한다.

제10조(학교도서관운영위원회) ① 다음 각 호의 사항을 심의하기 위하여 학교에 학교도서관운영위원회를 둔다.
 1. 학교도서관운영계획
 2. 자료의 수집·제작·개발 등과 관련된 예산의 책정
 3. 자료의 폐기·제적
 4. 학교도서관의 행사와 활동
 5. 그 밖의 학교도서관 운영에 필요한 사항

② 학교의 장은 제1항의 학교도서관운영위원회의 업무를 학교운영위원회의 동의를 받아 학교운영위원회가 수행하게 할 수 있다.

제11조(학교도서관 지원비 등) ① 특별시·광역시·도·특별자치도는 학교도
서관을 진흥하는데 필요한 경비(이하 "지원비"라 한다)를 해당 연도 예
산에 편성하여 시·도교육청에 지원할 수 있다.

② 교육감은 지원비에 대응하여 해당 연도 예산에 자체적으로 부담하는
경비(이하 "대응비"라 한다)를 편성·지원할 수 있다.

③ 지원비와 대응비는 다음 각 호의 용도로 사용한다.
 1. 학교도서관의 설립과 그 시설·자료의 확충
 2. 지원센터의 설치·운영
 3. 학교도서관의 정보화
 4. 학교도서관의 전문인력 확보
 5. 그 밖에 학교도서관 지원에 필요한 경비

④ 교육감은 대통령령으로 정하는 바에 따라 지원비와 대응비의 운용계획·
실적을 교육부장관에게 보고하여야 한다. 〈개정 2008.2.29, 2013.3.23〉

제12조(전담부서의 설치 등) ① 교육부와 시·도교육청에는 학교도서관 진
흥을 담당하는 전담부서를 둘 수 있다. 〈개정 2008.2.29, 2013.3.23〉

② 학교도서관에는 사서교사·실기교사나 사서(이하 "사서교사 등"이라 한
다)를 둘 수 있다. 〈개정 2012.2.17〉

③ 제1항에 따른 전담부서의 구성과 제2항에 따른 사서교사 등의 정원·배
치기준·업무범위 등에 필요한 사항은 대통령령으로 정한다.

제13조(시설·자료 등) ① 학교도서관은 해당 학교의 특성과 사용자 요구에

적합한 시설·자료를 갖추어야 한다.

② 학교도서관은 자료의 효율적 이용을 위하여 이용 가치가 없거나 파손된 자료를 폐기하거나 제적할 수 있다.

③ 제1항에 따른 학교도서관 시설·자료의 기준과 제2항에 따른 폐기·제적의 기준과 범위에 필요한 사항은 대통령령으로 정한다.

제14조(학교도서관협력망 구축 등) ① 교육부장관은 학교도서관의 정보를 효율적으로 활용하기 위하여 시·도교육청, 「한국교육학술정보원법」에 따른 한국교육학술정보원, 공공도서관 등 각종 도서관, 그 밖의 관련 기관과 서로 연계하는 학교도서관협력망(이하 "협력망"이라 한다)을 구축하여야 한다. 〈개정 2008.2.29, 2013.3.23〉

② 교육감은 학교도서관의 효율적인 운영과 상호 협력을 지원하기 위하여 시·도교육청에 지원센터를 설치할 수 있다.

③ 한국교육학술정보원장은 학교도서관 정보의 유통과 활용을 지원하기 위한 정보서비스시스템을 구축·운용하여야 한다.

④ 협력망의 구축·운영, 지원센터의 설치·운영 등에 필요한 사항은 대통령령으로 정한다.

제15조(독서교육 등) ① 교육부장관·교육감과 학교의 장은 대통령령으로 정하는 바에 따라 학교의 독서교육과 정보이용교육을 지원하기 위한 세부계획을 수립·시행하여야 한다. 〈개정 2008.2.29, 2013.3.23〉

② 제1항에 따른 독서교육과 정보이용교육은 「초·중등교육법」 제23조에 따른 학교의 교육과정 운영계획에 포함시켜야 한다.

제16조(업무협조) ① 교육부장관은 기본계획의 수립·시행을 위하여 필요한 경우에는 관계 중앙행정기관·지방자치단체·공공기관, 그 밖의 기관이나 단체에 협조를 요청할 수 있다. 〈개정 2008.2.29, 2013.3.23〉

② 제1항에 따른 협조요청을 받은 기관이나 단체는 특별한 사유가 없으면 이에 따라야 한다.

제17조(금전 등의 기부) 법인·단체와 개인은 학교도서관의 설치·시설·자료와 운영에 관한 지원을 위하여 학교도서관에 금전이나 그 밖의 재산을 기부할 수 있다.

제18조(지도·감독) 학교도서관은 「초·중등교육법」과 「사립학교법」에 따른 해당 학교의 관할청의 지도·감독을 받는다.

부칙 〈법률 제8677호, 2007.12.14〉

이 법은 공포 후 6개월이 경과한 날부터 시행한다.

부칙 〈법률 제8852호, 2008.2.29〉 (정부조직법) 부칙보기

제1조(시행일) 이 법은 공포한 날부터 시행한다. 다만, …〈생략〉…, 부칙 제6조에 따라 개정되는 법률 중 이 법의 시행 전에 공포되었으나 시행일이 도래하지 아니한 법률을 개정한 부분은 각각 해당 법률의 시행일부터 시행한다.

제2조부터 제5조까지 생략

제6조(다른 법률의 개정) ①부터 〈103〉까지 생략

〈104〉 학교도서관진흥법 일부를 다음과 같이 개정한다.

제7조제1항 전단, 제8조제1항·제4항, 제11조제4항, 제14조제1항, 제15조제1항
및 제16조제1항 중 "교육인적자원부장관"을 각각 "교육과학기술부장관"으
로 한다.

제12조제1항 중 "교육인적자원부"를 "교육과학기술부"로 한다.

〈105〉부터 〈760〉까지 생략

제7조 생략

부칙 〈법률 제11310호, 2012.2.17〉

제1조(시행일) 이 법은 공포 후 6개월이 경과한 날부터 시행한다.

제2조(다른 법률의 개정) 학교도서관진흥법 일부를 다음과 같이 개정한다.

제2조제6호 중 ""사서직원"이란"을 ""사서"란"으로 한다.

제7조제2항제4호 중 "사서직원의"를 "사서의"로 한다.

제12조제2항 중 "사서직원(이하 "사서교사 등"이라 한다)을"을 "사서(이하 "사

서교사 등"이라 한다)를"로 한다.

부칙 〈법률 제11690호, 2013.3.23〉 (정부조직법)

제1조(시행일) ① 이 법은 공포한 날부터 시행한다.

② 생략

제2조부터 제5조까지 생략

제6조(다른 법률의 개정) ①부터 〈72〉까지 생략

〈73〉 학교도서관진흥법 일부를 다음과 같이 개정한다.

제7조제1항 전단, 제8조제1항·제4항, 제11조제4항, 제14조제1항, 제15조제1항
및 제16조제1항 중 "교육과학기술부장관"을 각각 "교육부장관"으로 한다.

제12조제1항 중 "교육과학기술부"를 "교육부"로 한다.

〈74〉부터 〈710〉까지 생략

제7조 생략

학교도서관 진흥법 시행령

[시행 2013.3.23.] [대통령령 제24423호, 2013.3.23., 타법개정]

교육부(창의교수학습과), 02-2100-6737

제1조(목적) 이 영은 「학교도서관진흥법」에서 위임된 사항과 그 시행에 필요한 사항을 규정함을 목적으로 한다.

제2조(기본계획 등의 수립절차) ① 교육부장관은 「학교도서관진흥법」(이하 "법"이라 한다) 제7조제1항에 따른 학교도서관진흥기본계획(이하 "기본계획"이라 한다)을 기본계획 시작연도의 전년도 11월 말까지 수립하고 그 내용을 교육감에게 지체 없이 알려야 한다. 〈개정 2013.3.23〉

② 교육감은 제1항의 기본계획에 따라 다음 각 호의 사항이 포함된 시행계획을 매년 1월 말까지 수립하고 시행하여야 한다.
 1. 전년도 시행계획의 시행결과
 2. 그 해 사업의 추진방향
 3. 주요 사업별 추진방향 및 세부운영계획
 4. 그 밖에 도서관 발전을 위하여 필요한 사항

제3조(학교도서관진흥위원회 운영) ① 법 제8조에 따른 학교도서관진흥위원회(이하 "진흥위원회"라 한다)의 회의는 재적위원 과반수의 출석으로 개의하고, 출석위원 과반수의 찬성으로 의결한다.

② 진흥위원회에 출석하는 위원에 대하여는 예산의 범위에서 수당 및 여비를 지급할 수 있다. 다만, 공무원이 그 소관 업무와 직접 관련하여 진흥위원회에 출석하는 경우에는 그러하지 아니하다.

③ 이 영에서 정한 것 외에 진흥위원회의 운영에 필요한 사항은 진흥위원회의 심의를 거쳐 위원장이 정한다.

제4조(학교도서관발전위원회 구성 및 운영) ① 법 제9조제2항에 따른 학교도서관발전위원회(이하 "발전위원회"라 한다)는 위원장 1명을 포함한 9명 이상 11명 이내의 위원으로 구성하며, 위원장은 위원 중에서 호선한다.

② 위원은 다음 각 호의 자 중 해당 교육감이 임명 또는 위촉하며, 위촉된 위원의 임기는 2년으로 한다.
1. 해당 교육청 소속 학교의 장
2. 해당 교육청 및 지방자치단체 공무원
3. 학교도서관의 운영에 관하여 학식과 경험이 있는 학부모
4. 도서관 및 독서 관련 전문가

③ 발전위원회는 다음 각 호의 사항을 심의한다.
1. 학교도서관 발전 시행계획의 수립·시행에 관한 사항
2. 학교도서관 자료의 폐기·제적에 관한 사항
3. 그 밖에 학교도서관과 관련하여 해당 지방자치단체의 장, 학교의 장, 법 제10조에 따른 학교도서관운영위원회, 전문단체 및 전문가가 심의를 요청하는 사항 등으로서 학교도서관 발전을 위하여 필요하다고 인정하여 위원장이 심의에 부치는 사항

④ 위원장은 발전위원회의 회의를 소집하고, 그 의장이 된다.

⑤ 발전위원회의 회의는 재적위원 과반수의 출석으로 개의하고, 출석위원 과반수의 찬성으로 의결한다.

⑥ 제1항부터 제5항까지에 규정된 사항 외에 발전위원회 운영 등에 필요한 사항은 위원회의 의결을 거쳐 발전위원회의 위원장이 정한다.

제5조(학교도서관 지원비 등 계획·실적보고) 교육감은 법 제11조제4항에 따른 지원비 및 대응비의 운용실적을 운용계획에 대비하여 다음 해 3월 말까지 교육부장관에게 보고하여야 한다. 〈개정 2013.3.23〉

제6조(전담부서의 구성) 법 제12조제1항에 따라 교육부와 시·도교육청에 두는 전담부서에는 학교도서관 진흥 업무에 관하여 전문지식이 있는 직원을 두어야 한다. 〈개정 2013.3.23〉

제7조(사서교사 등) ① 법 제12조제2항에 따라 학교에 두는 사서교사·실기교사나 사서(이하 "사서교사 등"이라 한다)의 총정원은 학생 1,500명마다 1명을 기준으로 산정한다. 〈개정 2012.8.13〉

② 교육부장관 및 교육감은 법 제12조제2항에 따라 학교에 사서교사 등을 두는 경우에는 다음 각 호의 사항을 고려하여 학교별로 우선순위를 정하여 배치한다. 〈개정 2013.3.23〉
 1. 학교의 재학생수
 2. 학교도서관의 규모·자료수 등 운영현황
 3. 학교도서관의 이용자수

③ 사서교사 등의 업무범위는 다음과 같다.
 1. 학교도서관 운영계획의 수립에 관한 업무
 2. 자료의 수집, 정리, 이용 및 예산편성 등 학교도서관 운영에 관한 업무
 3. 독서지도 및 학교도서관 이용방법 등에 대한 교육과 안내
 4. 학교도서관을 이용하는 교사의 교수·학습지원

제8조(시설·자료의 기준 등) ① 법 제13조제3항에 따라 학교도서관이 갖추어야 하는 시설·자료의 기준은 다음 각 호와 같다.

1. 위치는 학교의 주 출입구 등과 근접하여 접근이 쉬운 곳에 설치한다.
2. 면적은 100제곱미터 이상으로 한다. 다만, 교육감은 학생수 등을 고려하여 학생 및 교직원의 교수·학습에 지장이 없는 범위에서 그 면적을 조정할 수 있다.
3. 각각의 학교는 1,000종 이상의 자료를 갖추어야 하고, 연간 100종 이상의 자료를 추가로 확보하여야 한다.

② 제1항에 따라 학교도서관에 갖추어야 하는 시설 및 자료의 구체적인 기준은 교육감이 정한다.

③ 법 제13조제3항에 따라 폐기·제적할 수 있는 자료는 다음 각 호와 같다.

1. 이용가치의 상실된 자료로서 보존이 필요 없다고 인정되는 자료
2. 훼손 또는 파손·오손된 자료로서 이용하기 어렵다고 인정되는 자료
3. 불가항력적인 재해·사고, 그 밖에 이에 준하는 사태로 인하여 유실된 자료

제9조(독서교육 등) 교육부장관·교육감과 학교의 장은 법 제15조제1항에 따라 학교의 독서교육과 정보이용교육을 지원하기 위한 세부계획을 수립·시행할 때에는 다음 각 호의 사항을 고려하여야 한다. 〈개정 2013.3.23〉

1. 학생들의 학교도서관 이용상황
2. 학생들의 독서수준
3. 그 밖에 학생들의 독서교육과 정보이용교육을 지원하기 위하여 필요한 사항

부칙 〈대통령령 제20824호, 2008.6.19〉

제1조(시행일) 이 영은 공포한 날부터 시행한다.

제2조(기본계획 등의 수립 기한에 관한 특례) 제2조에도 불구하고 2008년도에 시행하는 기본계획은 2008년 7월 31일까지, 시행계획은 2008년 8월 31일까지 수립하여야 한다.

부칙 〈대통령령 제24035호, 2012.8.13〉 (도서관법 시행령)

제1조(시행일) 이 영은 2012년 8월 18일부터 시행한다.

제2조 생략

제3조(다른 법령의 개정) ① 생략

② 학교도서관진흥법 시행령 일부를 다음과 같이 개정한다.

제7조제1항 중 "사서직원"을 "사서"로 한다.

③ 생략

부칙 〈대통령령 제24423호, 2013.3.23〉 (교육부와 그 소속기관 직제)

제1조(시행일) 이 영은 공포한 날부터 시행한다. 〈단서 생략〉

제2조부터 제6조까지 생략

제7조(다른 법령의 개정) ①부터 〈84〉까지 생략

〈85〉 학교도서관진흥법 시행령 일부를 다음과 같이 개정한다.

제2조제1항, 제5조, 제7조제2항 각 호 외의 부분 및 제9조 각 호 외의 부분 중 "교육과학기술부장관"을 각각 "교육부장관"으로 한다.

제6조 중 "교육과학기술부"를 "교육부"로 한다.

⟨86⟩부터 ⟨105⟩까지 생략

국회도서관법

[시행 2013.12.12.] [법률 제11530호, 2012.12.11., 타법개정]

국회도서관(기획담당관실), 02-788-4157

제1조(목적) 이 법은 국회도서관(이하 "도서관"이라 한다)의 조직과 직무 기타 필요한 사항을 규정함을 목적으로 한다.

제2조(직무) ① 도서관은 도서관자료 및 문헌정보의 수집·정리·보존·제공과 참고회답 등의 도서관봉사를 행함으로써 국회의 입법활동을 지원한다. 〈개정 1999.12.15〉

② 도서관은 전자도서관구축 및 운영에 관한 사무를 처리한다. 〈개정 1999.12.15〉

③ 도서관은 제1항의 직무수행에 지장이 없는 범위안에서 국회 이외의 국 가기관, 지방자치단체, 기타 공공단체, 교육·연구기관 및 공중에 대하여 도서관봉사를 제공할 수 있다. 〈개정 1999.12.15〉

④ 도서관은 도서관사무에 관한 감사업무 기타 의장이 지정하는 사무를 처리한다. 〈신설 1999.12.15〉

⑤ 제3항의 규정에 의한 도서관봉사의 대상과 내용은 규칙으로 정한다.

제3조(공무원의 임용) ① 도서관에 국회도서관장(이하 "관장"이라 한다) 이 외에 필요한 공무원을 둔다.

② 5급이상의 공무원은 의장이 임면하고, 기타의 공무원은 관장이 임면한다. 다만, 의장은 규칙이 정하는 바에 따라 그 임용권의 일부를 관장에게 위임할 수 있다.

제4조(관장) ① 관장은 의장이 국회운영위원회의 동의를 얻어 임면한다.

② 관장은 정무직으로 하고, 보수는 차관의 보수와 동액으로 한다.

③ 관장은 의장의 감독을 받아 도서관사무를 통할하고 소속공무원을 지휘·감독한다. 다만, 도서관관련사무중 인사행정·예산회계·국고금관리·국유재산관리·물품관리·비상계획업무·공직자재산등록업무 등에 관하여 국회사무처법·국가공무원법·「국가재정법」·국고금관리법·국유재산법 기타 다른 법령에서 국회사무처 또는 국회사무총장의 권한에 속하는 사무로 규정된 경우에는 그러하지 아니하다. 〈개정 2002.12.30, 2006.10.4〉

제5조(조직) ① 도서관의 보조기관은 실장·국장 및 과장으로 한다.

② 관장 및 실장·국장을 직접 보좌하기 위하여 그 밑에 담당관을 둘 수 있으며, 관장밑에 국에 속하지 아니하는 과 1개를 둘 수 있다.

③ 실장은 1급 또는 2급, 국장은 2급 또는 3급, 과장은 3급 또는 4급인 일반직국가공무원(「국가공무원법」 제26조의5에 따라 임용된 임기제공무원은 제외한다)으로 보하고, 담당관은 2급 내지 4급인 일반직국가공무원(「국가공무원법」 제26조의5에 따라 임용된 임기제공무원은 제외한다) 또는 2급상당 내지 4급상당 별정직국가공무원으로 보한다. 다만, 3급이상 일반직국가공무원으로 보할 수 있는 직위(과장 또는 이에 상당하는 직위를 제외한다)중 그 소관업무의 성질상 전문성이 특히 필요하다고

인정되는 경우에는 그 정원의 100분의 20의 범위안에서 규칙으로 정하는 직위에 대하여 「국가공무원법」 제26조의5에 따른 임기제공무원을 임용할 수 있다. 〈개정 2012.12.11〉

④ 도서관에 두는 공무원의 정원, 실·국·과 및 담당관의 설치 및 사무분장 기타 필요한 사항은 규칙으로 정한다. 다만, 과 및 이에 상당하는 담당관의 설치 및 사무분장은 관장이 이를 정할 수 있다. 〈전문개정 1999.12.15.〉

제6조(전자도서관구축을 위한 자료의 수집) ① 관장은 제2조제2항에 따른 전자도서관구축을 하는데 필요한 자료의 수집을 위하여 국가기관, 지방자치단체, 공공기관 및 교육·연구기관의 장에게 자료의 제공을 요청할 수 있다.

② 제1항에 따라 자료의 제공을 요청받은 기관 또는 단체의 장은 특별한 사정이 없는 한 이에 응하여야 하고, 요청받은 자료가 간행물일 경우에는 그 간행물과 해당 전자파일을, 전자자료 형태인 경우에는 그 전자자료를 제공하여야 한다. 〈전문개정 2009.5.21.〉

제7조(자료의 제공 및 납본) ① 국가기관, 지방자치단체, 공공기관 및 교육·연구기관이 도서·비도서·시청각자료·마이크로형태자료·전자자료, 그 밖에 규칙이 정하는 입법정보지원이나 국제교환에 필요한 자료를 발행 또는 제작한 때에는 그 발행 또는 제작일로부터 30일 이내에 그 자료 10부를 도서관에 제공하여야 한다. 〈개정 1995.12.30, 1999.12.15, 2009.5.21〉

② 국가기관, 지방자치단체, 공공기관 및 교육·연구기관 이외의 자가 도서·비도서·시청각자료·마이크로형태자료·전자자료, 그 밖에 규칙이 정하는 입법정보지원에 필요한 자료를 발행 또는 제작한 때에는 그 발행 또는

제작일로부터 30일이내에 그 자료 2부를 도서관에 납본하여야 한다. 이 경우 도서관은 납본한 자에게 그 자료에 대한 정당한 보상을 하여야 한다. 〈개정 1995.12.30, 1999.12.15, 2009.5.21〉

③ 관장은 자료의 제공 및 납본의 실효를 거두기 위하여 관계국가기관·공공단체 및 교육·연구기관의 장에게 협조를 요청할 수 있다. 〈개정 1995.12.30〉

④ 납본의 절차·보상 그 밖에 필요한 사항은 규칙으로 정한다. 〈개정 2009.5.21〉

제8조(기증) 관장은 도서관에 물품 또는 금전의 기증이 있을 때에는 이를 받을 수 있다.

제9조(도서관자료의 상호교환·이관 및 폐기) ① 관장은 소장자료중 도서관 자료로서 적합하지 아니하다고 판단되는 자료가 있는 경우 이를 다른 도서관·국가기관·공공단체와 상호교환하거나 이관할 수 있다.

② 관장은 소장자료중 이용가치가 상실되거나 오손된 자료가 있는 경우 이를 폐기 또는 제적할 수 있다.

③ 제1항 및 제2항의 규정에 의한 상호교환·이관 및 폐기의 기준과 범위에 관하여 필요한 사항은 규칙으로 정한다.

제10조(국회도서관발전자문위원회) ① 도서관의 발전과 도서관기능의 효율적인 수행을 위한 중요시책의 수립 및 전자도서관구축 등에 관한 관장의 자문에 응하기 위하여 관장 소속하에 국회도서관발전자문위원회를 둘 수 있다. 〈개정 1999.12.15〉

② 국회도서관발전자문위원회의 구성 및 운영에 관하여 필요한 사항은 규칙으로 정한다.

제11조(시차제 근무) 관장은 규칙으로 정하는 바에 따라 소속 공무원으로 하여금 근무시간을 변경하여 근무하게 할 수 있다. 〈전문개정 2009.5.21.〉

제12조(위임규정) 이 법에서 규칙으로 정하도록 한 사항과 이 법 시행에 관하여 필요한 사항은 의장이 국회운영위원회의 동의를 얻어 이를 정한다.

부칙 〈법률 제4037호, 1988.12.29〉

① (시행일) 이 법은 공포한 날로부터 시행한다.

② (경과조치) 이 법 시행당시 종전의 국회사무처법 제7조의 규정에 의한 도서관(헌정자료관실을 포함한다)의 사무분장기구 및 정원등은 이 법에 의한 규칙이 제정·시행될 때까지 국회도서관의 사무분장기구 및 정원등으로 본다. 다만, 종전의 국회사무처법의 규정에 의한 도서관장은 제4조의 규정에 의하여 국회도서관장이 새로 임명될 때까지 이 법에 의한 직무를 행한다.

③ (경과조치) 이 법 시행당시 종전의 국회사무처법 제7조의 규정에 의한 도서관소관업무(헌정자료업무를 포함한다)를 담당하고 있는 자는 이 법 시행일에 국회도서관소속공무원으로 임명된 것으로 본다.

부칙 〈법률 제4762호, 1994.7.20〉

이 법은 공포한 날부터 시행한다.

부칙 〈법률 제5143호, 1995.12.30〉

이 법은 공포한 날부터 시행한다.

부칙 〈법률 제6034호, 1999.12.15〉

이 법은 2000년 1월 1일부터 시행한다.

부칙 〈법률 제6836호, 2002.12.30〉

제1조(시행일) 이 법은 2003년 1월 1일부터 시행한다.

제2조 내지 제5조 생략

제6조(다른 법률의 개정) ① 내지 ⑪생략

⑫ 국회도서관법중 다음과 같이 개정한다.

제4조제3항 단서중 "예산회계"를 "예산회계·국고금관리"로 하고, "예산회계
법"을 "예산회계법·국고금관리법"으로 한다.

⑬ 내지 〈31〉생략

제7조 생략

부칙 〈법률 제8050호, 2006.10.4.〉 (국가재정법)

제1조(시행일) 이 법은 2007년 1월 1일부터 시행한다. 〈단서 생략〉

제2조 내지 제10조 생략

제11조(다른 법률의 개정) ① 내지 〈18〉생략

〈19〉국회도서관법 일부를 다음과 같이 개정한다.

제4조제3항 단서 중 "예산회계법"을 "「국가재정법」"으로 한다.

〈20〉 내지 〈59〉생략

제12조 생략

부칙 〈법률 제9704호, 2009.5.21〉

이 법은 공포한 날부터 시행한다.

부칙 〈법률 제11530호, 2012.12.11〉

제1조(시행일) 이 법은 공포 후 1년이 경과한 날부터 시행한다. 〈단서 생략〉

제2조부터 제5조까지 생략

제6조(다른 법률의 개정) ①부터 ⑩까지 생략

⑪ 국회도서관법 일부를 다음과 같이 개정한다.

제5조제3항 본문 중 "일반직국가공무원"을 각각 "일반직국가공무원(「국가공무원법」 제26조의5에 따라 임용된 임기제공무원은 제외한다)"으로 하고, 같은 항 단서 중 "계약직공무원으로 보할 수 있다"를 "「국가공무원법」 제26조의5에 따른 임기제공무원을 임용할 수 있다"로 한다.

⑫부터 〈27〉까지 생략

제7조 생략

찾아보기

이 종 권

성균관대학교 대학원 문헌정보학과(문학박사)
전 건국대학교 강의전담교수, 제천기적의도서관 관장
현 서울 문정작은도서관 관장, 건국대학교 겸임교수
　　성균관대, 덕성여대 강사

논문

「조선조 국역불서의 간행에 관한 연구」(석사). 성균관대학교 대학원. 1989.
「공공도서관 서비스 질의 고객 평가에 관한 연구」(박사). 성균관대학교 대학원. 2001.
「우리나라 사서직의 평생교육 체계에 관한 연구」. 성균관대학교 정보관리연구소. 2007.
「공공도서관에서의 어린이문학 이용 활성화 방안」. 건국대학교 동화와번역연구소. 2009.

저서

『도서관 전문성 강화방안』(공저). 한국문화관광정책연구원. 2004.
『어린이도서관 서비스 경영』(공역). 도서출판 문현. 2010.
『공공도서관 서비스 경영론』(공저). 도서출판 문현. 2011.
『도서관경영학 원론(도서관 경영의 50가지 법칙)』. 도서출판 문현. 2011.
『명품도서관 경영(21세기 시민사회를 위한)』. 도서출판 문현. 2011.
『장서개발관리론』(공역). 도서출판 문현. 2012.
『문헌정보학이란 무엇인가』(증보 개정판). 도서출판 문현. 2013.

이 종 엽

경기대학교 대학원 문헌정보학과(문학박사)
전 학산기술도서관 사서과장
현 경기대학교 문헌정보학과 겸임교수
　　한국코막 대표
　　글모아출판 대표
　　한국문헌정보학회 이사

논문

「圖書館自動化시스템의 推進方案」(석사). 한양대학교 대학원. 1995.
「베스트셀러와 도서관 대출과의 상관관계분석: 공공도서관과 대학도서관을 대상으로」(박사). 경기대학교 대학원. 2011.